지도자 매뉴얼
Leadership Manual

느헤미야

| 기독 정치인으로서, 일의 현장 속에서, 지도자로서의 삶을 온몸으로 보여준 모습을 바라보며 |

임성철

도서출판 첨탑

Dedication

지난 긴 세월 동안

불완전한 반쪽을 채워주며,

반려자로, 동역자로, 친구로, 동지로,

그리고 부족한 내가 단체의 지도자 역할을 감당할 수 있도록

때로는 격려와 칭찬으로,

때로는 무거운 의견으로 정도(正道)를 고집하며,

하나님 나라의 유익 우선을 선택할 수 있도록 도우며

쉽지만은 않았던 이 길을 함께 손잡고 걸어온

나의 사랑하는 아내 유니스에게 이 책을 드립니다.

| 추천의 글 |

박상은
샘병원 미션원장, 아프리카미래재단 대표, 前 대통령직속 국가생명윤리위원장

25년 전 미국 세인트루이스 커버넌트 신학교에서 함께 테니스와 탁구 치며 때론 언성을 높이며 밤새 토론하던 친구가 이제 시니어 선교사가 되어 《사역자 매뉴얼》에 이은 《지도자 매뉴얼》을 출간하게 되어 무척 자랑스럽습니다. 그의 중국과 캄보디아에서의 삶과 사역을 잘 알고 있기에 그 험난한 과정을 통해 주님께서 이토록 아름다운 지도자로 다듬어주셨음에 감사드립니다.

리더십 책들의 홍수 속에 또 느헤미야 리더십인가 싶어 보내준 원고를 읽었는데, 이는 완전히 다른 차원의 충격과 감동이었습니다. 성경에 기록된 주인공 느헤미야가 21세기 한국과 미국을 거쳐 중국과 캄보디아에 다시 걸어 나온 듯한 자서전적 한 지도자의 삶과 고뇌를 보여주고 있기에 조용히 숨죽이며 그 안으로 빠져들 수밖에 없었습니다.

저 역시 병원과 교회, 그리고 선교단체와 NGO에서 지도자의 삶을 살면서 숱한 좌절과 아픔을 경험하였는데, 제 마음을 만져주시는 주님의 치유의 손길을 느꼈습니다. 사역자와 지도자로 외롭고 힘든 길을 가시는 모든 분에게 이 한 권의 책을 통해 우리와 함께 계시며 세밀히 말씀하시는 주님의 음성을 듣게 되시리라 확신합니다.

강창석
미국 아틀란타 Health1Care Medical Group 원장 MD

나는 이 글의 저자인 임성철 선교사를 지난 50년 동안 가까이서 그리고 멀리서 교제하며, 한평생 주님을 위해 묵묵히 살아온 하나님의 귀한 종으로 믿고 있어 왔기에 부족하고 자격이 없는 줄 알면서도 추천의 글 요청을 받고 보내주신 글을 읽었습니다.

제가 아는 저자는 한마디로 "Walk the Talk" 하시는 분입니다. 하나님의 말씀대로 살아가려는 저자의 삶 속에서 우리는 그리스도의 발자취를 보게 됩니다. 서울 변두리의 작은 교회에서 처음 만난 저자는 교회 주변을 겉돌던 한 외로운 학생이었습니다. 귀한 믿음의 유산을 이어 받으신 장로님, 권사님을 부모로 둔 그러나 영적으로 방황하는 아들이었습니다. 대학에 입학한 후에 그리스도를 주님으로 영접한 그의 삶은 대전환을 맞으며 주일학교 학생들과 함께 기도하며 성령 체험을 나누는 믿음의 용사로 거듭났습니다. 저는 책 속에 쓰인 선교사님 삶의 변화 과정을 옆에서 목격하고 함께 신앙생활을 한 산 증인입니다.

그러다가 서로 헤어져서 20년이 지난 후에 미국 중부의 한 도시 세인트루이스에서 다시 만났습니다. 저자인 임 선교사님은 목사의 신분으로 PCA Covenant Seminary에서 Th.M 과정을 밟기 위해 오셨고, 저는 그곳에서 의사 생활을 10년 동안 하고 있었습니다. 임 선교사님이 공부를 마치시고, 선교사님과 제가 함께 섬기던 교회가 선교사님을 중국으로 파송하며 선교사님의 긴 중국과 캄보디아 사역을 지금까지 기도로 후원하고 있습니다. 저는 2003년경에 선교사님의 중국 지하 교회 사역지를 방문한 귀한 추억을 지금도 생생히 간직하고 있습니다.

이 《리더십 매뉴얼》에서 우리에게 친숙한 느헤미야와 함께 저자의 진솔하고 신실한 삶의 궤적이 어우러지며 우리의 마음속에 깊이 다가옵니다. "Be Human"의 관점에서 선교사님이 본 느헤미야의 이야기와 저자의 삶이 담겨진 이 책이 어지러운 마지막 때를 살아가는 많은 목회자와 평신도들에게 귀한 교훈과 잔잔한 감동을 선사하리라고 믿습니다.

| 김동조 선교사
28년차 현장 선교사

느헤미야라는 한 시대(이스라엘의 암울한 포로시대)의 훌륭한 리더가 하나의 커다란 국가적이고, 민족적 프로젝트를 진행하며 발휘한 리더십을 기록한 책의 내용을 저자가 자기의 경험과 지식을 비추어 해석함으로 현대를 살아가는 사람들이 갖추어야 할 리더의 요건을 알게 해주는 책이다.

교회가 교회로서의 정체성을 못 찾아 방황하며 사회의 지탄과 조롱으로 인해 아파하는 이때, 교회와 사회는 느헤미야와 같은 하나님의 마음을 알고 절대적인 순종을 통해 하나님의 뜻을 실현하는 지도자의 등장을 필요로 하고 있다. 좌우의 이념에 사로잡힌 지도자가 아닌 하나님께 사로잡힌 지도자, 학문이나 문화에 빠지기보다 하나님께 푹 빠진 지도자, 명예와 재력을 추구하는 지도자가 아닌 예수님께서 보여주신 희생과 헌신으로 섬기는 지도자, 우리가 바라는 지도자의 모습이다.

바라건대 이 책을 통해 한 시대의 지도자 느헤미야를 바로 이해하고, 느헤미야의 모습을 통해 그를 사용하셨던 하나님을 만나 그 하나님의 손안에서 이 시대와 교회를 바르게 회복시켜줄 지도자로 빚어지는 사람들이 많이 나올 수 있기를 바란다.

박화목 선교사
ANTIA 국제 책임자

지도자는 많은데 필요한 지도자는 찾기 어렵다고들 한다. 그래서 나는 이 책을 읽으면서 나는 어떤 지도자로 살아왔고, 어떻게 살아야 할지 깊은 생각을 하게 하는 한권의 철(懂事)들은 참고서라고 생각하게 되었다.

저자는 "역사의 위대한 지도자들이 그랬듯이 우리의 인간들은 철(懂事)이 들면서 자신의 한계를 인정하고 그래서 하나님께 무릎 꿇지 않고는 아무것도 할 수 없다는 것을 고백하며 살아가는 것이다"라고 밝혔다. 참으로 공감이 가며, "느헤미야는 준비된 지도자"라고 선포하면서 선교지에서의 경험을 바탕으로 또한 저자 자신이 꿈꾸고 실행해온 리더의 생각을 느헤미야서를 통하여 잘 표현한 주옥같은 서책(書冊)이다. 오늘날 철(懂事) 든 지도자로 살아가길 원한다면 꼭 추천하고 싶은 서책(書冊)이다.

느헤미야를 통하여 진정한 리더는 다른 이들을 동원하여 열정을 갖게 하고, 그의 목표들을 이루게 하며, 아무리 어려움이 와도 포기하지 않고 끝까지 책임을 지는 지도자라고 이해하며 아무쪼록 이 서책이 어리석은 질문에 현명한 답을 주는(愚問賢答) 필독서가 되길 바란다.

이근희
OM 선교사, 캄보디아 프놈펜 월드비전교회 담임, KWMF 사무총장

본서 저자는 도입부에서 하나님의 홍수의 심판과 세우신 지도자들을 통한 하나님의 의를 이루시고자 했으나 인간의 죄성으로 인한 리더십의 부재를 언급하며, 그나마 느헤미야의 삶을 통하여 진정한 리더십을 찾아가고자 하는 부분으로 이 책을 시작한다. 필자는 저자를 안 지 20년이 되었다. 끊임없이 연구하며 배우고자 하는 자세에서 리더십에 대한 자질을 볼 수 있었다. 지도자는 태어날 때부터 지도자로 부름을 입고 태어나기보다 수많은 경험, 고난, 역경을 통하여 만들어져 간다는 것이 일반적인 견해이다. 저자는 평신도이고 정치가이지만 그때의 일반 성직자나 다른 부류의 지도자들과는 다른 준비된 느헤미야를 통해 무너진 성전을 수축하고 혼란스러웠던 사회를 올바로 세웠던 그의 탁월한 지도력에서 오늘날 지도력의 부재에서 오는 한국교회 및 사회의 혼란을 따갑게 지적한다.

초대 한국교회 1세대 지도자들과는 다른 현재의 교회 지도자들로부터 느끼는 지도력 부재에 따른 가슴앓이를 느헤미야의 준비되고 하나님을 향한 헌신된 삶을 통하여 진정한 지도력을 재조명해 보고자 노력한 부분이 역력하다. 저자 자신의 삶의 간증적 경험과 느헤미야의 준비된 삶, 그리고 성경에서 나오는 하나님의 리더십을 세우시는 방법을 통해 현시대와 미래의 한국교회의 진정한 영향력 있는 지도자를 만나보고 싶어 하는 저자의 마음이 담긴 이 책의 일독을 권하며, 함께 같은 마음으로 세워지기를 기대해 본다.

이의영
군산대학교 학장, 경실련 중앙위원회 의장, 접경지역혁신포럼 대표,
前 대통령직속 중소기업특별위원회 위원, 前 국제지역학회 회장

이 저서는 저자의 의도와 같이 느헤미야 리더십 매뉴얼이지만 저자의 삶과 사역의 현장에서 체득하고 체현한 리더십을 느헤미야의 사례에 투영한 것으로 이해되었습니다. 직접 겪은 많은 체험 사례들과 에피소드가 이를 증빙합니다. 느헤미야·임성철 리더십매뉴얼이랄까….

본문에 등장하는 저자의 젊은 날을 지켜봤던 또 함께 했던 저로서는 저자의 진정성이 절감되었습니다. 20대 학창시절 캠퍼스복음화와 세계선교를 기치로 뜨겁게 기도하고 열정적으로 사역하고 말씀을 삶에 구현하고자 성령의 도우심을 구하던 때가 아련합니다.

저자는 미국에 건너가 신학을 공부하고 사역자가 되어 선교의 길을 갔고, 저는 경제학 교수가 된 후 A.C.T.S에서 신학을 공부했습니다. 이후 긴 인생의 여정 속에서 주님의 인도하심을 따라 각자 맡겨진 곳에서 사명을 감당해 왔습니다.

저자의 사역은 계속 듣고 있었고 저자가 귀국할 때 간간이 만나 교제했던 기억들이 생생합니다. 한국과 미국 그리고 중국과 캄보디아에서의 저자의 삶과 신앙과 사역을 떠 올릴 때 가장 먼저 떠오르는 저서의 개념은 consistency입니다. 이제 노년에 접어들고 있는데 변함없이 살아온 저자에게 찬사를 드립니다.

저자의 관련 저서인 《사역자 매뉴얼》의 후속편이라 할 수 있는 평신도지도자 《리더십매뉴얼》 출간을 진심으로 축하드리며, 삶의 현장에서 주의 일꾼으로 살아가는 평신도지도자들과 미래의 지도자가 될 다음 세대에게 일독을 권유합니다.

조용중
KWMC 사무총장

임성철 선교사는 지난 30여 년간 중국과 캄보디아에서 지도력 개발을 위한 사역

을 훌륭하게 감당하고 있는 베테랑 선교사이다. 또한 본인과는 미국 트리니티 신학교에서 함께 공부했던 후배이기도 하다. 서로 다른 선교지에서 사역을 하였지만 수차례 만나서 선교에 관하여, 삶에 관하여, 공동의 관심사에 관하여 깊은 나눔의 시간들을 가져왔던 관계이다. 오늘 그가 쓴 느헤미야를 읽으면서 그의 간절한 염원, 이 땅 위에 느헤미야와 같은 리더들이 절실히 필요하다는 시대적 요구에 응해야 하는 책임을 더 깊이 느끼게 한다.

이 책은 성경이 우리의 삶에 어떻게 적용될 것인가를 보여주는 지침서이다. 이 책은 전통적인 성경주석서가 아니다. 그렇다고 학문적으로 떨어진다는 것이 아니다. 느헤미야서를 통하여 중요한 주제를 따라 적용에 중점을 둔 훌륭한 안내서이다. 선교사 자신의 삶과 선교 현지에서의 시간들이 책 속에 깊이 담겨있다. 느헤미야 때와 현재의 시대를 오가며 이야기를 풀어내기에 곧바로 책 속으로 빠지게 만드는 흡입력도 상당히 매력적이다.

한 장 한 장을 읽어가며 아멘을 거듭하게 한다. 선교지에서 뿐 아니라 사역의 현장에서 다양한 문제에 당면한 지도자라면 누구나 다시 한번 자신을 돌아볼 수 있는 계기가 필요하고, 그 시간을 위해 도움을 줄 수 있는 이 책이 나오게 됨을 감사하게 생각한다.

나는 이 책이 특히 시니어선교사들을 위한 공동체 학습이나 자습교재로 적당하지 않을까 생각한다. 다음 세대의 지도자를 길러내기 원하는 모든 이들에게 임성철 선교사의 책을 추천한다. 그리고 바라기는 오랜 시간을 아픔 가운데 보내고 나서 깨닫는 것보다 더 일찍 느헤미야의 리더십을 배우는 후배들이 나오기를 간절히 기다려 본다.

새로운 시대…. 새로운 리더들이 일어나기를 꿈꾸며….

차례

추천의 글 • 004

프롤로그 • 013

시작하는 글 • 019
이젠 우리 살았다! | 참 지도자를 갈망하며 전투하고 있는 백성들

01 지도자 : 나를 아는 자 • 025
철이 들어야 나를 알 수 있겠지! | 하나님을 만난 후 '철'이 들어가면서 나를 알게 되었고, 나를 알게 되면서 나의 한계도 알게 되었고, 나의 한계를 알게 되면서 주님 앞에 무릎을 꿇게 되었다 | 철도 좀 들었고 나를 어느 정도 알게 되었으니 이제 '나'는 지도자로 사용받을 수 있을까? | 〈나는 날 때부터 지도자?〉 아니면 〈만들어져 가는 지도자?〉 아니면 〈둘 다?〉 | 자신을 충분히 알고 지도자의 자리에 입문했던 느헤미야

02 내적 치유를 경험한 자 • 049
평범한 감성 | 새로운 피조물 | 자신에 대한 인정 | 슬플 때 슬퍼할 줄 알아야 | 분노의 적절한 표현과 분노를 다스릴 수 있는 힘 | 두려울 때 두려워하고, 무서울 때 무서워할 줄 아는 모습 | 잘못을 잘못으로, 부족함을 부족함으로 인정할 줄 아는 모습

03 하나님과 커뮤니케이션을 유지하는 지도자 • 095
비결 : 하나님과의 지속적인 커뮤니케이션 | 어려운 문제? 진짜 문제의 본질을 잘 알고 계시는 하나님과의 관계 속에서 해결하는 법을 경험한 지도자 | 이왕에 하는 하나님과의 커뮤니케이션, 하나님의 법에 따라 제대로 해야지(1:5-11) | 하나님과 커뮤니케이션하려는 자 정직을 유지하라 | 하나님과의 커뮤니케이션, 내 입맛에 맞추는 것이 아니라 객관적인 약속의 말씀에 근거하여야(1:9-11) | 하나님이 귀히 보시는 지도자, 교회에서나 처절한 삶의 현장 가운데서도 주님과 지속적 만남을 유지하는 자 | 지도자의 삶! 피곤할 뿐만 아니라 절박한 상황에도 자주 처하게 된다. 두려움도 찾아온다. 그러나 하나님과의 대화로 극복해야 한다

04 기도와 생활을 하나로 엮는 삶 • 147
기도하는 사람 : 매사를 하나님과 철저히 의논하면서 사람들 앞에선 지도자라면 더욱 그리할지니! | 하나님이 세우신 지도자는 위기를 자신의 힘과 의지로 넘는 것이 아니라 철저히 하나님과 대화하며 넘어간다 | 기도와 삶을 하나로 엮는 자, 하나님에게 가야 할 공(貢)을 결코 취하지 않는다 (2:7-8; 6:16)

05 지도자 : 하나님의 자녀로서의 '격' 유지 • 173

06 신중한 지도자 • 189
충분한 검토, 신중한 관찰과 조사와 정리 그리고 일을 진행(2:11-20)

07 지혜와 분별력을 소유한 파워 리더 • 201
서야 할지 않아야 할지 판단을 못하고 본능에 따라 판단하고 움직이는 어떤 지도자들 ㅣ 소명을 통해 세워진 지도자는 지혜와 분별력을 자연스럽게 구한다 ㅣ 힘 있어 보이는 사람보다 하나님만 의지하도록 단련받는 리더 ㅣ 실과 허를 구별해 내는 지혜에 근거한 분별력 ㅣ 상대가 누구인지를 명확하게 알고 이해하면 대처가 용이하다 ㅣ 감성이나 느낌을 통한 판단보다 사실에 입각한 판단 ㅣ 피곤하고 지쳐도 지혜를 구하는 리더는 오직 가야 할 길만을 택하여 걷는다

08 파워 방향 제시자 • 225
흔들어대는 사탄의 집요한 공격 vs 대응 전략

09 공과 사를 구별하며, 옳고 그름을 분명히 하는 자 • 251
인물을 등용할 때 객관적 시각으로 인선하고 적재적소에 배치 ㅣ 옳은 것은 옳은 것이고 틀린 것은 틀린 것(13장)

10 지도자 : 함께 동고동락의 길을 걷는 자(5:1-5; 5:6-19) • 265
전략1 : 전체 대회를 열기 위한 '전략적 꾸짖음' ㅣ 전략2 : 전체 앞에서 그들이 따를 수밖에 없는 논조로 해결책을 제시한다 ㅣ 전략3 : 제안으로만 끝나는 것이 아니라 끝까지 확인하는 방법까지 제시한다 ㅣ 전략4 : 자기 희생의 방법으로 모두가 따르도록 한다

11 지도자 : 대(大)를 위해 자신의 희생을 감수하는 리더 • 283
새로운 영적 리더 에스라의 영입, 소명받은 전문 영역에 대한 구별(8:1-4) ㅣ 자신의 손익을 계산하기 보다 하나님 나라의 이익에 초점을 맞추는 지도자 ㅣ 본질의 냉정한 유지 ㅣ 영성 회복이라는 큰 목표에 초점

에필로그 • 301

프롤로그
Leadership Manual

"보시기에 심히 좋았더라!"

창조주께서 모든 만물을 창조하신 후 평가하셨던 말씀이다.

창조주가 다스리시고, 선으로 가득하여 악이 조금도 발을 붙이지 못했던 상태였다. 그런데, 하나님의 형상에 따라 창조된 인간이, 사탄의 유혹을 통해 넘어지면서 선으로만 가득했던 이 세상에 악이 들어오게 되었고, 그리고 창조의 질서는 무너지기 시작했다. 결국 자신의 피조물들을 향해 감탄하시며 "보시기에 심히 좋았더라"고 표현하셨던 창조주께서, 저들의 "죄악이 가득함"과 "마음으로 생각하는 모든 계획이 항상 악할 뿐"이라는 극단적 결론에 도달하게 되었다. 그리고는 "땅 위에 사람 지으심을 한탄하시고 근심하셨다!"

홍수를 통해 첫 번째 심판을 진행하셨다. 하나님께서 택하신 노아의 가정만 심판을 면했다. 그리고 그 노아의 자손들이 다시 땅 위를 채우기 시작했다. 의인으로 칭함을 받았던 노아의 자손들로 새로운 시대를 열었지만, 죄는 점점 더 가중되어 갔다. 이해하기 어려운 논리이지만 사실이다.

하나님께서 세우신 지도자들을 통해 경고도 하셨고, 책망도 하셨고, 회개의 길도 제시하셨고, 무섭게 심판도 하셨고, 울부짖으면서 회개하고 돌아오는 무리들은 회복시켜주시기도 하셨지만, 잠시 좋아지는 듯 했다가 다시 죄의 상태로 돌아가는 반복적 역사만 되풀이되었다.

도대체 어쩌다 이렇게 된 것일까?

하나님은 사도 요한을 통해 간단명료하게 설명하신다(요일 5:19). "우리는 하나님에게 속해 있지만 **온 세상은 악한 자 안에 처한 것**"이라는 원리다.

이 해석이 담고 있는 원리는 비관적이다. 아무리 선한 동기로, 이성적이고 합리적인 법과 제도를 만들어도, 악한 자의 통제를 받는 이 세상은 궁극적으로 하나님이 원하시는 선한 모습에 다다를 수 없다는 안타까운 원리이기 때문이다.

적지 않은 그리스도인 지도자들이 "온 세상은 악한 자 안에 처한 것"이라는 원리를 넘어보고자 무수한 시도를 하였지만, 단기간의 효과를 통해 변화되는 것처럼 보였어도 오히려 이전보다 더 악한 모습으로 변질되곤 하는 것을 반복하였다.

칼빈은 스위스 제네바 시를 신앙의 원리가 지배하는 공동체로 만들어 보려고 여러 방법을 동원하여 시도했었다. 일종의 성시화 운동이었다. 제네바 전체를 경건한 성도들의 도시로 만들어 보려고 큰 노력을 기울였다. 그러나 지금의 스위스 제네바는 어떠한가?

아브라함 카이퍼는 네덜란드를 하나님이 원하시는 나라로 만들려고 자신의 삶을 바쳐 노력했던 신학자요 정치가였다. 그는 이 세상의 모든 영역에 하나님의 주권이 미치지 못하는 곳이 없다는 '영역 주권(Sphere Sovereignty)'에 대한 믿음 속에 네덜란드의 총리라는 큰 리더십을 갖고, 개혁적 신학 바탕 위에서 온갖 노력을 다 기울였던 위대한 기독교 지도자였다. 하지만 지금의 네덜란드는 어떠한가?

청교도들의 이주를 통해 시작되었던 미국이야말로 하나님을 믿고, 하나님에게 기도하는 수도 없이 많은 위대한 지도자로 가득했던 나라였고, 거기에 걸맞게 하늘로부터 주어진 놀라운 축복을 받고, 전 세계에 저들의 복을 함께 나누던 나라였다. 전기, 컴퓨터, 의료기기 등 전 세계 인류가 누리고 있는 수도 없이 많은 위대한 혜택 중 상당수가 미국에 근원을 두고 있다. 그렇게 놀라운 복을 받고 나누던 미국의 현재 주소는 어떠한가?

하나님을 거스르고, 하나님의 법도를 정면으로 반박하며, 하나님께서 세워 놓으신 윤리와 도덕을 무너뜨릴 뿐만 아니라 그 이상으로 말로 형용할 수 없을 정도까지 타락의 도가 선을 넘어서고 있는 이 시점에 다시 한번 사도 요한의 "온 세상은 악한 자 안에 처한 것"이라는 진리를 심각하게 놓아보지 않을 수 없다.

그렇다고 하나님은 이 말씀 때문에 하나님의 사람들이 이러한 사실을 당연하게 받아들여 '자포자기' 하는 모습을 보기 원하시는 것은 아니라고 믿는다. 오히려 그럼에도 불구하고 하나님은 여전히 하나님을 사랑하고, 하나님을 경외하는 지도자들을 세워 하나님이 원하시는 길로 도전하면서 백성들을 이끌어 나가기를 원하신다.

그래서 여전히 하나님이 지명하여 세워주시는 지도자는 필요하다. 어둠 속에서 방황하는 무리를 이끌고 광명을 향해 애를 쓰며 나갈 지도자는 계속해서 필요하다.

이러한 논리 위에 서서 고민하면서 오래전 좌절 가운데 방황하며 갈피를 잡지 못하면서 좌충우돌하던 이스라엘의 무너져 내린 백성들을 희망의 길로 이끌고 나가려고 온 몸을 던졌던 정치인으로서의 지도자 느헤미야를 연구하게 되었고, 매일같이 그의 삶을 바라보며, 하나님께서 느헤미야를 통해 오늘을 사는 우리에게 주시고자 하는 리더십에 대한 원리들을 정리해보았다.

그리고 쓰고자 하는 내용의 모든 틀을 다 잡은 후에 느헤미야에 대해 이미 쓰인 책들을 읽어 보았다. 읽어 나가면서 조금씩 마음을 놓기 시작했다. 내가 쓰는 방향과는 많이 다르다고 생각했기 때문이다. 그러다 집필 후 에필로그를 쓰는 시점에 제임스 보이스 (James Montgomery Boice)가 쓴 *Nehemiah: Learning to Lead*라는 책을 보게 되었다. 처음으로 나의 관점에서 만족스럽다는 느낌을 갖게 한 책이었다. 물론 이 책의 내용과 동일한 내용은 아니지만 공감이 가는 내용을 그분의 명성에 걸맞게 잘 정리하여 기술하였다. 나는 이 책을 출판할 것이지만 동시에 독자들에게 유사한 관점에서 다른 원리들을 잘 기술한 이 책 역시 함께 손에 들고 **지도자 매뉴얼**로 사용하면 좋을 것이라는 추천을 주저함 없이 하고자 한다.

어떤 이는 한국에서는 이미 '지도자'에 대한 책이 식상할 정도로 많이 출판되었기 때문에 지도자에 관한 책은 인기가 없다고 한다. 실제로 책의 시장성에 더 관심이 많은 생존을 논하는 출판사에서 《지도자 매뉴얼》이라는 책 제목은 매력적으로 들리지 않는가 보다. 충분히 이해가 된다. 그럼에도 불구하고 이 책의 제목을 고집스럽게 지도자 매뉴얼로 하고자 했던 이유는 지도자에 대한 책의 홍수임에도 불구하고 느헤미야와 같은 지도자의 부재가 여전하기 때문이다. 가정에도 지도자는 필요하고, 직장, 교회, 사회, 나라에도 존귀한 지도자는 지금도 여전히 필요하기 때문이다.

매뉴얼은 원리에 근거한다. 적용은 다양하게 할 수 있지만 원리에 근거해야만 건강한 적용이 된다. 세대의 흐름이 격할 정도로 빨라지고 있다. 10년이면 강산이 변한다고 했지만, 지금은 수개월만 눈을 감고 있어도 세대의 흐름을 읽어내기 어려울 정도로 빠르게 변하고 있다. 생각의 흐름, 가치관의 흐름, 세상을 바라보고 대하는 세계관의 흐름이 소용돌이치듯 빠르게 움직인다. 이러한 시대에 살수록 원리와 원칙에 근거한 매뉴얼을 꽉 잡고 있어야 한다. 빠른 눈과 뇌의 움직임은 유지하면서 세대에 맞게 적용은 하되 원칙마저 저버리며 따라갈 수 없는 것이 우리 그리스도인의 삶이기 때문이다.

나는 이 책의 내용을 느헤미야에 대한 기록을 강해하는 방향으로 잡지 않았다. 나무 하나하나에 집중하다 보면 큰 그림과 big idea를 놓칠 수 있을 것이라는 생각 때문에 큰 틀 속에서 느헤미야라는 정치 지도자의 롤 모델에 초점을 맞추어 지도자의 원리(Leadership Manual)에 집중하였다. 오래전 인물이지만, 전기도 없고, 컴퓨터도 없고, 인터넷도 없고, 소셜 미디어도 없었던 시대에 살았던 지도자였지만, 그러한 지도자를 하나님의 말씀으로 지금까지 남겨주신 이유는 분명하게 있다. 더 이상 매력적이지 않지만 여전히 다급할 정도로 필요하기만 한 '지도자'에 대한 성경적 원리를 다시 한번 신중하게 손안에 넣어두는 공간이 되기를 바란다.

시작하는 글
Leadership Manual

이젠 우리 살았다!

2차 세계 대전 중 총알이 날아다니고 이곳저곳에서 피를 흘리며 쓰러지는 전투의 실제 상황에서 한 분대장이 크게 외쳤다. "이젠 우리 살았다!"

〈밴드 오브 브라더스(Band of Brothers)〉라는 10부작 전쟁 드라마는 2차 세계 대전 당시 한 공수부대 중대원들의 삶을 실감 나게 묘사한 작품이다. 폭탄이 터지고, 총알이 시도 때도 없이 날아다니는 전투 현장에서 순간순간 누군가의 지시를 받으면서 목숨을 걸고 움직여야만 하는 군인들에게 지도자 한 사람의 판단과 결정이 얼마나 중요한 역할을 하는가를 선명하게 보여준 실제 상황에 근거를 둔 영화이다.

물론 전쟁터의 상황은 때와 장소에 상관없이 거의 비슷하다. 상대방을 죽여야 내가 살 수 있는 공통점을 갖고 있기 때문에 언제나 피비린내를 피할 수 없다. 칼을 쓰든, 총을 쓰든, 대포를 쓰든 사람들이 죽고 다치는 모습에는 큰 차이가 없다.

그럼에도 불구하고 아직도 잊을 수 없는 한 분대장의 외침이 있다. "이젠 우린 살았다!" "이젠 우리 살았다!" 두려움에 떨다 소망으로 바뀐 흥분 그 자체의 외침이었다.

바로 100미터 앞에 독일군과 대치하면서 진격해 들어가는 와중에 중대장이던 다이크 중위는 중대장으로서의 권위는 조금도 내려놓기를 원하지 않으면서도 부하들의 생명이 걸린 결정을 하는 상황에서는 두려움에 사로잡혀 후퇴와 전진에 대한 결정조차 제대로 내리지 못하고 있었다. 훈련소에서 훈련을 받는 상황이 아닌 총알이 자신들을 향해 날아오는 바로 적진 앞에서 지도자가 이렇게 머뭇거리고 있었다. 중대원들은 중대장의 결정을 기다리면서도 결정에 대한 신뢰조차 주는 것에 불안함을 갖고 있었다. 그러나 명령 불복에 대해 즉결 사형이 허용되던 전투의 현장이라 이러지도 저러지도 못하고 있었다.

바로 이때 뒤에서 지켜보고 있던 대대장 윈터스가 전투 중에 중대장을 새로 임명하여 들여보내는 지극히 드문 결정을 내린다. 실제 있었던 상황이라고 후에 노병들의 진술에서 설명되었다. 즉 다이크 대위를 총알이 날아오는 작전 상황 중에 해임해 버린 것이다. 총알이 날아다니는 상황에서 새로운 중대장으로 임명을 받은 스피어스 중위는 임명을 받자마자 즉시 뛰어나가 총알이 날아오는 와중에 중대원들이 두려워 숨어있는 곳을 지나 적들이 있는 곳까지 달려가 마치 바통 터치를 하듯 그곳의 땅을 밟고 다시 중대원들이 있는 곳까지 돌아와서 명령을 내린다. 이때 이 모습을 바라본 중대원들이 서로 바라보며 하던 말이 바로 "이젠 우리 살았다!"였다.

대위라는 똑같은 계급장을 단 다이크와 스피어스라는 두 사람······. 대위가 되기까지 유사한 조건과 환경 속에서 훈련을 받고 임관했을 것이다. 그런데 총알이 날아오는 전쟁터에서 한 명은 진격하는 도중에 해임을 당하고, 다른 한 명은 임명받은 즉시 전쟁터에서 가장 필요로 하는 담대함을 보이며 "이제 우리는 살았다!"라는 부하들의 인정과 함께 리더로 세움을 받는다.

생존해 있던 노병들의 리더에 대한 의견은 참고할 만하다. 저들이 한 말을 그대로 옮겨보겠다:

"리더라면 앞장서야 해. 아무리 위험한 순간에라도."

"훌륭한 리더는 부하들을 잘 이해해야 해. 원하는 것이 뭔지, 무슨 생각을 하는지!"

"힘든 일을 마다하지 않아야 해."

"옳은 판단을 해야 해. 특히 중요한 날에는 무수한 결정을 필요로 하는데 판단을 잘못하면 많은 대원을 죽게 할 거야."

낙하산을 타고 적진에 침투하는 과정에서부터 저들은 말이나 행동은 멋대로 하는 것 같이 보여도 계속해서 자신들을 지휘하고 자신들이 의지할 지휘관들을 찾는다. 저들의 말 그대로 중요한 날에는 무수한 결정을 필요로 하는데 판단을 잘못함으로 인해 많은 부하가 적의 총탄에 맞아 죽게 되는 일들이 발생하게 된다. 그래서 책임을 두 어깨에 짊어진 리더들의 역할은 말로 다 할 수 없이 중요하다.

벅캄프튼이라는 대위는 부하들에 대한 애정과 관심이 많다 보니 총에 맞아 피 흘리며 쓰러지고, 폭탄에 맞아 죽는 부하들의 모습을 바라보며 심리적인 충격을 받아 중간에 병원으로 후송된다. 부하들에 대한 애정과 관심만으로도 훌륭한 리더가 될 수 없다는 모습을 보여주는 장면이다.

소블이라는 대위는 엄격한 것 같으면서 부하 소대장의 능력에 대한 질투로 인해 불합리한 처리와 지시를 수시로 내린다. 능력이 없다 보니 엄격함으로 자신을 위장한 것 같은 느낌이 들 정도였다. 결국에는 하사관들이 목숨을 걸고 대대에 건의하여 소블 대위를 중대장으로서 거부한다. 처음에는 대대장이 하사관들에게 벌을 내리는 것 같았지만, 나중에는 소블 대위를 다른 곳으로 전출시키면서 소대장이던 윈터스 대위를 중대장으로 임명한다.

이 드라마 중에서 리더십을 가장 제대로 갖춘 것으로 소개되는 사람은 윈터스 대위였다. 노병들이 말하는 리더에 대한 기대 내용을 두루 갖추고 있던 사람이었다. 언제나 앞에 서서 지휘하였으며, 힘든 일을 마다하지 않았으며, 상부의 명령에 늘 순종하는 모습을 보였고, 중요한 상황마다 적절한 판단을 내리며 희생자를 최대한 줄이는 모습을 보였다. 결국은 상부에서 부대대장에서 대대장으로 임명하여 뒤에서 모든 중대를 지휘하고 책임지는 일까지 하는 유능한 지도자로 소개된다.

참 지도자를 갈망하며 전투하고 있는 백성들

이 땅 위에 태어나 사는 사람들은 예외 없이 삶 가운데서 발생하는 치열한 전투에 참전하고 있는 군인들과 별반 다름이 없다. 어쩌면 그렇게 사는 것이 축복일 수도 있다. 만일 우리 모두가 에덴동산에 살면서 먹을 걱정, 입을 걱정, 돈 걱정, 자식 걱정 등 아무 염려 없이 살고 있다면 얼마나 무료하고 심심할까? 나는 가끔 우리 집에 있는 강아지를 보면서 "너에게 이러한 삶을 20년 이상 살라고 하는 것은 축복이 아니라 저주일 것이다."라고 웃으면서 말하곤 한다. 그도 그럴 것이 무슨 계획을 세울 일이 있나? 아니면 세운 계획을 위해 몸부림칠 이유가 있나? 주면 주는 대로 먹고, 싸고 싶으면 싸고, 졸리면 그냥 누워 자고, 주인이 나타나면 그저 꼬리나 흔들면서 사는 '개생(狗生)을 20년 이상 하라고 하는 것은 개에 대한 가장 심한 고문일 수도 있 겠다는 생각이 들었다. 마치 죽지도 못하면서 지옥이라는 불 속에서 고통을 겪으면서 영원히 살라는 것과 무슨 차이가 있을까 하는 과장된 생각까지도 들었기 때문이다.

그런 차원에서 이 땅 위에 사람으로 태어나 서로 몸과 몸을, 마음과 마음을 맞대고 으르렁거리며 경쟁하며 사는 것이 훨씬 더 매력적이고 의미가 넘치는 삶이 아닐까도 생각해 본다.

그럼에도 불구하고 그러한 삶 가운데 끊임없이 반복되는 실패나 좌절, 그리고 실망과 상처 등은 삶의 근본 목적까지 뒤흔드는 고통으로 작용하는 것은 사실이다. 더구나 부패한 정부나 독재자 한 사람에게 모든 권한이 집중된 구조 속에서, 어떠한 노력도 성공을 향한 초석으로 작용되지 못하고 개개인의 존엄성을 포기한 채 삶을 연명하는 백성들의 경우에는 그 고통의 정도가 말할 수 없이 커질 것이다.

꼭 극단적인 국가의 체제 아래 살고 있지 않다 할지라도 평범한 사회 구조 안에서도 사람들은 늘 전투를 하며 산다. 총알이 빗발치는 전쟁터는 아니라 할지라도 실제로 전투하듯이 사람들은 살고 있다. 이러한 전투 상황 가운데에 꼭 필요한 것은 신뢰할 수 있는 지도자이다. 이러한 지도자를 만나게 되면 〈밴드 오프 브라더스〉에서 외치던 분대장의 외침같이 "이젠 우리 살았다!"라는 외침을 곳곳에서 듣게 될 것이다.

믿고 신뢰하며 따를 수 있는 지도자! 그리고 모든 독자가 크리스천이라는 전제하에 기록하는 글이기 때문에 가장 중요한 조건으로서 '믿고 신뢰하고 의지하고 따를 수 있는 그리스도인 지도자!' "이제 우리는 살았다"라고 외칠 수 있는 지도자! 지금 우리 사회에 필요한 사람은 바로 이러한 사람이 아닐까?

그렇다면 과연 우리는 어떠한 종류의 믿을 수 있는 지도자를 원하는가? 더구나 지금과 같은 난세에 자신의 욕망이나, 자신의 이상이나, 자신의 이익을 우선으로 하지 않고 백성들의 이익을 위해 희생도 불사하는 정신으로 나설 지도자를 심히 원하는데, 과연 어떠한 자여야 할까? 목마름의 갈급함 속에 주위를 둘러보며 이러한 자들을 찾아본다.

1

첫 번째 지도 원리 LEADERSHIP MANUAL

지도자 : 나를 아는 자

지나친 우월감도 아니고, 과도한 열등의식도 아니고, 과거의 아픔에서 머물러 있지도 않으면서, 분석된 객관적 장점과 단점을 수용하고 인정하고 보완하며, 하늘로부터 주어진 이 땅 위에서의 부름이 무엇인지를 확실하게 인지하고, 주위의 높은 산과 많은 강물들 가운데 '나라는 존재가 차지하는 자리와 해야 할 일들과 영향력을 행사할 수 있는 범위를 측량하여 알고 있는 '나'라고 우리 속의 '나'는 평가할 수 있는가? "나는 나를 아는가?" "얼마나 객관적으로 냉정하게 나에 대하여 알고 인정하고 있는가?" 오늘날과 같이 끊임없이 변화에 변화를 거듭하면서도 지속적으로 눈을 크게 뜨고 자신들이 믿고 따를 수 있는 사람을 갈급하게 찾는 이 시대에 나 자신에 대하여 분석이 안 되어 있고, 나 자신을 제대로 이해하지 못하는 자가 검은 옷을 입고 높은 망대 위에 서서 수많은 관중의 "뛰어내리시오! 당신은 위대한 마술사이니 사뿐하게 땅 위에 착지할 거요!"라는 함성에 속아 자신의 능력을 망각하여 뛰어내리다 즉사한 마술사와 같이 리스크를 안고 리더로 나서는 위험만은 막아야 하기 때문이다.

철이 들어야
나를 알 수 있겠지!

진짜 어릴 적의 기억이 거의 없다. 어떤 사람은 대여섯 살 때 심지어 서너 살 때 아빠 엄마와 대화한 내용까지 줄줄 기억해 내기도 하는데 나는 그런 기억이 전혀 없다. 뭐 하나 변변하게 할 줄 아는 것이 있었어야, 그리고 멋진 말이라도 한마디 해내고 주위 사람들로부터 칭찬이라도 한 번 받았던 기억이 머릿속에 머물러 있어야 기분 좋았던 순간이라도 생각해 낼 수 있을 텐데, 확실히 나의 어린 시절은 얼떨떨하게 보냈을 확률이 무척 높다. 그나마 억지로라도 아주 어렸던 시절의 기억을 짜보면 부끄러운 일들 밖에 떠오르는 것이 없다. 독자들이 실제 상황을 상상하며 웃을까 염려가 되지만 소개를 해야 할 것 같다.

내 생일과 추석이 엇비슷하게 겹쳤던 초등학교 1학년 어느 날 학교에서 일어났던 이야기다. 추석을 지내면서 무리하게 과식을 한 덕택에 학교 수업 도중 바지에다 큰 실례를 범했다. 그것도 점잖게 앉아 아픈 배를 움켜쥐고 있다 그냥 실례를 한 것이 아니라 의자 위에 올라서서 까불며 소리를 지르다가 방귀인 줄 알고 힘을 주었는데, 그렇게 적나라하게 설사의 형태로 흘러내릴 줄이야! 주위에 있던 아이들이 놀라 도망쳐 나가던 모습이 아직도 나의 기억에 생생하게 남아 있다. 철의 철도 들지 않았던 어린 시절 부끄럽게 느껴지는 기억이다.

어떠한 모습과 기준에 근거하여 '철이 들다'라는 말을 할 수 있는지는 확실하지 않다. 한국어나 영어 그리고 중국어 사전의 내용을 종합해 보면 대략 '사물의 이치를 어느 정도 분별할 수 있는 단계'인 것으로 이해된다. 영어에서는 좀 더 구체적으로 사랑니가 나는 시점으로 표현하기도 한다. 한국에서는 사랑니라고 하지만 영어에서는 '지혜의 이' 즉 'wisdom tooth'라고 한다. 아마 한국에서는 사랑니가 날 때쯤 사랑을 이해하기 때문에 그렇게 사용하는 것 같은데, 영어로는 이 이가 날 때쯤이면 세상을 이해하는 지혜가 생기는 것으로 본 것 같다.[1]

철이 들어야 나를 제대로 알 수 있는 기초가 마련되는 것이기도 하지만 철이 들 때까지 미완의 상태에서 이 모양 저 모양으로 세상을 경험하는 것들 역시 어떤 면에서는 철이 든 후에 어떤 일을 하는 데 있어 중요한 요소들로

---

[1] 보통 사춘기 이후 17~25세 무렵에 나기 시작하는데 이 시기는 이성(異性)에 대한 호기심이 많을 때며, 특히 새로 어금니가 날 때 마치 첫사랑을 앓듯이 아프다고 하여 '사랑니'라는 명칭이 붙게 되었다. 또한 사리를 분별할 수 있는 지혜가 생기는 시기에 나온다고 하여 지치(智齒)라고도 한다. [네이버 지식백과] 사랑니 [wisdom tooth] (서울대학교병원 신체기관정보)

작용할 수 있다고 본다. 느헤미야라는 위대한 정치인도 철들기 전의 삶이 있었을 것이고, 그간 발생했던 여러 웃지 못할 실수들도 있었을 것이다. 느헤미야라는 역사서에 기록된 내용 속에는 그의 철들기 전의 내용은 담고 있지 않지만, 그에게 주어진 정치인의 여정 가운데에서 보이는 여러 모습을 통해 추론할 수 있는 바가 없는 것은 아니다. 그는 어느 정도 자유가 허용되기는 했으나 포로의 신분으로 바벨론에 끌려온 할아버지 또는 부모님 밑에서 자랐다. 그리고 그가 바벨론 사람들과 경쟁하는 과정 중에 높은 직급까지 올라가는 성공을 이루어내었다. 함께 앉아 그가 어떻게 그 자리까지 올라올 수 있었는지 과거의 시간을 나눌 수 있다면 하루 이틀의 시간 가지고도 모자를 정도로 허다한 경험들이 지나온 발자취 속에 감추어져 있었을 것이다.

규모의 대소를 떠나 한 단체의 지도자로 짧지 않은 세월을 살아온 필자가 60이 넘은 나이에 느헤미야라는 정치 지도자를 가슴에 품고 그에게서부터 배워야만 할 여러 원리를 정리하는 중에 그 첫 번째 원리로 '지기(知己, 자신을 아는 것)'를 둔 이유는 무엇인가? 자기 자신을 알고 이해하지 않고서는 어떠한 리더십의 자리에 세움을 받아도 백전백패할 수밖에 없는 가능성을 늘 안고 있음을 피하기 어렵다는 확신 때문이었다. 중국의 고전 《손자병법》에는 "지피지기이면 백전불태(知彼知己 百戰不殆)"라는 내용이 있다. 한국에서는 백전백승으로 바꾸어 사용하지만 원래의 뜻은 '상대방을 알고 나 자신을 알면, 백번을 싸워도 위태로운 상황을 겪지 않는다'는 의미를 갖는다. 이러한 이유로 우선 나의 철들기 이전의 모습을 언급하고자 한다. 독자에게도 동일하게 자신에 대해 철들기 전의 모습과 철든 후의 모습 그리고 나 자신에 대한 구체적 묘사를 하는 시간을 갖기를 권한다. 생각으로나 말로만이 아니라 구체적인 글로 독자 자신에 대한 기록을 만들어 보기를 격려한다.

필자에게 있어 '철'이 들었다는 시간을 언급할 때에는 예수님에 대한 신앙을 기초이자 근거로 할 수밖에 없다. 내가 예수님을 나의 개인적 구세주로 인정하고 받아들이고, 처음으로 눈물을 흘리며 지난 나의 모든 죄 된 행위를 회개했던 그 시간, 그러니까 나의 나이 만 18세를 전후로 '철'이 들기 전(前)과 '철'이 들어가는 과정이라고 할 수 있는 후(後)로 나눌 수 있다.

앞에서도 잠시 언급했듯이 철들기 이전의 나의 모습에 대해서는 좋은 기억이 별로 없다. 지금도 기억나는 것은 늘 문제를 일으킴으로 주위 사람들을 힘들게 했던 일들뿐이다. 당시 서울에 살면서도 수원 여자 중고등학교 교사로서 서울과 수원을 오가며 피곤하게 교편생활을 유지하시던 어머니의 말씀에 의하면, 퇴근해서 서울 집에 도착하자마자 늘 하셨던 일이 나를 데리고 돌을 던져 장독을 깬 집, 때려서 다치게 한 친구네 집을 다니며 사과하는 일이셨단다. 아무 생각 없이 까불면서 자랐으니 철이 있는 행동을 할 수나 있었겠는가?

중학교 시절, 나 자신도 잘 모르는 규율을 지도하는 규율 담당 학생으로 폼을 잡았던 기억도 난다. 그저 떠오르게 되는 것은 아이들을 잡아 몽둥이로 합법적인 매를 때렸던 기억뿐이다. 아이들을 그렇게 때린 만큼 이곳저곳에서 많이 얻어맞기도 했던 것 같다.

착한 말을 한 적이 별로 없는 것 같고, 착했다고 생각이 날 만한 어떤 일을 한 기억도 나지 않는다. 중학교 2학년 때는 담배도 배웠다. 친구가 담배를 가르쳐 준다고 하니 그러잖아도 공부가 하기 싫던 참이라 성큼 그를 따라 화계사 뒤편 산 중턱에 앉아 당시 대부분 학생이 사용하던 모나미 볼펜의 알맹이를 빼어내고 볼펜 몸체의 끝을 칼로 벌려 거기에 아리랑 담배를 꽂아 담배를 배웠다. 혀가 따끔거릴 정도로 맛도 모르면서 담배를 피우고 부모님에게 걸리지 않으려고 껌을 서너 개 입에 집어넣어 쩍쩍 씹으면서 집에 돌아갔던 때가 엊그제 같은 옛날 철들기 한참 전의 일이다. 고등학교 입학시험을 준비한다고 과외를 하면서도 공부만 끝나면 대학교 학생이었던 과외 선생 앞에서 담배를 피워대면서 까불던 기억이 아직도 생생하다. 야단치지도 못하고 어린 나의 기에 밀려 말리지도 못하며 어쩔 줄 몰라 난처해하던 유약한 과외 선생의 얼굴이 지금도 떠오른다.

학교에서 반장 한번 해본 적도 없이 중학교를 그렇게 넘어갔다. 고등학교에 올라가서야 모태 신앙인으로 꾸준히 출석하던 교회에서 처음으로 음악부장이라는 공직(?)을 맡아보았다. 음악부장으로 임원회에 참석해도 무슨 말을 해야 할지 잘 몰라 늘 침묵을 유지하였고, 어쩌다 음악과 관계된 일의 사회를 맡으면 눈을 어디에 두어야 할지, 무슨 말로 시작하고 무슨 말로 끝을 맺어야 할지 몰라 어영부영 횡설수설하다 적당히 마무리하고 끝을 맺은 적이 한두 번이 아니다. 임원회에서조차 상황 파악이 안 되고 무슨 말을 해야 할지 모르던 나였으니, 나에게 소위 '철'이라는 것은 고등학교 때도 찾아오지 않았던 단어였던 것 같다. 그러니 철도 들지 않은 아이에게 '지도자'라는 단어는 진짜 아무 상관이 없는 단어였을 것이다. 아니 그러한 것에 조그마한 관심도 없었다.

나는 지금도 교회 고등부 음악부장 시절, 임원회만 하면 유창한 언변으로 회의를 장악하여 끌고 나가던 김 아무개라고 하던 총무가 떠오른다. 회장이 누구였는지는 생각도 나지 않는데 총무만 떠올려지는 것을 보면 내가 그 친구에게 제법 큰 열등감을 가졌었나 보다. 그는 고등학생 나이에도 불구하고 턱수염이 제법 빽빽하게 나 있어 수염 하나 없이 반들반들한 턱을 가진 나보다 훨씬 성숙해 보였고, 발언할 때의 눈빛도 감히 반대하기 어려운 엄숙한 눈빛으로 좌중을 압도했던 모양새로 내 기억에 남아 있다. 내가 나름대로 관심을 갖고 지켜보던 여학생이 너무나도 존경스럽고 흠모하는 눈빛으로 그의 발언하는 모습을 바라보던 광경 역시 잊지 않는 아픈 기억이다. 그래도 화는 나지 않았던 것 같다. 당시에는 워낙 나보다 특출하다고 인정했던 친구였으니까.

지금도 그 친구를 생각하면 이런 질문이 절로 나온다. 그 친구는 어떻게 그렇게 어린 나이에 주위 사람들을 설득시킬 수 있는 언변과 리더십이 있었을까? 형제들이 많은 집안에 태어나서 다투고 싸우면서 나름대로의 논리가 그렇게 형성되었던 것일까? 부모님이 그렇게 할 수 있도록 가르쳐 주셨을까? 원래 똑똑하게 타고난 것이었을까? 그리고 그 친구는 지금 어디에서 어떤 모습으로 살고 있을까? 궁금하지 않을 수 없다. 페이스북, 네이버 등등에서 그 친구의 이름을 검색하여 찾아보려고 해도 그 친구는 찾을 수 없었다. 친해질 수 있는 사이가 아니라 꼭 만나서 다시 친구로 하고 싶은 마음은 없지만 그냥 궁금하다. 그렇게 똑똑했던 그 친구는 지금 어디에서 어떠한 모습으로 살고 있을까? 여전히 멋지게 살고 있을까? 아니면 어린 시절의 모습과는 달리 그럭저럭 살고 있을까?

이렇게 별 볼일 없이 살고 있던 나의 유약한 현실로부터 도피할 수 있도록 도와준 통로는 친구였다. '유유상종'이라고 했던가? 나의 친구들 역시 변변했던 사람은 거의 없었던 것 같다. 나는 나와 유사하게 별 볼 일 없던 친구들과 더불어 담배도 피우고, 술도 마시고, 싸움도 하면서 나의 부족함에 대한 스트레스를 풀었다. 중학생이었지만 이미 170㎝를 넘긴 키에 운동으로 단련된 몸을 갖고 있어서 그랬는지 머리를 빡빡 깎은 상태에서 아무 데서나 담배를 입에 물었다. 시비를 걸 테면 걸라는 마음만 있었던 것 같다. 고등학생일 때는 아무렇지도 않게 술 담배를 하면서 살았다. 때리기도 하고, 얻어맞기도 하면서 거칠게 살았다. 그러나 여전히 집에서는 조용한 아들로 있었고, 교회에서는 장로님 권사님의 아들로 조용히 순종하는 자녀인 것처럼 위장하며 살았다. 하지만 실제로는 자신감도 없고, 사는 재미도 느끼지 못하면서 철저하게 가면을 쓰고 살던 시절이었을 뿐이다.

　나의 주위에는 언제나 나보다 잘난 사람들로만 가득했다. 내가 나 스스로를 바라볼 때는 어쩌면 이렇게 못 난 놈이 있을까 하는 생각이 들 정도로 나에게 아무 가치도 부여하지 않고 살았다. 잘 못 하는 것이 당연하고, 어쩌다 잘하는 것이 신기하게 느껴질 정도였다.

　고등학교 3학년 여름 방학 때는 남들이 모두 대학 입시를 위해 정신이 없을 때, 나는 나의 피를 팔아 받은 돈으로 강릉에 놀러 갔다. 그렇게 피를 팔아 놀러 간 사람이 제대로는 놀았겠나? 그저 술 먹고 경포대 해수욕장에 가득 찬 텐트들을 걷어차며 사람 사람에게 시비 걸면서 고래고래 고함이나 지르며 미친 짓을 하며 소위 쓰레기 같은 모습의 시간을 보낸 것이 고작이었다. 몸도 가누지 못할 정도로 술을 먹고 추태를 부리는 것은 일상이었다.

　그러던 내가 어느 날 갑자기 공부해야겠다는 생각이 들었다. 경포대의 망나니 같은 시간을 보낸 후 갑자기 '나'가 보이기 시작했다. 그리고 앞날이 염려되기 시작했다. 이때만 해도 대학에 가려면 예비고사를 통해 많은 학생을 걸러내고, 예비고사에 합격한 사람만 본 고사에 응시할 수 있는 교육 시스템이 존재하던 때였다. '내일 모레면 무시무시한 예비고사를 치러야 하는데, 지금 내가 도대체 무엇을 하고 있는 것이지?' 돌이켜 보니 그때가 그래도 유아 세례로 하나님에게 묶여 있었던 끈의 존재를 느껴본 시간으로 기억된다. 공부 좀 해야 하겠지? 스스로 나에게 물어보았다. 지금 생각해도 신기한 마음의 역사였다. 신앙을 가진 후 되돌아보니 아마도 어머니의 눈물의 기도가 역사하기 시작한 시간이었던 것이 틀림없다.

　그래서 3학년 2학기에 접어들며 처음으로 마음을 먹고 예비고사를 준비하기 시작했다. 매일 도서실에 가서 밤을 새우며 공부했다. 되든 안 되든 어쨌든 죽어라 공부한 기억이 난다. 그리고 신기하게도 예비고사에 합격하였다. 그것도 제법 괜찮은 점수로! 2, 3개월 공부한 사람으로서는 아주 좋은 점수라고 해야 되겠지. 그래서 당시 모 의대에 입학 원서를 넣었다. 그렇게 넣을 수 있을 정도의 점수를 받았으니 담임 선생도 나를 신기한 눈으로 바라보면서 도장을 찍어 주셨다. 말썽꾼 임성철이 예비고사에 합격하다니! 딱 그런 눈으로 나를 바라보며 원서에 도장을 찍어 주셨다.

하지만 본 고사는 예비고사와는 달랐다. 워낙 공부하지 않았던 학생이 몇 달 공부해서 갈 수 있는 학교는 아니었던 것 같다. 낙방! 하지만 실제로는 그렇게 큰 실망도 없었다. 그렇게 하지 않던 공부를 몇 개월하고 예비고사 통과하고 친 본고사라서 어찌 보면 떨어진 것이 당연할 수도 있었기 때문에 심적 충격이 있었다든지, 고통스러웠다든지 하는 마음은 별로 없었다. 그렇게 나는 그럭저럭 후기 대학에 입학하여 그럭저럭 공부를 시작하게 되었다.

그렇게 어영부영 대학에 입학하여 대충대충 지내던 대학 1학년 어느 날 '철'이 들게 되는 상황이 주어졌다. 이것은 하나님의 특별한 은총이 나에게 임하는 놀라운 시간이었다. 부모님의 권고에 따라 금요일 대학생 성경공부만큼은 빠지지 않고 출석하고 있었다. 그 당시에도 담배를 피웠기 때문에 성경공부 시간에는 습관적으로 오른손을 주머니에 넣고 앉았다. 그 손에서 담배 냄새가 나서 미안했기 때문이다. 그날도 습관적으로 자리에 앉아 아무 생각 없이 성경공부에 참석하고 있었다.

그런데 인도하던 전도사님이 갑자기 내 이름을 부르면서 간증을 하라는 것이었다. 참 신기했다. 간증(?), 무슨 간증? 아무것도 할 말이 없었던 시추에이션이었다. 하지만 호명을 당했으니 일어섰다. 그리고 딱 한 마디 말했다. "지금부터 예수님 믿어보겠습니다!" 그리고 앉았다. 호명을 받았고, 미안해서 일어났고, 일어났으니 한마디 한 것뿐이었다. That's it! 그런데 참 신기했다. 그것이 나의 신앙고백으로 작용되었던 것 같다. 그날 저녁부터 이상했다. 담배는 생각도 나지 않았다. 하지만 아무것도 알지 못했다. 그냥 집에 와서 잠을 잤다.

그런데 다음 날 새벽에 누군가 나를 깨우는 것이었다. "성철아 성철아 일어나!" 눈을 떠 보니 누가 문을 열고 나가는 것이었다. 나는 어머니가 나를 깨우는 줄 알았다. 그래서 어머니에게 가서 여쭈었다. "어머니, 저 깨우셨어요?" 어머니가 주무시다가 "아니!"라고 대답하셨다. 내 방으로 다시 돌아와서 가만히 시계를 보니 새벽 기도회에 갈 수 있는 시간이었다. 그때까지만 해도 그냥 깼으니, 그리고 새벽 기도회나 한번 가볼까 하는 마음으로 가게 된 것이니, 무슨 이상한 생각은 하지도 않았다.

그런데 이런 이상한 일이 매일 발생했다. 누군가가 나를 매일 깨웠다. 이상하긴 했어도 누구도 말해주는 사람이 없었으니 왜 이러는지 알지도 못하면서, 나의 생활 패턴이 조금씩 바뀌기 시작했다. 그러는 중에 내가 죄인이라는 사실을 알게 되었고, 매일 매일 조금씩 조금씩 하나님에 대해 배우기 시작했다. 그때가 '나' 자신에게서 '하나님'에게로 넘어가는, '나' 중심에서 '하나님' 중심으로 넘어가는 시간이었던 것이다. 이것이 내가 소위 '철'이라는 것이 들기 시작한 발단이고, 한 번도 생각해 보지 않았던 '나'는 누구이고, 오늘의 나로 바꾸어주신 하나님에게 앞으로 내가 무엇을 해야 하고, 어떻게 살아야 하는지 등에 대해 고민을 시작하면서 나를 조금씩 알아가기 시작했던 시간이었다.

이렇게 '철'이라는 것이 신앙을 통해 들어가면서 '나'라는 존재가 조금씩 객관적으로 보이기 시작했고, 그러면서 임성철이라는 사람을 이해하기 시작했다. 나의 세계관도 조금씩 바뀌기 시작했고, 지금까지 지니고 살았던 가치관에도 변화가 일어나기 시작했다. 여전히 끝없는 실수로 중간중간 시행착오를 겪었지만 후에 그것이 소위 '성화'의 과정에 입문한 자들이 당연히 경험하는 과정이라는 것으로 이해되었다.

**하나님을 만난 후 '철'이 들어가면서 나를 알게 되었고,
나를 알게 되면서 나의 한계도 알게 되었고,
나의 한계를 알게 되면서 주님 앞에 무릎을 꿇게 되었다**

예수 그리스도를 나의 개인적 구주로 받아들임으로 그리스도인이 된 것은 나에게 있어서 엄청난 지각의 변동으로 작용하였다. 소위 세상적으로 볼 때 아버지의 사회적 위상이나, 어머니가 가지고 계시던 학적 수준은 당시 한국 사회에서 어디에 내놓아도 밀리지 않는 여건이었음에도 불구하고, 나의 내면세계는 늘 열등의식으로 가득했고 내적 열등감 속에 빠져 허덕이고 있었던 것 같다. 하지만 예수님을 구주로 영접한 후로부터 조금씩 느끼게 된 것은 하나님의 자녀로서 어떠한 열등의식을 가지지 않아도 되겠다는 것이었다.

예수님을 믿는 그리스도인이라는 새로운 아이덴티티가 내 안에 확실하게 정립이 되었다. "나는 그리스도인이다!" 엄청난 신분이라는 사실을 인지하게 되었다. 그래서 즉시 이 사실을 사람들에게 알리기 시작했다. 비가 오면 우산을 들고 있다가 비를 맞으며 오는 사람에게 달려가 우산을 씌워주고 함께 걸으며 예수 그리스도를 소개했다. 수업이 없는 시간이면 친구들과 버스 정류장에 가서 함께 기도하고 버스에 올라타 전도를 하였다. 사람 앞에 서서 말도 제대로 하지 못했었는데 물건을 팔기 위해 버스 한가운데 서서 장사를 하는 사람과 똑같이 버스에 서서 앉아있는 승객들에게 예수 그리스도를 소개했다. 논리적이었고, 설득력 있는 전도였던 것 같다.

내가 다니던 대학이 유교 대학이었는데 오래전에 데모하다 기독학생회가 없어졌기 때문에 몇몇 친구들과 함께 겟세마네라는 기독학생회 동아리를 만들어 활동하기 시작했다. 기독학생회 회장을 맡으면서 학교 축제 때 거창하게 주님을 믿는 연예인들을 모셔다 Jesus Festival을 주최하기도 했다. 나의 기독교인 됨은 단순히 '철'이 드는 수준을 넘어 완전히 다른 위상을 갖게 되었다. 놀라운 변화였다. 나 한 사람도 감당이 안 되던 존재가 나도 모르는 사이에 주위 사람들을 챙겨야 하는 새끼 지도자의 단계로 조금씩 조금씩 들어가고 있었다.

문제는 영적으로 좋을 때와 그렇지 못할 때의 간격이 너무 크다는 것이었다. 사실 하나님과의 관계가 나쁠 수는 없었다. 그냥 하나님에 대한 확실한 주권 인정, 하나님 중심으로 생각하는 태도 등은 변할 수 없다. 그러한 중심적인 문제가 아니라 다 알면서 몸이 따르지 못하고, 입에서 나오는 말들이 따르지 못하고, 게을러서 잘하지 못하고, 바울의 고백처럼 육신에 져서 육신을 따라 살면서 이 모양 저 모양으로 죄를 짓는 데에 문제의 근원이 있었던 것이다.

이러는 중에 한가지 배운 것은 일단 한 단체의 책임을 지는 직책을 맡게 되면 상태가 좋건 나쁘건 직책이나 직책에 부여된 책임은 여전히 그대로 있다는 것이다. 교회의 목사로 있다고, 선교지에서 선교사로 있다고, 장로나 권사, 집사라는 직분으로 있다고 늘 그 직분에 합당한 삶을 제대로 살 수 있는 것은 아니다. 또한 그렇게 산다고 그 직분이 유지되고, 그렇게 못 산다고 직분이 없어지는 것도 아니다. 그냥 그 직분은 그대로 가는 것이다. 따라서 지도자라는 직분은 직분에 합당한 삶을 꾸준하게 이끌어 나갈 수 있는 사람에게만 주어져야지, 그렇지 못할 경우에는 직분만 어깨에 걸고 내려놓지도 못하면서 자신도 힘들고, 주위의 많은 사람도 힘들고, 하나님의 거룩한 이름도 지속적으로 실추시키는 삶을 사는 불행한 일이 발생하게 된다.

'철'이 들면서, '나'라는 존재를 조금씩 이해해 가면서 꼭 거쳐야만 하는 또 다른 단계는 '나의 한계'를 알게 되어야 하는 것과 그렇기 때문에 하나님 앞에 이 한계의 극복을 위해 늘 무릎을 꿇어야만 한다는 사실에 대한 인지이다. 이 과정은 성화의 과정 중에 끊임없는 인내로 계속 유지해야 하는 일종의 코스이다. 수도 없는 나 자신에 대한 실망, 그럼에도 불구하고 변함없이 옆에 서 계시는 주님의 임재를 경험하는 과정들, 포기하고 싶은 마음이 들 정도의 높은 산들과 건너기 힘든 강들, 애쓸수록 더 빠져드는 절망의 늪에서도 끝까지 나를 놓지 않고 붙들고 이끌어 주시는 하나님의 손길에 대한 지속적 경험들, 이렇게 갈리고 깎이고 다듬어지는 과정에서 나는 조금씩 성장해 온 것 같다. 역사의 위대한 여러 지도자가 그랬듯이 우리네 인간은 철이 들면서 자신의 한계를 인정하고 그래서 하나님께 무릎 꿇지 않고는 아무것도 할 수 없다는 것을 고백하며 살아가는 것이다.

철도 좀 들었고
나를 어느 정도 알게 되었으니
이제 '나'는 지도자로 사용받을 수 있을까?

느헤미야는 오늘날의 표현으로 '준비된 지도자'였다. 기록된 내용을 자세히 읽어보면 그는 자신에 대해서도 충분히 알고, 이해하고, 부족한 부분을 보완할 줄 알았던 지도자였다. 생각해 보면 남유다의 70년간의 포로시대(약 BC 606~536)는 이스라엘 땅에 남아 있는 자들에게나 포로로 바벨론에 잡혀갔던 자들에게나 모두 어둡고 긴 터널의 시간이었음은 부인할 수 없는 사실이다. 70년간의 기나긴 포로시대의 후반부를 기점으로 생각해 볼 때, 20세 이상의 나이에 포로로 끌려갔던 자들은 이미 생존하기 힘든 상황이었을 것이다. 그리고 10대의 나이에 끌려가 장수하였다고 해도 이미 80을 넘긴 노후의 상태였다. 따라서 포로시대를 마감할 때에 생존해 있던 자들은 90% 이상이 바벨론에서 태어난 2세 또는 3세였을 것이라고 추측하는 데에 아무 무리가 없다.

포로시대에 진입할 당시의 상황을 직접 목격하고 경험한 자들의 의식과, 포로의 삶이 정착된 가운데 당대 최고의 부국 바벨론에서 태어나 자란 자들의 의식은 근본적으로 달랐을 것이다. 마치 미국에 이민 간 1세대의 사고방식과 이민 생활 중에 태어난 2세 또는 3세의 사고방식이나 사고구조가 아주 다른 것과 흡사하리라 본다. 애굽의 포로정책과는 판이하게 다른 융화 정책으로 포로들을 대하던 바벨론 정부의 모습은 다니엘서와 에스라서 느헤미야서에서 지세하게 묘사되어 있다. 이러한 포로 우대 정책 가운데에 태어나 자란 대다수 젊은이에게 '포로시대의 끝'이라는 선언과 패전국 이스라엘로의 귀환은 오히려 충격으로 다가올 수도 있었을 것이고, 정체성의 혼란(identity crisis)이 주어짐으로 인해 그들에게는 오히려 복잡한 상황이 가중되어 처신하기도 어려운 시대로 진입했을 것으로 추측할 수 있다.

이러한 정신적 황폐함 또는 공허함 가운데 이전의 조국인 이스라엘로 돌아가는 무리도 있었을 것이고 그대로 바벨론에 남아 있겠다고 결정하고 남는 사람들도 적지 않았을 것이다. 상당한 자유가 보장된 포로 생활이었던 만큼 경제적으로나 사회적 신분으로나 다시 이스라엘로 귀환할 이유가 별로 없다고 하는 자들, 그리고 귀국하더라도 서두를 것이 없다고 생각하여 천천히 상황을 보며 귀국을 준비하던 자들, 애국심에 불타 속히 귀국하려는 자들과 바벨론에서 별로 성공하지 못해 조국에서 새로운 삶의 터전을 이룩

해 보겠다고 생각하고 있는 자들로 구성된 귀국파들 간의 긴장감 또는 갈등 역시 존재하고 있었을 것으로 추측할 수 있다. 이러한 상황에서 BC 536년에 시작되어 20년간 지속되었던 스룹바벨의 성전건축 사역의 어려움은 가히 짐작하고도 남음이 있다. 이러한 배경 가운데 성전 회복 사역이 진행되었지만 황폐한 예루살렘은 여전히 황폐함에서 벗어날 줄을 몰랐다. 이러한 사실은 에스라와 느헤미야의 기록을 통해 자연스럽게 보이는 내용이다.

주위에 있는 호론 사람들과 암몬 사람들 그리고 아라비아 사람들의 조롱과 협박 가운데 진행됐던 성벽 건축의 상황만 보아도 이전의 다윗과 솔로몬 시대의 영화로운 모습은 조금도 보이지 않을 정도로 이스라엘이라는 나라는 멸시와 천대의 대상으로 전락해 있었다. 스룹바벨의 영도 하에 성전이 재건된 지 약 70년이 지난 BC 446년에 느헤미야가 에스라와 더불어 영적 회복 사역을 시작한 것과 성벽 건축 기간 중에 주위에 있는 민족들의 철저한 훼방 모습을 보아도, 당시 이스라엘의 상황이 얼마나 초라하고 어려웠는지 능히 짐작하고도 남음이 있다.

이러한 어둡고 답답하고 희망이 보이지 않는 시대적 상황 속에 준비된 지도자 느헤미야가 등장했던 것이다. 그는 소위 제사장이라는 직분이나 선지자와 같은 리더십으로 등장한 것이 아니었다. 어느 날 하나님의 음성을 듣고 그 음성을 그대로 이스라엘 백성에게 전달하는 사명을 받은 예언자도 아니었다. 그는 정치인으로 부름받아 등장했다. 오늘의 표현으로 '평신도 정치 지도자'였다. 평신도로서 세상과 교회 완전히 다른 두 세계에 발을 깊이 담그고 지도자로 섰던 그 모습이 나에게 다가온 느헤미야의 매력이었다.

그는 강단에 서서 외치는 힘으로 리더의 자리에 앉은 사람이 아니었다. 그는 그의 관심과 관심에 걸맞은 행동과, 행동과 같이 따라주는 성실함과 책임감과 신중함과 희생의 마음과 철저하게 하나님을 의지하며 모든 일을 진행해 나가며 주어진 일들을 완수해 나가는 힘을 가진 삶으로 지도력을 발휘한 영향력 있는 지도자였다. '국민 국민'을 외치면서 자기편 사람들만 국민으로 여기고 끌고 나가는 편협한 지도자가 아니었다. 힘 있는 자들도 자기가 끌고 나가야 할 백성 중의 한 무리였고, 지극히 가난하여 전혀 힘이 없던 백성도 자신이 책임을 지고 희생까지 감수하며 이끌어야 했던 백성이었다. 자신을 지지하는 무리만이 아니라 생명의 위협까지도 마다하지 않던 반대 세력까지 하늘의 지혜를 구하며, 인내하며 구슬리면서 한 배를 탄 백성으로 인정하고 대하면서 이끌려고 애를 썼던 하나님 중심의 지도자였다. 저들의 안전과 경제와 영성에 이르기까지 전방위적인 분야를 이끌려고 노력했고, 실제로 온 국민이 염원하던 예루살렘 성벽의 재건과 영적인 회복 운동을 성공적으로 이끌어낸 위대한 평신도 정치 지도자였다.

동생 하나니가 가지고 온 예루살렘의 비참한 상황을 듣고 통곡하고 금식했던 사람이었다. 먼 외국 땅에 살고 있었고, 그 외국이라는 바벨론에서 남들이 부러워하는 높은 직책에 있었지만 늘 자신의 조국 이스라엘에 관심을 갖고, 위해서 기도를 하던 애국자였다. 그래서 조국의 슬픈 소식에 통곡하지 않을 수 없었다. 그리고 이러한 상황을 도울 수 있는 자는 바벨론의 힘 있는 왕이라는 사실을 알고 왕의 도움을 끌어내어 어려운 조국에 실제적 도움을 주는 역할도 해내었다.

이런 모든 일을 진행하는 과정 가운데 그는 자신의 한계를 분명히 인지하면서 일들을 진행하였다. 사람의 끝이 하나님의 시작이라는 사실도 아주 확실하게 알고 있었기 때문에 늘 끝에는 하나님을 향한 외침과 기도로 한계의 극복을 주님께 넘겼다. 느헤미야의 기록 중간중간에 나오는 그의 기도를 묶어 오늘날의 톤으로 기도 내용을 표현해 보자면 다음과 같다: "주님! 보고 계시지요? 나는 내가 마땅히 가야 한다고 생각하는 이 길을 가고 있는데, 저들은 이렇게 반대를 하네요! 그럼에도 불구하고 저는 제가 할 일을 했습니다. 보고 계시지요? 저를 기억하시고 보호해 주시고 지켜주세요. 도와주세요!"

기도 속에서 처절함이 보인다는 의미는 그가 지속적으로 '한계'의 끝에 서 있음을 암시한다. '진인사대천명'(盡人事待天命: 사람이 할 수 있는 일에 최선을 다한 후에는 하늘의 뜻을 기다린다)이라는 성어보다는 오히려 '人的尽头就是神的开头'(사람의 끝이 하나님의 시작이다)라는 성어가 적당할 것으로 보인다. 앞의 것은 좀 더 운명론적으로 보이고 뒤의 것이 전지전능하신 하나님을 믿는 우리 신앙인들의 고백이어야 할 것이다.

그렇다면 이제 앞의 소제목 "철도 어느 정도 들고, 나를 어느 정도 알고 있으니, '나'는 지도자로 사용받을 수 있을까?"에서 보인 질문에 대해 느헤미야와 함께 고민해 봐야 할 것 같다. 또한 이것과 연결된 질문인 "지도자는 날 때부터 지도자로 태어나는가? 아니면 훈련되어 만들어지는가?"에 대해서도 함께 생각해 볼 필요가 있겠다. 어찌 보면 우문(愚問) 같기도 하지만 그래도 한 번은 터치해야 할 것 같아 질문을 던져본다. 만일 '나는 지도자가 아니다'라고 생각한다면 느헤미야를 중심으로 생각해 보는 지도자 매뉴얼인 이 책을 굳이 계속해서 읽을 필요가 없다. 그냥 첫 장에서 덮어버리면 된다. 하지만 '나는 리더라는 위치에 서 있거나 앞으로 그런 자리에 들어갈 계획이 있다'라고 생각한다면, 이 글을 계속 읽으며 함께 생각할 필요가 있다고 본다.

〈나는 날 때부터 지도자?〉
아니면 〈만들어져 가는 지도자?〉 아니면 〈둘 다?〉

하나님이 사람에게 주시는 '소명'만을 근거로 하여 생각해 보면, 지도자는 태어나는 것임을 부인할 길이 없다. 성경의 곳곳에서 그리고 인류의 역사 속에서 여기에 관한 예는 얼마든지 찾아볼 수 있다. 나이가 들어 아무 힘도 없는 아브라함을 일방적으로 불러 가나안으로 옮기시면서 리더의 자리에 앉히시는 하나님을 볼 수 있다. 40년간의 궁중 생활, 그리고 또 다른 40년간의 광야 목자 생활, 80이 된 노인 모세를 떨기나무에서 지도자로 세우시는 하나님의 모습을 볼 때 하나님의 부르심이 아닌 스스로 리더로 세워지는 것은 적어도 성경 안에서는 찾아보기 어렵다.

그럼에도 불구하고 지도자는 오랜 시간에 걸쳐 다듬어지고 만들어져 배출되는 것임을 역시 부인할 수 없다. 이러한 사례들 역시 적지 않다. 하지만 어찌 보면 부름받아 날 때부터 지도자로 태어난 자든, 특별한 부르심에 대한 표증이 없이 태어나 성장한 자든, 지도자는 오랜 세월을 통해 만들어지는 것이라고 주장하는 것이 좀 더 설득력 있어 보인다. 모세의 경우가 그러했고, 다윗 역시 그러했으며, 신약 시대의 사도 바울 역시 그러했다. 이러한 관점에 근거하여 생각해 볼 때, 어떻게 무엇을 위해 태어났느냐는 소명의 문제에 근거해서, 지도자의 선천성에 초점을 맞추어 이해하려는 것보다는 아무래도 어떻게 교육을 받으며 자랐고, 누구를 롤 모델로 삼아 바라보며 성장했으며, 어떠한 하나님의 은혜로운 인도하심을 통해 다듬어지고 세워져 왔는가를 중시하면서 리더십을 논하는 것이 좀 더 타당하다고 생각한다.

이러한 관점에서 '나'라는 존재에 대해 다시 한번 심각하게 재조명할 필요가 있다. 현재의 '나'는 어떻게 만들어져 왔고, 어떠한 모습으로 존재하고 있으며, 앞으로 어떤 일을 위해 쓰임을 받을 것인가? 나는 원래부터 리더로 세움을 받고 태어났는가? 아니면 원래는 아무것도 아닌 존재였으나 하나님의 선택을 받아 하나님의 자녀로, 조그마한 그룹의 리더로, 나아가 좀 더 무거운 책임과 의무를 짊어진 리더로 세워져 가고 있는 것인가?

이러한 관점에서 리더 또는 지도자를 이해하고 있어서 그런지 몰라도, 나는 "저 사람은 원래 이 방면에 탁월한 재능을 갖고 있어" 또는 "원래 그렇게 실력이 있는 사람이야"라고 선입견으로 평가하는 발언에 대해 마음 깊은 곳에서부터 거부감을 느낀다. 아마도 '**원래**'라는 단어에 대한 거부 때문일 것이다. 선동에 약한 대부분 사람은 어느 사람에 대한 '원래'라는 발언에 곧잘 속아 넘어간다. 현재의 위대한 인물이나 뛰어난 사람들을 평가할 때도 마치 태어나면서 이미 그렇게 준비되어 나온 것처럼 평가하곤 한다. 하지만 과연 그럴까? 마치 전설이나 신화에 소개되는 인간 영웅이나 사람의 모습을 하고 있는 신들(gods)이 초자연적인 어떤 힘과 지혜를 갖고 있어서 일반인들은 도저히 그들과 상대할 수 없고 겨룰 수 없는 것과 같이 위대한 지도자가 원래부터 모든 면에 출중하기 때문에 그런 위치에 오른 것이었을까?

이해를 돕기 위해 필자 자신에 대해 잠깐 언급하는 실례를 범해야 할 것 같다. 나는 영어와 중국어를 제법 구사하는 실력이지만 솔직히 내가 제일 듣기 거북해하는 말 중의 하나가 나의 외국어 구사력에 대한 '은사론'이다. 나의 모국어는 한국어이다. 그렇기 때문에 한국어에 대한 유창한 구사력을 갖는 것은 당연하다. 내가 유창한 한국어를 구사한다고 해서 "저 사람은 언어에 재능이 있어"라고 평가해주지는 않는다. 하지만 다른 외국어에 대한 구사력이 남들에 비해 좀 더 좋으면 이러한 평가를 쉽게 받을 수 있다. 나는 30살 정도 이후 지금까지 영어로 대중 앞에서 나의 의견을 피력하는 데 큰 문제가 없는 사람 중의 하나이다. 영어로 책을 읽고, 글을 쓰고, 말을 하는

데 어려움이 없다. 40살 이후에는 중국어로 말하는 것을 익혔고, 45살 이후에는 어려움 없이 중국어로 강의하고 결혼 주례도 서고 회의도 진행한다. 그러면 주위에서 나에 대해 쉽게 말한다. "임 아무개는 언어에 대한 재능이 있어서 영어도 잘하고 중국말도 잘해"라고. 나는 그럴 때마다 듣기 싫지 않으면서도 괜히 섭섭해진다. 이유는 간단하다. 새로운 언어를 구사하기 위해 처절한 몸부림을 쳤던 그 노력이 하늘로부터 주어진 은사론으로 가려져 버린다는 느낌 때문이다.

 1970년대의 대학 시절 나는 그 당시 구하기 힘든 소형 라디오와 이어폰을 사서 한마디도 못 알아듣는 AFKN 방송을 들으면서 중얼거리며 다녔던 짧지 않은 시간을 기억한다. 방 안에 엎드려 알아듣지도 못하는 AFKN의 방송 내용을 받아 적는다고 낑낑거렸던 적지 않은 시간을 기억하고 있다. 하나님에게 기도하면서 "하나님, 이제부터 제가 영어로 기도를 하겠습니다. 못 알아 들으셔도 제가 말하고자 하는 뜻을 잘 이해하여 들어 주세요"라고 우스꽝스러운 기도를 올린 후, 혼자서 기도할 때는 언제든지 영어로 말을 만들어 기도를 해왔다. 경건의 일기를 적으면서, 영어로 바꾸어 글을 기록하기 시작했다. 어휘가 짧고 문법이 약해 반복되는 비슷한 형태의 내용을 얼마나 오랜 시간 동안 인내하며 기록을 했던가? 미국에서도 차를 타고 다니면서 방송되는 내용을 계속해서 중얼거리며 따라 하고, 상대방이 못 알아듣는 말을 하면 종이와 펜을 주며 다시 한번 말하면서 적어달라고 요청한 적이 얼마나 많았는지 그 수를 헤아릴 수 없다.

 시카고의 트리니티 신학교에서 M.Div 과정을 공부할 때는 거의 매일 밤 한 권의 책을 읽어내고, 책에 대해 평가하여 기록하고, 매 학기 제출해야 하는 term paper 등을 쓰느라 하루 서너 시간을 자면서 공부하기를 3년. 휴~~. 생각만 해도 머리가 아플 지경이다. 커버넌트 신학교에서 Th.M을 하는 동안에는 어땠나? 1년 동안 36학점을 받기 위해 말 그대로 머리에 쥐가 날 정도로 공부했던 기억이 난다. 그렇게 몸부림을 치며 영어를 공부하고, 영어를 사용해서 그 힘든 공부를 해내었는데, 그것을 무시하고 '재능?'이라는 말로 퉁 친단 말인가! 듣기 좋을 수 없다.

나의 중국어는 어떤가? 중학교 고등학교 대학교 내내 영어를 공부했어도 회화가 잘 안되어 엑스트라로 그렇게 노력하여 겨우 하는 말 알아듣고 내 의견 표현하는 수준인데, 이제 늦은 나이에 '니하오'부터 다시 시작한다고 생각하니 진짜 말 그대로 얼마나 한심했는지 모른다. 하지만 조선족 통역의 한계를 깨닫고 나서부터 마음을 다시 굳게 먹고 열심히 중국어를 공부했다. 이미 나름대로 다른 한 언어를 정복해 본 경험이 있는지라 중국어 역시 동일한 방법으로 시작을 했다. 하지만 중국어는 영어와 달랐다. 성조의 벽도 높았지만, 워낙 영어와는 달리 기초가 없다 보니 시간이 많이 걸렸다. 말하는 것과 쓰는 표현법이 달랐고, 지식이 있는 자들과 그렇지 못한 자들의 어휘 구조가 달랐다.

하지만 잠자는 시간에도 강의를 틀어놓고 무의식중에라도 중국어가 박히도록 빌면서 잠을 자고 몸부림친 결과 언제부터인가 제법 대부분 알아듣고 말하고 싶은 것들을 말로 표현할 수 있게 되었다. 여전히 사자성어와 고사성어를 머리에 집어넣느라고 씨름하지만, 그런대로 하고 싶은 말과 강의를 중국말로 해낼 수 있게 된 지 시간이 제법 흘렀다. 그런데 누가 또 그러더구만. "임 아무개는 언어에 재능이 있어"라고. 재능은 무슨 재능, 죽도록 하는 것 외에 다른 방법이 없는데…. 마치 자면서 꿈 한 번 꾸고 일어나니 언어가 완벽해진 것처럼 표현하는 평가에 나의 많은 노력이 평가절하 받는 것 같아 기분이 좀 그렇다.

이러한 관점에서 볼 때 나는 원래 훌륭한 지도자가 존재하는 것이라는 이론에 동의하지 않는다. 지도자는 소명에 기반을 두고 생각하면 선천적으로 주어지는 자리(?) 또는 부름(?)이라고 말할 수도 있겠지만, 동시에 이 부름을 통해 부름을 받은 자리까지 이르는 데에는 후천적인 혹독한 과정을 통해 만들어져 완성되는 것이라고 믿는다.

1만 시간의 법칙으로 유명한 말콤 글래드웰(Malcolm Gladwell)은 그의 저서 《아웃라이어(Outliers: The Story of Success)》에서 노력의 중요성을 역설한다. 많은 사람이 성공한 사람들에 대해 언급하지만, 성공한 사람들의 원래 배경은 잘 모른다는 것이다. 즉 모든 성공한 사람의 배경이 당연히 성공을 가져다줄 수 있는 요소로 가득 차 있는 것이 아니라는 것이다. 어느 한 가지의 완성을 위해서는 적어도 1만 시간을 인내를 갖고 투자한 사람 중에서 성공이라는 단어를 언급할 수 있다는 것이다. 하루 3시간, 일주일에 20시간 정도를 꾸준하게 10년간 지속할 경우 어느 분야에서든 완성의 단계에 들어갈 수 있다는 내용이다.

지도자는 어느 날 완성체로 만들어져 하늘로부터 뚝 떨어지는 것이 아니다. 오랜 시간을 거쳐 사람들과의 관계와 끊임없이 발생하는 여러 종류의 사건들 가운데 머물러 계시면서 부르신 자들을 다듬으시고, 깨우치시고, 가르치시고, 인도하시며 지도자로 세워주시는 하나님의 손길 가운데에서 비로소 지도자가 탄생하는 것이다. 동시에 지도자로 세워나가시는 하나님의 간섭과 인도하시는 과정에 적극적으로 부합하여 노력에 노력을 기울이며, 자신과의 싸움에 끝을 두지 않고, 선악의 투쟁 속에서 갈등으로 밥을 먹으며, 넘어질 때가 있으면 다시 일어날 수도 있다는 칠전팔기의 정신을 삶의 일상적 철학으로 유지해야 한다. 그러면서 동산재기(東山再起) 와신상담(卧身尝胆) 우공이산(愚公移山)의 자세로 서서히 지속적으로 지도자로서 세움을 받는 것이 성경에서 제시하는 원리로 여겨진다.

자신을 충분히 알고
지도자의 자리에 입문했던 느헤미야

느헤미야는 자기 자신을 잘 아는 사람으로서 지도자의 자리에 앉게 된다. 바벨론이라는 당시 강력한 나라의 높은 직급에 있었지만 자신이 포로로 끌려온 유대인의 자손이라는 확실한 정체성(identity)를 갖고 있었다. 또한 왜 이스라엘이 바벨론의 포로로 잡혀 왔으며 남아 있는 유대인들이 왜 이렇게 주위 나라로부터 멸시와 천대를 받으며 살고 있는자 그 원인을 확실하게 알고 있었다. "나와 내 아버지의 집이 범죄하여 주를 향하여 크게 악을 행하여 주께서 주의 종 모세에게 명령하신 계명과 율례와 규례를 지키지 아니하였나이다 옛적에 주께서 주의 종 모세에게 명령하여 이르시되 만일 너희가 범죄하면 내가 너희를 여러 나라 가운데에 흩을 것이요"(1:6-8)의 기도 내용이 이를 입증하고 있다.

느헤미야는 자신이 하나님과의 관계에 있어 '종'이라는 자기 자리를 인지하고 있었던 사람이다. "주여 구하오니 귀를 기울이사 종의 기도와 주의 이름을 경외하기를 기뻐하는 종들의 기도를 들으시고 오늘 종이 형통하여 이 사람들 앞에서 은혜를 입게 하옵소서"(1:11)의 기도가 이를 보여주고 있다.

그는 자신의 역량에 대해서도 잘 알고 이해했던 사람으로 보인다. 바벨론 왕의 힘을 빌려야 예루살렘을 포함한 조국의 어려움을 도울 수 있다는 것도 사실로 인정하고 받아들였다. 그리고 바벨론을 떠나 이스라엘까지 가는 여정 가운데에도 바벨론 왕의 도움을 받지 않고서는 위험에 처할 수도 있다는 것을 알고, 왕에게 조서를 써달라고 요청하는 것을 잊지 않았다.

나는 누구인지, 무엇을 위해 쓰임을 받아야 하고, 내가 어디까지 할 수 있는지, 누구의 도움을 받아야 이러한 일들을 이루어낼 수 있는지 등, 느헤미야는 자신에 대해 지나친 열등의식이나 지나친 과신(過信)을 하지 않았다. 너무나도 자신을 잘 알던 지도자였다. 목소리 높여 구호를 외치며 하나님의 일을 했던 자는 아니었으나, 그 이상으로 많은 사람에게 영향을 미치며 살았던 사람이다. 이러한 모든 것의 출발점은 자기 자신에 대한 정확한 인식과 이해였으며, 자신이 누구인지 잘 알고 있었기에 하나님과의 관계를 지속적으로 돈독하게 유지하였으며, 그래서 더욱 하나님만 바라고 의지하며 모든 일을 성공적으로 진행하며 맡겨진 일을 완성해 나갈 수 있었다. '나'를 앎으로의 지도자 입문은, 여전히 질그릇과 같이 조금만 부주의해도 깨질 수밖에 없는 연약함을 간직하고 있다 할지라도 지도자의 길을 향한 출발선에 설 수 있는 자격을 충분히 제시하는 조건이다.

2

두 번째 지도 원리 LEADERSHIP MANUAL

내적 치유를 경험한 자

비범한 지도자를 요구하는 사회에서 살다 보니 평범한 감성조차 거부하려는 성향이 있다. 부자연스러운 모습이 아닐 수 없다. 어떠한 영역에서 지도자의 자리에 서 있더라도 적어도 성경에서 보여주는 그리스도인으로서의 지도자 원리에서는 독특함과 특별함에 매력을 부여하지 않는다. 오히려 평범한 모습 속에 깃들어 있는 **내면세계의 충실함**과 하나님께 대한 **꾸준한 의리** 등이 제시된다. 하나님께서는 과거의 모습이 어떠하였든 하나님을 통해 과거의 모든 상처로부터 치유를 경험함으로 오히려 평범하고 안정된 감성을 소유한 자들을 더욱 귀히 여기시고 계속해서 그의 백성들을 이끄는 지도자로 세우시는 것이 아닌가 생각해 본다. 당대의 위대한 지도자였던 느헤미야에 대한 내용을 분석 정리하여 글로 옮기는 과정 중에 지속적으로 다가오는 유혹은 그의 비범함에 대해서만 언급하고 싶다는 충동이었다. 하지만 이 거인을 접하면 접할수록 하나님께서 그를 크게 사용하게 된 근본에는 '평범함'과 '꾸준함' 그리고 하나님과 그의 백성들을 향한 '끈질긴 의리' 같은 것이 든든히 자리 잡고 있음을 볼 수 있다.

힘들고 어렵다 못해 처절하다고 느낄 정도의 위급한 상황에 처해 있는 사람들을 돕기 위해 멋진 모습으로 등장하는 지원군을 바라보며 사람들은 환호의 박수를 한다. 마치 위태로운 상황에 처한 유약한 사람을 구하기 위해 거미줄을 쫙 뿌리면서 날아오는 스파이더맨의 등장에 기쁨의 환호를 보내듯이!

그러나 우리의 삶은 두세 시간 안에 시작하고 마무리되는 영화의 내용처럼 늘 드라마틱하지는 않다. 그래서 우리 그리스도인은 성경에 등장하는 많은 리더의 유형과 세상에서 많은 사람의 환호를 받으며 등장하는 리더의 모습 사이에 거리가 있음을 인정하고 바라볼 수 있는 성경에 근거한 세계관의 안경을 착용할 필요가 있다. 그리고 바로 그 안경을 통해 세상을 보며 지도자의 모습으로 등장하는 자들의 면면을 바라볼 필요가 있다.

성경에서 나름대로 처음으로 소개되는 믿음의 조상 아브라함 역시 어찌 보면 처음에는 초라한 모습으로 등장한다. 나이든 할아버지. 믿음으로 하나님이 가라고 지시하신 땅에 가서 살았지만 가뭄이 들어 힘들다 보니 하나님과 상의 없이 자신의 판단에 근거하여 쉽게 이집트로 피난을 갔다. 그리고 그곳에서 아내를 아내라 주장하지 못하고 그 땅의 실력자에게 아내를 빼앗기고 불안에 떨면서 잠 못 이루는 시간을 갖는 참으로 나약하고 한심한 남성의 모습으로 소개된다. 오늘날의 관점에서 바라보면 지도자라 불릴 만한 조건이 전혀 없어 보인다.

모세는 왕자로 있을 때 스스로 지도자의 자리에 서 보려는 시도를 한다. 나름대로 강력한 국가의 왕자로 있었으니 영화의 한 장면과 같이 멋진 모습으로 등장을 시도한다. 하지만 하나님께서는 그런 모습의 등장을 허락하지 않으셨다. 오히려 왕궁에서 광야로 도망쳐 40년 동안 생존하려고 애쓰며 늙어버린 할아버지 모세에게 지도자의 삶을 살라고 부르셨다. 왕자 출신의, 현재 직업 양치는 노(老)목동 모세를 비로소 지도자로 부르셨다.

훌륭한 지도자를 논함에 있어 특별함에 대한 기대로 시작하는 것은 오히려 비성경적 '유혹'으로 이해하는 것이 맞을 것으로 보인다. 원래부터 특별하였기 때문에 훌륭한 사람이 되었다는 당위성으로 이끌어 가고 싶은 유혹을 말한다. 이러한 유혹을 못 이기고 여전히 특별함에 대한 기대만을 갖고 지도자를 논한다면, 결국 신격화와 그와 유사한 실망감만 가중되는 아픔의 경험을 반복할 수밖에 없게 된다.

따라서 적어도 기독교 공동체를 논하는 자리에서는 이러한 유혹을 넘어서 생각하는 것이 바람직하고 마땅하다. 하나님께서는 인류를 향한 자신의 계획을 진행함에 있어 인간의 일반성을 철저하게 무시하는 특별한 방식만을 사용하지 않으셨다. 아주 아주 특별한 경우를 제외하고는 보통 사람들을 통하여 자신의 특별한 일들을 이루셨다. 눈에 보이지 않는 천사들을 사용하여 자신의 계획을 얼마든지 완벽하게 이루실 수 있었겠지만 하나님은 그 방법을 사용하지 않으셨다.

심지어는 인류를 구원하기 위해 이 땅에 보냄을 받은 성자 하나님이신 예수님조차도 "그는 주 앞에서 자라나기를 연한 순 같고 마른 땅에서 나온 뿌리 같아서 고운 모양도 없고 풍채도 없은즉 우리가 보기에 흠모할만한 아름다운 것이 없도다"(사 53:2)와 같은 외적 묘사를 받을 정도로 외적 매력이나 풍겨지는 인상에 있어서 그리 특별한 모습을 하나님이 허락해 주시지 않았던 것은 확실해 보인다.

하나님께서 크게 사용하셨던 사무엘이 하나님의 요청하심 가운데 이새의 집을 찾아가 사울을 대신하여 세울 왕을 물색할 때에도 사람의 마음과 하나님의 마음이 얼마나 다른지를 보여준다. 사무엘은 '이새'에게도 자신의 마음을 보이지 않고 "아들들을 성결하게 하고 제사에 청하니라"는 기록과 같이 일단 이새의 자녀들을 지켜보았다. 하지만 사무엘 역시 사람인지라 사람의 외모만 보고 섣부른 결정을 하려고 하였다. "그들이 오매 사무엘이 엘리압을 보고 마음에 이르기를 여호와의 기름 부으실 자가 과연 주님 앞에 있도다"(삼상 16:6)라고 감탄을 한다. 아마도 엘리압이 제법 눈에 띌 정도로 잘생겼고 하나님의 사람처럼 그에게 다가왔던 것 같다. 하지만 이러한 성급한 판단을 하는 사무엘에게 하나님께서는 즉시 "여호와께서 사무엘에게 이르시되 그의 용모와 키를 보지 말라 내가 이미 그를 버렸노라 내가 보는 것은 사람과 같지 아니하니 사람은 외모를 보거니와 나 여호와는 중심을 보느니라"(삼상 16:7)고 말씀하시면서 엘리압은 아니라고 분명하게 피력하셨다. 아마도 사무엘은 깜짝 놀랐을 것이다. '아니 여호와 하나님이 이미 버리신 사람

이라고?'

그때부터 사무엘은 자신의 눈으로 하나님의 사람을 선택할 수 있는 것이 아니라 판단하고 하나님의 음성에 귀를 기울이며 한 명씩 이새의 아들들을 보다가 결국 이새가 생각할 때 이 아이는 아닐 거라고 생각했던 막내아들 다윗을 불러와 면접하게 되었다. 물론 사무엘상 16장 12절에 언급된 다윗의 외적 모습은 보기에 아주 형편없는 수준은 아니었다. "그의 빛이 붉고 눈이 빼어나고 얼굴이 아름답더라"고 기록된 내용을 보면 어느 정도 외모도 갖추고 있었던 것으로 여겨진다.

하지만 아버지 이새가 왜 그를 데려오지 않았을까? 아마도 탁 튀는 외모가 아니었을 수도 있을 것이다. 키가 크고 누가 봐도 한눈에 이 사람 아주 괜찮다는 생각이 들 정도의 외모는 아니었을 것으로 짐작할 수 있다. 어쩌면 아직은 나이 어린 막내이다 보니 믿음직스럽지 않아서 그랬을 수도 있었을 것이다. 하지만 보면 볼수록 괜찮은 사람, 자세히 들여다보면 제법 볼만한 사람, 그런 사람이 아니었을까? 조금 우스운 나의 생각일 수 있겠지만 어쩌면 타당한 분석일 수도 있을 것이다. 이러한 관점에서 다윗을 바라보면 그의 독특함과 특별함에 매력이 있었다기보다는 평범한 일개 장부의 모습 속에 깃들어 있던 **내면세계의 충실함**과 하나님에 대한 **꾸준한 의리** 등이 하나님으로 하여금 그를 더욱 사랑하고 예뻐하여 계속해서 지도자의 자리로 이끌어 주신 것이 아닌가 생각해 본다.

느헤미야를 계속해서 바라보며 드는 생각 역시 다윗에 대한 평가와 비슷하다. 이미 알려진 훌륭한 지도자였기 때문에 느헤미야에 대한 내용을 체계적으로 정리하여 글로써 옮기는 과정 중에 자주 다가오는 유혹은 본능적으로 그의 뛰어난 장점에 대해서만 언급하고 싶다는 충동이었다. 하지만 느헤미야라는 거인을 접하면 접할수록 하나님께서 그를 크게 사용하게 된 근본에는 평범함과 꾸준함 그리고 의리 같은 것이 든든히 자리 잡고 있음이 보인다.

비범해 보이는 즉 슈퍼맨과 같이 능력 있는 지도자를 원하는 사회에서 살다 보니 평범함에 이력이 난 듯 보통사람과는 다른 독특한 개성의 캐릭터를 선망하는 시대가 되었다. 부자연스러운 모습이 아닐 수 없다. 아마도 평범함 속에 감추어진 비밀스러운 저력을 모르는 것일 테지. 하지만 비록 우리가 특출한 지도자를 기대하는 사회에 살고 있다 할지라도 하나님 나라를 제대로 섬기기 원하는 자라면 성경을 총체적 관점(whole perspective)에서 냉정한 시각으로 정직하게 해부하며 들여다볼 필요가 있다. 따라서 목회자가 아닌 평신도로서의 위대한 지도자상을 제시하는 이스라엘 총리 느헤미야의 모범과 비범함의 기초를 이루고 있는 '평범한 감성과 성정'을 심도 있게 고려해보는 것은 충분한 가치가 있다고 본다.

평범한 감성

이미 앞에서도 언급하였듯이 지도자에 대한 일반적인 편견은 비범함이다. '비범함'이란 '평범함'과 상반되는 의미가 있다. '평범함'이란 어느 곳에서나 볼 수 있고 누구든지 알 수 있음을 의미한다. 그러니 특별한 일을 위해 선택된 지도자에 대한 비범함의 요구와 기대는 아주 잘못된 것만은 아니다.

그럼에도 불구하고 평범한 감성은 지도자에게 꼭 필요한 덕목이다. '감성'(感性; Emotion; Temper)이라는 단어는 여러 개의 의미로 설명될 수 있겠지만 여기에서는 감정(Emotion) 또는 성질(Temper)의 의미로 전제하여 설명하려고 한다.

감정이나 성질은 태어날 때 어느 정도 선천적으로 갖고 있는 부분도 있겠지만, 오랜 시간에 걸쳐 성장해온 각양각색의 환경에서 좀 더 단단한 모양으로 형성된다. 그래서 어느 정도의 나이에 이르면 변하기 어려운 형태로 굳어지는 경우가 많다. "그 사람 성질 참 더럽네!", "그 사람 성격이 참 좋아!", "그 사람 참 부정적이네!", "진짜 고집이 세구만" 등과 같은 표현이 성격이나 성질에 대해 사용된다. 감정이라는 단어의 두 번째 음절인 정(情)은 감성의 부분을 묘사할 때 자주 사용된다. 눈물이 많은 사람에 대해, 화를 잘 내는 사람에 대해, 늘 웃는 사람에 대해 감성이라는 단어를 가지고 표현한다. "저 사람은 감성이 아주 풍부해서 조금만 감동받아도 눈물을 흘려!" "저 사람은 냉혈한이야. 어떠한 상황에서도 냉정하고 객관적이고 눈물도 없는 사람이야!" "저 사람은 너무 예민해서 무슨 말을 할 수가 없어!" 등등으로 묘사되는 것이 감성의 부분이다.

하나님을 믿는 사람이든 믿지 않는 사람이든 하나님의 형상을 따라 창조된 모든 인간은 각각의 다른 환경에서 성장하는 가운데 이미 태어날 때부터 주어진 감성 위에 외부적 환경에 의해 새로 체득된 감성이 함께 어울려 한 개인의 자체 감성을 형성하게 된다. 이러한 감성의 형성 과정 중에 어떤 사람은 외부적 자극이 많거나 크지 않아서 원래 주어진 감성에 큰 변화를 경험하지 않고 유지해 오기도 하고, 어떤 사람은 성장하는 과정 중에 여러 요인으로 인해 심한 충격을 받거나 상처를 경험하면서 큰 폭의 감성 변화를 위험스럽게 경험하기도 한다. 여기에 '하나님의 은혜'가 개입되는 중요한 과정을 필요로 한다.

필자 자신의 과거를 돌이켜 보면 가끔 아찔한 느낌이 들곤 한다. 초등학교 시절의 기억이다. 여러 원인이 있었겠지만 내 마음에 어떠한 이유로 분노가 생기면 갑자기 호흡이 곤란해지면서 눈이 휙 돌아가는 느낌이 들곤 했다. 나의 눈을 내가 직접 지켜보지를 못했기 때문에 어떤 모양새였는지는 알 길이 없지만 눈에 흰자만 남아 있다는 느낌으로 앞이 잘 보이지 않고, 숨을 쉴 수 없고, 더 이상 나의 의지로 통제하는 느낌이 들지 않았던 것 같았다. 아마도 당시 나의 감성 깊은 어느 한 곳에 분노로 가득 채워져 있었기 때문이 아닌가 추측해 본다. 나이가 들어가면서, 그리고 하나님의 은혜를 경험한 이후로 이러한 경험은 차차 없어졌지만, 한동안은 내가 혹시 나를 통제하기 어려운 사람이 아닌가 하는 염려까지 하곤 했었다.

신학을 마치고 어느 한 교회에 성인 담당 부목사로 청빙받아 부임하게 되었다. 나는 그때 하나님 앞에 겸허히 무릎을 꿇고 엄숙하게 서원을 했었다. 나의 이러한 분노 폭발을 누구보다도 제일 잘 알고 있었던 나는 간절한 마음으로 서원의 차원에서 기도하지 않을 수 없었다. "주님, 만일 제가 교인들 앞에서 단 한 번이라도 분노를 폭발시키는 일이 생기면 저는 이 교회를 즉시 사임하고 떠나겠습니다. 제발 간구하오니 도와주셔서 저로 하여금 제 안에 숨겨져 있는 분노가 어떤 상황에서든 폭발되지 않도록 도와주옵소서!" 이렇게 나는 간절히 기도하였었다. 독자들은 어떻게 생각하는가? 하나님께서 과연 이러한 기도를 들어주셨을까?

나의 생김새 자체가 서글서글하고 온화한 웃음을 띠는 그런 인상과는 거리가 멀다. 눈은 쭉 찢어지고, 얼굴은 날카롭게 생겼다. 면도칼, 독수리 같은 별명이 나에게 주어졌으니 충분히 짐작할 만한 인상이 아니겠는가? 그런데 너무 신기한 것은 나의 부목사 3년 생활 동안 이러한 분노가 단 한 번도 폭발된 적이 없었다는 점이다. 특별한 일이 발생했던 것은 물론 아니다. 하지만 신도수 약 500명 정도의 교회에서 참으로 다양한 모습의 교인들과 함께 뒹굴던 3년 기간 동안 나의 이러한 분노의 폭발은 일어나지 않았다. 그런데 이상한 것은 목에까지 올라오는 분노를 누르려는 노력이 필요 없을 정도로 분노의 마음이 생기지 않았다는 것이다. 분노의 조절! 감성의 조절과 치유! 굳이 말하자면 분노의 조절! 감성의 치유! 이러한 것이 나에게 생겼던 것이다. 억울한 일을 당했을 때 자연스럽게 생기던 복수의 마음, 잔인하게 짓밟아 주고 싶었던 분노의 표현들이 하나님의 어루만지시는 손길을 통해 치유된 것으로 보인다.

사람들이 웃을 때 함께 웃을 수 있게 되었고, 슬퍼할 때 함께 눈물을 흘릴 수 있게 되었다. 평범한 감성의 회복을 통해 언어의 논리적 전개가 나에게 주어지기 시작하였다. 평범한 사람들 앞에 서서 그들의 마음을 이해하면서 그들에게 나의 생각을 논리적으로 피력할 수 있는 힘이 평범한 감성의 회복을 통해 주어지기 시작하였다. 무슨 뜻인가?

'감성지능'이라는 단어가 있다. "감성에 무슨 지능이 있는가?"라고 질문할 수 있을 것이다. 학문적 용어로는 Emotional Intelligence(EI)라고 표현한다. 물론 이 단어에 대한 해석은 아주 다양하다. 먼저는 자신의 감성을 계속해서 분석하고, 표현되는 감성을 분석하여 이해하려는 지속적 시도를 요구한다. 즉 자기 자신과의 구체적인 분석을 요하는 싸움의 내용을 적극적으로 받아들이는 시도에서 시작되는 것이다. 예를 들어 남들은 아무도 웃지 않고 있는데 나 혼자서 어떤 모습을 보며 큰 소리로 웃었다고 할 경우 이미 감성으로는 표현되었지만 후에 '왜 나만 그렇게 웃었을까?'를 놓고 구체적으로 상황을 분석하고, 앞으로 그러한 웃음에 대해 '내가 어떻게 컨트롤을 할 것인가?' 등에 대한 마음을 갖는 프로세스 역시 이러한 감성지능에 해당된다고 볼 수 있다.

하지만 분노의 조절이 안 되고, 슬픔의 조절이 안 되고, 기쁨의 조절이 근본적으로 잘 안 되는 사람에게 감성지능을 기대하기는 쉬운 것이 아니다. 이러한 경우에는 내적 치유부터 진행하는 것이 순서일 것이다. 어쨌든 평범한 감성으로의 회복은 감성지능이라는 단어를 굳이 쓰지 않아도 감성에 대한 자기 관리가 진행될 수 있으며, 동시에 타인이 갖고 있는 감성에 관심을 가질 수 있게 된다.

지도자가 자기의 마음과 생각만 보이고 남이 갖고 있는 생각은 보이지 않는다면 어떠한 모습의 지도자라고 할 수 있겠는가? 자기만 보이는 지도자에게 자기의 관점에서 다른 사람을 설득시킬 수 있는 언변의 힘이 주어지고, 권력이 부여될 때 히틀러처럼 자신만의 생각을 위해 권력을 사용하는 괴물이 나오게 되는 것 아닌가?

감성의 회복을 통해 다른 사람들의 감성을 이해하여 그들을 그들의 관점에서 이해시키고 설득시키는 것에 대한 좋은 예가 있어 소개하고자 한다.

"영국의 거대 미디어 그룹 BBC의 뉴스국이 직면했던 위기의 순간이 있었다. 원래 시험 삼아 개설된 BBC 뉴스국은 차츰 규모가 확장되어 어느덧 200여 명의 기자와 편집자들을 거느리게 되었고, 뉴스국에 소속된 직원들은 모두 스스로 최선을 다하고 있다는 자부심으로 근무하고 있었다. 하지만 경영진은 결국 뉴스국을 폐쇄하기로 결정하고 말았다. 경영진의 결정을 뉴스국에 전달하기 위해 회사 간부가 파견되었는데, 그는 처음 이야기를 시작할 때부터 경쟁사는 잘하고 있다, 자신은 외국에서 멋진 여행을 하고 왔다는 등 전혀 도움이 되지 않는 소리만 해댔다. 결국 가뜩이나 좋지 않은 갑작스러운 소식에다 말썽의 소지가 있는 그 간부의 태도까지 더해져 예견된 반발보다 더 큰 문제가 초래되었다. 뉴스국 사람들은 경영진의 결정뿐만 아니라, 그 소식을 전달한 사람에게도 격분했다. 분위기가 어찌나 살벌했던지 간부가 뉴스국을 안전하게 빠져나오기 위해서는 경비를 불러야 할 지경이었다.

다음날 다른 간부가 다시 뉴스국을 찾았다. 그는 시작부터 전날의 간부와는 달랐다. 허심탄회한 어조로 사회에 미치는 언론의 영향력이 얼마나 중요한가를 언급하면서 이제는 그들 모두가 최전선에 나서야 한다고 말했다. 그는 제작진에게 직업적인 면에서 언론인의 위치는 세계 경제의 불황과 함께 신분 보장은커녕 보수조차 최저 수준으로 곤두박질쳤다면서 그곳에 있는 사람 중 어느 누구도 부를 축적하기 위해 언론계에 뛰어들지는 않았음을 상기시켰다. 또한 그의 이야기는 뉴스국 직원들에게 언론의 공익성을 향한 열정과 헌신의 마음까지도 불러일으켰다. 끝으로 그는 직원들에게 자신들의 맡은 바 임무를 잘해주기를 바란다는 말로 이야기를 마무리했다. 간부가 이야기를 마치자 직원들은 환호를 보냈다.

위의 두 간부는 경영진의 의사를 전달하는 과정에서 감정과 어조에 큰 차이가 있었다. 한 사람은 사람들 사이에 적대감과 반발심을 불러일으켰고, 다른 한 사람은 어려움 속에서도 희망과 감동을 느끼도록 만들었다. 이 일화는 리더십에 있어서 드러나지 않은 매우 중요한 차원을 보여준다. 그것은 바로 리더의 언행이 감성에 미치는 영향력을 말한다."[2]

자신들이 몸담고 일하던 곳이 폐쇄되고, 자신들의 생계를 지켜주던 직장을 잃을지도 몰라 염려하고 걱정하고 있는 직원들의 마음과 심정을 이해하는 동시에 이러한 결정을 내릴 수밖에 없었던 회사의 입장을 충분히 이해하

---

[2] 《감성의 리더십》, 다니엘 골먼, 리처드 보이애치스, 애니 맥키, The Primal Leadership, 2003, The ChungRim Publishing, 22-23.

고 있는 지도자 한 사람이 불안과 염려에 가득 차 있는 직원들에게 어떠한 방식으로 회사의 입장을 전달하고, 어떻게 그들의 마음을 설득시킬 수 있었는가를 단순한 언변의 능력으로만 설명하는 것에는 한계가 있어 보인다.

우선적으로 내가 저들의 입장이라면 어떠할까를 우선 생각할 수 있어야 한다. 지금껏 일한 것에 대한 인정을 못 받는 듯한 느낌에 가득 차 있을 그들의 심정을 이해하지 못한 상태에서는 어떠한 설명도 받아들일 수 없었을 것이다. 빵을 달라고 외치는 농민들에게 왜 그들이 빵만 찾지라고 말하는 사람은 결코 그들과 대화할 수 있는 사람이 되지 못한다. 직장을 잃게 되면 어떠한 일이 발생하게 될 것인가를 미리 염려하며 고민하고 있는 그들의 심정을 이해하지 못해도 역시 그들과 충분한 공감대를 형성할 수 없다. 빵 대신 과일을 들고 가서 다른 대안을 제시하는 것은 비교적 쉬울 수 있겠지만 아무 대안이 없이 그들을 설득하기 위해서는 설득력 있는 언변의 구사도 중요하다. 하지만 무엇보다도 그들의 감성을 읽고 이해하고 그들의 감성을 부정에서 긍정으로 이끌어낼 수 있는 길을 찾아낼 수 있는 감성지능의 역할을 무시할 수 없다.

새로운 피조물

감성 즉 자신의 감정이나 성질(temper)에 지배받는 사람은 자신의 감성이 제대로 컨트롤 되지 못함으로 인해 자신에 대해 혼란스러워하거나 어려운 일을 대처해 나가는 데 자주 한계를 느낀다. 모든 일이 일반적으로, 그리고 예측했던 방향으로 움직일 때는 잘 드러나지 않지만, 당혹스러운 어떤 돌발 상황이 주어질 때는 감성의 지배에 여지없이 패배를 당함으로 고통스러운 경험을 하곤 한다. '나는 왜 이러지? 이러한 일만 생기면 내가 컨트롤이 되지를 않아!'와 같은 상태를 의미한다. 내적 치유가 필요한 경우이다. 충분한 과정을 거쳐 문제의 본질을 찾아내어 단시간이든 장시간이든 필요한 만큼의 치료 과정을 통하여 해결 보는 것이 바람직하다.

가난한 환경에서 태어나 돈으로 인한 고통을 질리도록 경험하며 자란 사람이나, 지극히 풍요로운 환경에서 태어나 물질에 대해 전혀 부족함을 느껴 보지 못하고 자란 사람이나, 부모 중 한 분 또는 두 분 모두로부터 심한 학대를 받으며 자라는 가운데 심각한 심적 타격을 받아 성인이 된 이후에도 과거의 상처에 지배받고 있는 사람도 하나님께서 예비해 놓으신 다양한 종류의 과정을 통한 치유로 회복되어야만 한다. 이러한 내적 치유 과정을 통해 나도 모르게 형성된 다양한 감성의 문제들을 교정받게 된다. 이렇게 자신의 문제가 분석되고, 치료되고, 교정됨을 통해 자신들의 감성을 이해할 수 있을 뿐만 아니라 고개를 들어 다른 사람들의 감성을 객관적으로 바라보고, 분석하고, 이해하고, 포용해나갈 수 있는 지도적 감성도 점차적으로 소유할 수 있게 된다.

고린도후서 5장 17절의 "그런즉 누구든지 그리스도 안에 있으면 새로운 피조물이라 이전 것은 지나갔으니 보라 새것이 되었도다"는 말씀은 어느 특정인에게만 주어진 말씀이 아니라 그리스도를 통해 중생을 체험한 모든 그리스도인에게 주어진 내적 치유에 대한 선포이다. 중생(born again)은 많은 사람에게 새로운 소망을 제시한다. 물론 중생을 체험했지만 그 후에 제대로 영적 관리를 받지 못하고 방치된 사람들 역시 적지 않음을 인정한다. 그럼에도 불구하고 예수 그리스도의 십자가를 통해 죄인임을 인정하면서 하나님 자녀의 반열에 오른 누구든지 새로운 피조물이기 때문에 새로 주어진 피조물의 삶으로 적응해 들어가는 과정에 충실히 임하는 모든 사람에게는

"보라 새 것이 되었도다!"라는 선포적 간증이 뒤따르게 되어있다.

이러한 과정 역시 결코 짧은 시간 내에 이루어질 수 있는 성질의 과업은 아니다. 중생하기 전까지 오랜 시간 동안 여러 복잡한 환경 가운데 형성되어온 감정(emotion), 성질(temper) 등이 어느 날 중생을 경험하는 순간 모든 것이 새로운 피조물로 거듭나는 영혼처럼 확 바뀔 수 있을까? '성화'(sanctification)의 과정 가운데에서 수도 없는 갈등의 몸부림을 통해, 그리고 결코 포기할 수 없다는 강력한 의지를 통해서 단계적으로 그리고 점진적으로 치료되고, 회복되는 긴 과정을 요하는 것이다.

크리스천 지도자를 논함에 있어 이렇게 번거로울 정도로 먼저 감성의 부분을 언급하는 이유는 일반 정치인이나 지도자를 논하는 자리가 아니라 예수 그리스도를 주로 믿고 섬기는 크리스천 지도자를 논하는 지면이기 때문이다. 비기독교인 지도자와 크리스천 지도자 사이에는 본질적 차이가 있다. 하나님을 알지 못하는 지도자와 하나님을 믿고 따르는 지도자 사이에는 근본적 다름이 존재하기 때문이다.

크리스천이란 거듭남을 체험한 사람에게 붙여지는 형용적 명사이다. 거듭남을 체험했다는 말은 그리스도의 보혈을 체험했다는 말이고, "내가 그리스도와 함께 십자가에 못 박혔나니"의 간증이 있음을 의미한다. 따라서 "이전 것은 지나갔으니 보라 새 것이 되었도다"의 고백이 삶 속에 있다. 이러한 그리스도인으로서의 지도자를 언급함에 있어 어둠에서 광명으로 회복된 모습에 대한 기대는 당연한 것이 아닐까? 자라면서 받은 심리적인 상처의 회복과 치유, 지나친 자신감이나 지나친 자괴감에 대한 교정, 지나칠 정도의 부정적인 생각이나 도를 넘는 안일한 사고의 조절 능력 등등 그리스도인이 되고 나서 성령님의 도움을 통해 주어지는 이익은 말로 헤아릴 수 없이 많다. 따라서 어둠에서 빛으로 회복되는 과정을 통해 조금씩, 그러면서 동시에 꾸준하게 정리된 감성의 유지는 성숙한 그리스도인들에게 당연히 기대할 만한 내용이다. 더구나 그리스도인으로서 교회 내에서만이 아니라 정치, 문화, 의학, 법률, 과학 등 사람이 사는 사회의 모든 분야에 있어 그리스도인으로서 지도자의 위치에 서고자 하는 사람이라면 제일 먼저 고려(concern)해야 할 것이 바로 '하나님의 형상을 닮은 감성으로의 회복'이다.

자신에 대한 인정

회복을 지속적으로 경험하면서 성숙해 가고 있는 그리스도인의 특징 중 하나는 자신에 대한 충분한 이해와, 자신이 누구인가에 대한 지식과, 자신이 지니고 있는 긍정적인 부분과 부족하다고 생각되는 단점 등을 인정하고 받아들이는 마음가짐이다. "내가 나 자신을 인정해야 된다는 자세가 왜 필요한가?"라고 질문을 할 수도 있다. 하지만 사실 나 자신을 이해하고, 인정하는 것은 대단히 중요하다. 무엇보다도 나 자신을 포함한 모든 인간은 이미 전적으로 타락한 존재(total depravity)라는 사실에 대한 인정이다.

'전적 타락'이라는 뜻이 무엇인가? 로마서에서 잘 설명해주고 있다. "그러면 어떠하냐 우리는 나으냐 결코 아니라 유대인이나 헬라인이나 다 죄 아래에 있다고 우리가 이미 선언하였느니라 기록된바 의인은 없나니 하나도 없으며 깨닫는 자도 없고 하나님을 찾는 자도 없고 다 치우쳐 함께 무익하게 되고 선을 행하는 자는 없나니 하나도 없도다!"(롬 3:9-12). 그래도 좀 괜찮은 사람이라고 스스로를 평가하는 사람에게는 실망스런 설명으로 들릴 수도 있겠지만, 사실 우리 그리스도인의 '모든 생각의 출발점'을 여기에 두는 것은 매사에 안전하다. 그리스도인으로서의 나를 지키고, 영적 생활을 관리하고,

무엇보다도 다른 사람들과 관계를 유지하는 데 있어 언제나 이 출발점을 마음에 갖고 있으면 일단은 안전하다. 무엇보다도 최소한 교만하다는 소리를 듣지 않을 수 있다. 내가 그들보다 더 나은 사람이라는 우월감으로 상대방에게 상처 주는 일을 예방할 수 있다. 내가 얼마든지 잘못할 수 있다는 가능성을 인정만 하여도 미리 예방할 수 있는 큰 사건들이 얼마나 많은가? 뿐만 아니라 이미 일어난 여러 사건을 잘 마무리할 수 있는 가능성 역시 제법 높다.

필자가 신학교에서 설교학 이론을 공부할 때 들었던 내용 중에 아직도 기억에 남는 한 가지는 "설교자도 사람임을 잊지 말라"(Be human)[3]는 것이다. 비록 하나님의 말씀을 가지고 단에 서서 외치는 사람이라 할지라도 자신은 사람임을 잊어서는 아니 된다는 의미이다. 설교자의 한쪽 발은 하나님의 말씀 속에 깊이 디딘 상태에서 원래의 뜻을 분석하고 연구하는 데 최선을 다해야 한다. 하지만 동시에 다른 한쪽 발은 오늘을 사는 설교자 자신과 청중의 현실을 냉정하게 분석하는 데 딛고 서야 한다. 완벽한 하나님의 말씀 속에만 설교자 자신을 깊이 담그고 있다 보면 자신도 모르게 설교자 본인도 완벽한 사람인 양 착각하는 경우가 있곤 하다.

그리고 성경의 눈으로만 성도들을 바라보게 되면 성도들 하나하나가 "다 양 같아서 그릇 행하여 각기 제 길로" 다니는 어리석은 양이라는 하나님의 판단도 자연스럽게 하게 된다. 그래서 설교자는 "be human" 즉 설교자인 나도 사람일 뿐이라는 원리를 기억하며 설교를 준비해야 한다는 기억에 남는 가르침이었다. 위에서 언급했듯이 우리 모두는 하나님의 은혜를 떠나서는 전적으로 타락한 존재일 뿐이라는 사실을 인정하고 받아들이는 것을 모든 관계에 있어서의 '출발점'으로 삼아야 한다는 내용에 대한 반복적인 설명

---

3) 필자가 신학교에서 설교학 개론을 공부할 당시 노트에 기록한 강의 내용.

이다.

느헤미야 역시 하나님과의 관계에 있어서 출발점을 여기에 두었다. "나와 내 아버지의 집이 범죄하여 주를 향하여 크게 악을 행하여 주께서 주의 종 모세에게 명령하신 계명과 율례와 규례를 지키지 아니하였나이다!"(1:6-7). 당시에 무슨 '인간의 전적 타락'에 대한 학설이 있었겠는가? 하지만 느헤미야는 이러한 기본적 사실을 인지하면서 "주여 구하오니 귀를 기울이사 종의 기도와 주의 이름을 경외하기를 기뻐하는 종들의 기도를 들으시고 오늘 종이 형통하여 이 사람 앞에서 은혜를 입게 하옵소서!"(1:11)라는 간청을 하였다.

만일 설교자가 이러한 관점에서 출발한다면 모든 설교의 내용 가운데 설교자 본인을 포함시키는 것이 당연하게 된다. 청중을 제삼자로 놓고 그들만을 향해 외치는 설교보다 바로 자신을 포함시킨 모두를 향한 하나님의 말씀으로 외칠 때 설교의 힘은 배가될 수 있다. 설교 본문이 설교자 자신의 삶에 어떠한 영향을 주었으며, 어떠한 변화를 가져다주었는지에 대한 간증만한 설득력은 찾기 어렵다. 설교자 본인이 체험한 그 내용을 갖고 청중에게 도전할 때 쉽게 전달될 수 있고, 청중의 마음을 움직일 수 있는 힘 있는 도전이 될 수 있다. 느헤미야처럼 나의 죄인 됨을 인정하는 것이 나의 선함과 훌륭함을 내세우는 것보다 훨씬 안전한 것임을 다시 한번 강조한다.

대부분의 대인 관계에서 심각하게 발생하는 문제의 발단은 '나의 죄인 됨' 그리고 '나의 약함'을 인정하지 않음에 근거한다. 부부간에 발생하는 문제의 근원 중 많은 부분이 여기에 해당한다. 부부 관계에 있어 남편이나 아내의 '부족함'이나 '잘못된 행위'에 대해 인정하는 말 한마디만 있어도 해결될 일이 얼마나 많은가?

부모와 자식의 관계 역시 크게 다르지 않다. 성숙해 가는 자녀들 앞에서, 나이 들어 연약해 가는 부모들과의 관계 속에서 피차간에 연약함과 부족함을 인정하고, 서로 보완하는 노력을 한다면 해결될 수 있는 일들이 얼마나 많은가?

교사와 학생의 관계, 경영자와 직원의 관계, 정치인과 국민의 관계 등 모든 관계 속에서 이러한 원리는 존재한다. 자신을 특수화시킬수록, 자신의 완벽함을 내세울수록, 자신이 의인임을 강조할수록, 자신은 희생하는 사람임을 크게 말할수록 관계는 어려워지게 마련이다. 동시에 그렇게 생각하고 말한 것을 지키기 위해 정신적으로나 육체적으로 긴장과 압력을 배로 느끼는 삶을 살아야만 한다. 자신의 죄성과 감성의 나약한 부분을 정직하게 인정하고, 실제 생활과 일터 속에서 그러한 모습을 유지하며 일하는 사람일수록 하나님의 손에 붙들려 건강한 지도자로 쓰임 받을 가능성이 훨씬 더 크다는 것을 우리 기독인들은 망각해서는 안 될 것이다.

그럼에도 불구하고 지도자들이 갈등하는 이유는 일반 대중이 지도자를 향한 특별한 기대를 내려놓지 않기 때문이다. 이러한 기대 중 오늘날 빼놓을 수 없는 것은 지도자의 '완전한 윤리성'과 '재정 관리의 청결함'이다. 물론 일반 대중도 지도자가 신이 아니라는 것을 인정한다. 그러면서도 동시에 인간으로서의 온전함을 기대하고자 하는 성향을 부인할 수 없다. 어찌 보면 당연한 기대이다. 본인들이 그렇지 못하니까 자신들을 이끌 지도자라도 그러한 모습을 보여야 존경하며 따를 것이 아닌가 하는 논조이겠지. 여기에 모순이 존재한다. 양자 모두가 나약한 인간이기 때문이다. 나약한 대중이 자신들을 이끌 지도자를 향한 깨끗함에 대한 기대는 실제로 이상일 뿐이다. 왜냐하면 지도자들 역시 일반 대중 속에서 배출되어 나오는 것이기 때문이다.

그러므로 지도자라고 특별히 다를 수 없다는 것이 부인할 수 없는 실제 현상이다. 그럼에도 불구하고 이러한 완전함과 청결함의 요구는 결국 도토리 키재기 식의 수준에서 눈 가리고 아웅대는 모습만 유지하는 결과를 초래한다. 다시 말해, 어차피 이기적이고 나약하고 죄성을 가진 인간인지라 성장 환경 가운데에 또한 자신의 목표를 이루어내는 과정 중에 부득불 저지르게 된 여러 가지 오점이나 실수들은 있게 마련인데, 이러한 문제들을 솔직하게 시인하면 오히려 자격 미달이라는 공격을 받게 되니 지능적 은폐의 고민만 더해지는 것이 현실적인 결론으로 주어진다.

현재 한국의 각계 지도자들에 대한 기대 역시 큰 차이가 없다. 특히 청문회까지 하면서 지도자의 자리를 검증하는 일은 정부의 고급 관리들에게 국한된 것이니 정치 분야에 대해 우선 살펴보자. 현실적인 분석이다. 한 나라의 정치 지도자가 되려면 어느 정도의 연륜이 있어야 한다. 아마 적어도 55세 정도 전후가 될 것이다. 금년이 2021년임을 기준으로 한다. 이 나이에 해당되는 이들이 출생한 시기는 한국이라는 나라가 아주 형편없는 후진국에 머물러 있던 시기였다. 1960년에 출생한 사람이라고 할 경우 한국의 일인당 1년간 소득이 약 900불 정도로 가난했던 시절에 태어나 자란 사람들이다. 이들이 열 살이 되던 1970년에 대한민국의 연간 일인당 국민 소득이 1,600불이었다. 이들이 고등학교를 갓 졸업하여 직장을 갖거나 대학교에 막 진학하던 20세가 되던 1980년의 일인당 국민 소득은 6,148불이었다. 많이 성장하긴 했어도 여전히 힘들던 시기였다. 이렇게 힘든 시기에서 1990년 즉 이들이 30살이 될 때 한국의 일인당 국민 소득은 19,427불로 엄청난 점프를 한다. 가난한 개발도상국에서 세계에서 어느 정도 잘 산다는 말을 듣는 중선진국으로 도약을 경험하였다.

필자 역시 이러한 과정을 함께 겪어온 사람이기 때문에 우리 대한민국이 어떠한 과정을 통해 성장해 왔는지 너무나 잘 안다. 그러니 해보지 않을 수 없는 질문은 이렇게 힘들고 어려운 시기에 성장하면서 그리고 사회의 일원으로 다사다난한 과정을 겪으며 살아온 우리 중에 단 한 번도 잘못된 일과 타협하지 않고 살아왔다고 말할 수 있는 사람이 얼마나 되겠는가 이다. 직장에서 일하던 사람들은 그 나름대로의 일터에서, 사업을 하던 사람들은 사업의 종류와 연관된 관공서나 거래처와의 관계 속에서, 자녀들의 좀 더 나은 교육을 위해 이민의 기회를 얻어 미국행을 택한 자들이 어찌 한 둘이었겠는가? 또한 미국에 살다 보니 계속해서 미국에 살기 위해 영주권도 시민권도 받으려고 어찌 고민하지 않을 수 있었겠는가?

경제적으로 안정되기 위해 쥐꼬리만 한 월급을 모아 조그마한 집을 구입하고, 집값이 올랐을 때 다시 팔아 좀 더 나은 집을 구입하면서 경제적 성장을 꾀하고, 그러는 과정에 약간의 타협과 투기성 경향이 있는 경제적 행위가 있을 수 있음은 어쩌면 당연한 것이 아니었을까! 어찌 현재의 경제적 능력이 100% 완전 무흠한 상태에서 갖추어질 수 있었을 것으로 기대할 수 있을까? 그러한 이들이 과연 그 혼탁한 정치판에서 한 계단 한 계단 올라가면서 자신의 정치적 입지를 구축해 나갈 수 있었을까? 정치적 입지를 구축하는 과정이 어찌 100% 순수한 인격과 실력만으로 가능할 수 있었겠는가? 그러한 완전성의 기대에 부합하기 위해 자신의 연약한 모습을 감추려는 어둠의 실력만 더욱 교묘하게 증가되지 않았을까?

비단 한국만의 문제일까? 약간의 미덕으로 포장되기는 했겠지만 땅 위에 존재하는 모든 인간 지도자들에게 어찌 흠이 없을 수 있겠는가? 그럼에도 불구하고 일반인들의 지도자를 향한 기대치는 변할 줄을 모른다. 그렇다고 해서 부정과 부패의 현상을 정당하고 당연한 현상으로 옹호하고자 함은 물론 아니다. 순수한 실력만으로 경쟁 사회에서 수장의 자리에 우뚝 서고, 사회에 이바지할 정도의 부를 축적하는 능력 있는 사람의 존재를 전적으로 부정하는 것 역시 아니다. 그럼에도 불구하고 연약한 모습을 전혀 보이지 않을 수 있는 온전한 리더십의 존재가 죄성을 지닌 인간에게 결코 쉽게 이루어질 수 있는 것이 아님에 대한 인정만큼은 해야 할 것임을 주장하고자 한다.

약간의 차이는 있겠지만 기독교 커뮤니티 안에서도 이러한 모순이 배제될 수 있는 것은 아니다. 교회 안에서든지, 또는 여러 종류의 기독교와 연관된 단체에서든지, 지도자는 있게 마련이고, 지도를 받는 많은 일반인의 지도자를 향한 기대치는 예외 없이 여전히 높다. 그렇지만 적어도 기독교 써클 안에서만큼은 이러한 모순을 탈피해 나갈 수 있는 성경적 요구가 있다. 그리스도의 성육신이 그 대표적인 예이다. 하늘의 온전함을 떠나 사람의 불완전함 가운데 계시면서 저들과 함께 아파하시고 힘들어 하시면서 하늘과 땅의 거리를 하나로 좁혀주신 하나님의 모범이 그 가르침의 대표적인 예이다. "그가 시험을 받아 고난을 당하셨은즉 시험 받는 자들을 능히 도우실 수 있느니라"(히 2:18), "모든 일에 우리와 똑같이 시험을 받으신 이로되 죄는 없으시니라"(히 4:15b).

하늘 하나님이 이렇게 모범을 보이셨음에 힘입어, 이 땅 위에 하나님의 나라를 위하여 수고하도록 부름받은 지도자들이라면 마땅히 본인의 죄성을 인지하고 인정하며, 늘 부족할 수밖에 없는 보통 그리스도인의 입장을 유지하여야 한다. 그러기 위해 일반인의 감성과 감성지능을 소유하고 있음에 오히려 감사하는 것이 마땅할 것이고, 이 바탕 위에 맡겨진 여러 가지 일을 감당해내고자 하는 노력이 더해져야 할 것이다. 왜냐하면 적어도 아플 때 아파할 줄 알고, 괴로울 때 괴로워할 줄 알고, 슬플 때 울 줄 알고, 기쁠 때 기뻐할 줄 알고, 유혹이 올 때 고민할 줄 알고, 죄를 지었을 때 자신의 머리끄덩이를 움켜잡고 몸부림을 치며 회개를 토해낼 수 있는 지극히 평범한 인간의 감정을 유지할 줄 아는 모습에서 참된 크리스천 지도자상이 그려질 수 있다고 성경이 가르치고 있기 때문이다. 기본적 감성이 없는 자들이 어찌 자신을 따르는 자들과 함께 울고 함께 웃으며 함께 힘들어 할 수 있겠는가?

지도자는 평범한 자들을 이끄는 자들이다. 경제적 지도자는 경제 전문가들을 이끄는 것이 아니라 다른 경제 전문가들과 함께 경제에 대해 평범한 지식을 갖고 있고, 평범한 태도를 갖고 있는 자들을 이끈다. 정치적 지도자는 정치에 대해 잘 모르는 자들을 정치 전문가들과 함께 이끄는 자이다. 종교 지도자 역시 종교에 대해 전적으로 부름을 받지 않은 자들을 이끄는 사람이다. 하지만 이러한 각 분야에 있어 평범한 자들을 이끄는 전문적 지도자라 해서 죄성과 감성의 평범함을 탈피할 수는 없는 것이고 탈피해서도 안 된다.

슬플 때 슬퍼할 줄 알아야

느헤미야의 이야기는 지금으로부터 약 2,500년 전에 있었던 일이다. 너무 오래전의 이야기라 지금 현실과는 너무 멀게 느껴질 수 있겠다. 하지만 지난 2,500년 동안 인간이 발명한 과학적인 것들을 빼고 난 후의 인간 생활에는 별로 크게 차이가 있지 않을 것이다. 컴퓨터는 당연히 없었으니 같은 시간대에 이곳저곳에서 발생한 일을 알 길은 없었을 것이다. 하기야 필자 본인이 연애하던 시절이 불과 30여 년 전이었는데도, 나는 미국에, 지금의 아내는 한국에 있으면서 편지 한 통 보내고 답신을 받을 때까지 20일 정도는 기다려야 했었으니, 지금의 젊은이들이 볼 때는 아마도 수백 년 전의 이야기를 듣는 것처럼 느껴질 수도 있을 것이다. 그러니 2,500년 전의 상황은 어떠했을까 충분히 짐작할 수 있다. 전화와 같은 과학적 통신 수단이 당연히 없었으니 사람들을 통한 서신 전달 정도나 가능했을 것이고, 전기가 없었으니 여러 다른 수단을 동원하여 밤을 밝히는 방법이 있었겠지. 수세식 변기가 없었을 터이니 사람 사는 이곳저곳에서 사람들의 몸으로부터 배출되어 나온 인분들이 널려 있었겠지.

유럽의 망토 이야기를 어느 신문 기사에서 보고 웃었던 적이 있다. 당시의 사업 중에 망토와 요강을 들고 다니면서 용변이 급한 사람에게 돈을 받고 망토로 가리고 요강에다 볼 일을 보게 해주는 사업도 있었다고 한다. 그리고 하이힐의 유래 중의 하나가 길을 걸으면서 인분이 발에 자꾸 묻어서 높은 구두를 만든 것이 그 시작이라고도 한다. 화장실의 유래를 검색해 보아도 모든 웹사이트에서 비슷한 내용이 소개될 것이다. 2,500년 전의 사람이나 현재 살고 있는 사람들이나 몸의 구조는 여전히 동일하니 배고프면 먹었을 것이고, 목이 마르면 마셨을 것이니 배뇨와 배변을 하였을 것이고, 어떤 형태로든 각 나라의 상황과 여건에 맞는 용변 처리 문화가 형성되었을 것이다.

이와 같이 현대를 사는 사람들이 즐기는 편안함과 속도를 요하는 몇 가지를 제외한 나머지는 거의 비슷한 모습이 아닐까 생각해 본다. 페니실린 같은 의약품이 없었을 터이니 항생제를 필요로 하는 심각한 질병에 제대로 걸리면 치료가 어려웠을 것이고, 여러 섬세한 수술을 요하는 병에 걸려도 역시 방법을 찾기 쉽지 않았을 것이니 그 당시의 평균 수명 역시 지금과는 비교될 수 없을 정도로 낮았을 것이다.

그럼에도 불구하고 지금이나 그 당시나 사람들이 갖고 있는 감성의 근본에는 큰 차이가 없었을 것이다. 가까운 사람들이 어려운 일을 당하게 되면 힘든 마음을 가졌을 것이고, 아이가 출생하거나, 누군가가 결혼을 하거나, 어떤 목표를 달성하거나 하는 즐거운 시간에는 다 같이 기뻐하고 즐거워했을 것이다. 억울한 일을 당하면 억울한 마음이 들고, 노를 유발하는 일이 생기면 분노했을 것이다.

비록 포로시대가 끝이 나서 적지 않은 사람들이 자신들의 고향인 예루살렘으로 돌아갔지만, 이 책의 주인공 느헤미야는 당시의 강대국이던 바벨론에서 이미 정치인으로 입문을 하여 높은 직위에까지 올라간 사람이었다. 어떤 면에서 생각해 보면 굳이 70년이라는 세월이 흐른 지금, 자신이 태어나 자란 바벨론에서 이미 정치인으로서 안정된 생활을 하고 있던 그가 모국을 위한 고민을 지나치게 할 필요는 없었다. 하지만 느헤미야는 늘 모국의 안위를 걱정하고 있었다. 필자 역시 한국을 떠나 해외를 떠돌며 산 기간이 40년 가까이 되다 보니 느헤미야의 마음을 충분히 이해하고도 남음이 있다. 해외에 나가면 애국자가 된다는 말이 있지 않은가? 아주 틀린 말은 아닌 듯 싶다. 늘 모국에 대한 관심을 갖게 되는 것은 아주 자연스러운 것 같다. 더구나 지금처럼 인터넷이 발달된 형편에서는 더욱 그럴 수 있다.

어쨌든 느헤미야는 정치인이었으니 다른 사람들에 비해 조국에 대한 관심이 훨씬 더 컸을 것으로 미루어 짐작할 수 있다. 그래서 그는 가끔 예루살렘을 오가는 사람들을 통해 자세한 소식을 요청할 수 있었을 것이고, 때로는 직접 사람을 보내어 조국의 구체적 상황을 듣기도 했을 것이다. 특히 이스라엘이라는 특별한 선민의식을 가지고 살던 유대인이었기 때문에 종교적 특성과 민족적 특성을 고려하여 생각해 보면 느헤미야가 갖고 있던 관심은 오히려 정상적인 것일 수 있다.

그날따라 느헤미야가 접했던 소식은 참담했던 것으로 보인다. "사로잡힘을 면하고 남아 있는 자들이 그 지방 거기에서 큰 환난을 당하고 능욕을 받으며 예루살렘 성은 허물어지고 성문들은 불탔다"(1:3)는 내용이었다. 포로시대가 끝이 난지 짧지 않은 세월이 흘렀는데 어떻게 아직도 이럴 수 있나 하는 탄식의 마음이 느헤미야의 가슴에 찾아 들었다. 그래서 그는 "앉아서 울고 수일 동안 슬퍼"(1:4)하는 반응을 보인다. 포로시대가 BC 536년에 끝났으니 이미 기나긴 세월이 흘렀건만 여전히 주위의 민족에게 능멸을 당하고 앉아있어야만 하는 나약할 대로 나약해진 조국에 대한 안타까움의 눈물은 어쩌면 당연한 반응이었을 것이다. 비록 멀리 떨어져서 나름대로 고위 공직자의 위치에 앉아 편안하게 생활하고 있던 느헤미야였지만 그는 그러한 서글픈 소식에 단순하게 반응하였다. 주저앉아 울고 또 울며 수일간 슬퍼하였던 것이다.

그의 슬퍼하는 마음은 당시 하늘을 나는 새도 호령으로 떨어뜨릴 수 있었던 왕의 앞에서까지 표현되었다. 왕의 마음은 "네가 병이 없거늘 어찌하여 얼굴에 수심이 있느냐 이는 필연 네 마음에 근심이 있음이로다"(2:2)라는 표현으로 알 수 있다. 왕의 신하로서 왕을 즐겁게 하고 왕의 마음을 편하게 해 드려야 하는 입장에서 죽을죄를 짓고 있는 모습이었던 것이다. 만약 왕의 마음에 들지 못했던 신하였더라면 어쩌면 죽음을 면하기 어려울 수도 있었을 것이다. 그만큼 그는 자신의 슬픈 감정을 아무 일 없었던 사람처럼 에둘러 감추지 못했던 보통 사람이었다. 왕과 느헤미야 사이에 있었던 이 장면은 그냥 지나치면 아무것도 아닌 것처럼 넘어갈 수도 있을 것이다. 하지만 필자는 왕 앞에서까지 자신의 깊은 슬픔을 온전하게 감추지 못하고 결국 들켜버린 느헤미야의 감정 표현에 대해 조금 무겁게 다루고자 한다.

감성 표현에 있어 '보통 사람' 또는 '평범한 자연인'이라는 수식어는 지도자에게 있어 대단히 중요한 의미를 갖는다는 것이 필자의 견해이다. 왜 그럴까? 이런 사람들은 자라는 과정 중에 내적 감성에 심각한 상처를 경험하지 않았을 가능성이 크다. 또는 자라는 과정 중에 아니면 심각한 사건 등을 통해 받은 상처들이 내적 치유를 통해 회복을 경험했을 것으로 추측할 수 있다. 아담과 하와의 타락을 통해 사람들은 전적 부패, 전적 타락이라는 무거운 짐을 지고 태어나 성장하고, 그러한 무리의 집단 속에서 생활을 유지하고 있기 때문에, 서로가 부득불 상처를 주고받는 것이 당연한 현상으로 인간사에 자리 잡고 있다.

그럼에도 불구하고 하나님이 베풀어 주시는 보편적 은혜 가운데에 나름대로 감당할 수 있는 상처를 받고, 받은 상처를 스스로 회복시켜 나가는 자연 치유의 능력을 나름대로 선천적으로 가지고 태어나기 때문에 스스로 안위하고 자위하면서 회복해 나가곤 한다. 하지만 그렇게 스스로 해결해 나가거나, 스스로 잊어버리면서 회복하기에는 너무 깊은 상처를 받았던 경우에는 좀 다르다. 감성 부분에 심각한 장애가 발생함으로 인해 기본적 감정을 평범하게 느끼고, 처리하고, 회복시켜 나가는데 필요한 자연적 능력이 결여될 수 있기 때문이다.

수년 전 한 선교사님의 아들이 단기 선교를 온 이들을 공항까지 환송하고 혼자 집으로 돌아가던 길에 차가 전복되어 하늘나라로 간 가슴 아픈 일이 있었다. 장례식이 집전되고 있는 가운데 눈물을 참으며 끝까지 하늘에 먼저 간 아들에 대해 감사만 하고 있는 아버지를 향해 장례식을 집전하던 목사님이 "선교사님! 지금 이 상황에서는 우셔야 합니다. 눈물을 흘리십시오! 우십시오!"라고 요청했던 장면을 기억한다. 자녀를 잃은 슬픔을 어찌 말로 표현할 수 있겠는가? 하늘이 무너질 것 같은 엄청난 슬픔을 천국의 소망으로 승화시켜 받아들인다는 것은 위대한 믿음이다. 그럼에도 불구하고 자식과 육체적으로 영원히 이별해야 한다는 현실 앞에서 눈물을 흘리지 않는 모습을 어떻게 이해할 수 있을까? 가슴에 담겨있는 뜨거운 감정을 냉정한 머리의 판단으로 그리고 이론으로 어찌 설명하여 설득시킬 수 있겠는가? 시간이 흐르고 세월 속에 주어지는 다른 형태의 다사다난한 삶의 행적 속에서 겨우겨우 씻어낼 수 있는 것이 이러한 아픔들인데 당장 슬퍼하고 통곡해야 할 상황에서 원칙과 이론으로 감성을 정복해 내는 모습을 정상으로 보아야 할까?

우리는 이러한 지도자들을 역사 속에서 많이 보아왔다. 자신들이 세워 놓은 목표의 성취를 위하여 수도 없이 많은 생명을 온갖 잔혹한 방법을 사용하여 고문하고 죽이면서도 당당한 표정으로 역사 앞에서 자신의 이론이 이러한 아픔을 능가하는 것이라고 역설하는 모습들을 보아왔다. 이러한 자들의 공통점은 성장 중에 받은 감성의 회복되기 어려운 상처들을 갖고 있다는 것이다. 조그마한 핏방울을 보고도 메스꺼워하고 어지러워 기절해 버리는 사람이 있는가 하면, 피비린내가 나는 참혹한 현장 속에서 희열을 느끼는 사람도 있다. 둘 다 정상이 아니다. 어릴 때 개에게 한 번 물린 사람은 개가 멀리서 오기만 해도 무서워한다. 다시 개를 통해 회복을 받지 못하면 그 사람은 계속해서 개를 싫어하거나 무서워 피하며 살게 되어있다.

이러한 관점에서 '**감성의 치유와 회복**'이라는 내용을 언급하지 않을 수 없다. 하나님을 믿고 있다고 해서 자동적으로 자신이 받은 상처가 치료되고 회복된다고 생각하면 잘못 이해하고 있는 것이다. 그리스도의 십자가를 통한 하나님과의 근본적 관계 회복은 틀린 말이 아니다. 또한 하나님과의 관계 회복을 기점으로 사람과 사람 사이의 근본적 불화 역시 회복과 화목의 과정에 들어갔다고 이론적으로 신학적으로 말할 수 있다. 그렇다고 해서 근본적 회복이 전면적 회복을 의미하는 것으로 이해해서는 안 된다. 전면적 회복을 위해서는 어린아이가 걸음마를 시작하면서 다리에 힘을 얻고 균형을 잡으며 천천히 걸음마를 배우듯이, 성령님의 지속적인 도움과, 본인의 강력한 의지와, 주위 지체들의 인내 있는 협력을 통해서 전면적 회복의 과정을 헤쳐나갈 수 있는 것이다. 필요하다면 이러한 분야의 전문가를 통해서 도움을 받을 수도 있다. 슬퍼해야 할 상황에서 눈물 콧물을 흘리며 슬픔을 표현할 수 있는 모습 속에서 우리는 하나님이 우리에게 허락하여 주신 **회복의 은혜**를 되새겨볼 수 있으며 감사할 수 있는 것이다.

느헤미야 역시 가슴 아픈 소식을 접하였을 때 앉아서 울고, 수일 동안 슬퍼하는 모습을 보여주었다. 그냥 주저앉아 울 줄 알던 사람이었다. 가슴 아픈 일을 당한 사람들과 앉아서 함께 가슴 아파할 줄 알았던 느헤미야의 모습이 뭐 그리 대단한 것이겠는가 라고 반문할 수 있겠지만, 나는 그의 슬픔의 정직한 표현 속에서 리더십의 기본을 볼 수 있었고, 또 평범한 일반인으로서의 필자도 위로로 다가옴을 인정하며 받아들였다. 기뻐하는 자들과 함께 기뻐할 줄 알고, 가슴 아파하는 자들과 함께 가슴 아파할 줄 알고, 눈물 흘리는 자들과 함께 눈물 흘릴 줄 아는 사람, 리더십의 가능성을 품은 자이리라!

분노의 적절한 표현과
분노를 다스릴 수 있는 힘

감정의 표현 중 본인에게 만이 아니라 상대방에게도 부담을 주는 표현은 분냄과 화냄이다. 같이 울고, 같이 슬퍼하고, 같이 기뻐하는 기본 감정과는 비교할 수 없을 정도로 주위에 있는 사람들을 힘들게 하는 표현이다. 그럼에도 불구하고 어떠한 이유로든지 화가 나거나 분이 올라올 때는 화도 내고 분도 표현할 수 있어야 한다. 화가 나는 상황에서 화를 낼 줄 모르거나, 분이 솟구쳐 오르는 상황에서 분을 무조건 누르기만 하는 모습은 그리 건강해 보이지 않는다. 너무 성자 같아서 접근하기가 어렵다. 분을 내본 사람이 분을 다스릴 줄 알고, 화를 내본 사람이 화를 다스릴 줄 안다. 감성의 정직한 표현을 통해 감성 표현의 절제를 터득할 수 있게 된다는 말이다. 마땅히 표현해야 할 성질인지, 마땅히 표현해야 하지만 절제를 하는 것이 유익할 것인지, 아예 삼가는 것이 좋을 것인지 등등 역시 이러한 과정을 통해 조금씩

이지만 터득할 수 있게 되는 것이다.

　화를 안 내본 사람은 어쩌다 화를 내면서 사고를 내곤 한다. 그래서 사람은 자라는 과정에서 무조건 참는 것만 종용받아서도 안 되고, 감정의 통제 없이 마음대로 성질부리며 자라서도 안 된다. 형제들과 또는 길거리의 친구들과 아웅다웅하며 자랄 필요가 있고, 적당히 치고받고 싸우는 경험도 필요하다. 잘못된 것을 바라보며 시비에 껴 들어보기도 해야 하고, 주위에서 얼씬거리며 이리저리 감정을 건드리는 귀찮은 존재들로 인해 감정의 상함도 경험할 필요가 있고, 지나치다 싶을 때는 그러한 무리와 한바탕 싸워볼 필요도 있어야 한다. 하하. 물론 다툼과 싸움을 부추기고자 하는 의도는 아니지만.

　필자가 자랄 때만 해도 부모님이나 학교의 선생님들은 차치하고 한두 살 위 학년에게조차 '노(No)'라는 표현을 하기가 어려웠었다. 마음속으로는 수도 없이 'No'를 외쳤지만 겉으로는 늘 순종만 강요받으며 자랐다. 아마 나와 비슷한 시대에 살던 친구들 거의 모두가 동일한 경험과 느낌을 간직하고 있을 것이다. 그러다 보니 어쩌다 '노'를 해야 할 때는 거칠어지게 된다. 나의 무조건 '예스'에 대한 습관화 된 모습을 무의식으로 거부하면서 터져 나오는 '노'는 부드럽고 온유한 모습으로 포장될 수 없다. 그러다 보니 사고가 난다. 개인적으로든 집단적으로든 해보지 않은 '노'를 표현하게 될 때는 일반적으로 선택의 여지가 없이 거친 모습의 '노'가 나오게 되어있다. 평생 '노' 한 마디 해보지 않던 순종파 여성이 어느 날 '노'를 할 때는 이혼장을 들고 하게끔 되어있다. 타협의 여지가 이미 없어진 상태에서 나오는 '노'이기 때문이다. 이러한 '노'의 근원은 쌓인 분노이다. 쌓인 분노의 폭발이라 수그러들기도 힘들고 다스려지기도 어렵다.

　요즈음 한국 사회에서 나이가 들 만큼 든 부부 사이에 '졸혼'이라는 말이 사용되기 시작하였다. '졸업하다'의 '卒'자와 '혼인'의 '婚'자가 합쳐진 단어이다. 즉 혼인을 졸업한다는 의미이다. 이혼은 혼인의 관계를 정리하고 아주 헤어지는 것이기 때문에 아주 남이 되는 것이지만, 졸혼은 법적으로의 혼인 관계는 지속하지만 사실적으로는 혼인 관계를 끝낸다는 말이다. 법적 부부이지만 실제 생활에서는 남처럼 산다는 이해하기 어려운 혼인 관계 정리에 대한 표현이다. 하지만 내용을 가만히 살펴보면 위에서 언급하였던 감성의 폭발로 이해가 되는 내용이다. 차라리 함께 살아오는 삶의 여정 중에 순간 순간 서로의 의견을 피력하면서 화를 내기도 하고, 분도 적당히 표출하면서 살아온 부부 관계에서는 거칠고 폭발적인 'No'가 나오기 힘들다. 왜냐하면 필요한 때마다 이미 발산을 해 버렸으므로 큰 폭음 소리를 낼 수 있는 폭발력이 내재해 있지 않기 때문이다. 하지만 그렇지 못할 경우에는 어느 한계점에 다다르게 될 때 큰 폭음 소리와 함께 모든 것을 폭발시켜 버리는 상황이 발생하게 되는 것이다.

그래서 건강한 부부는 가끔가다 다투기도 하고, 다투는 과정에서 삐치기도 하고, 문제를 해결하기 위해 오랜 시간 서로 자신의 다른 생각을 피력하는 말다툼의 과정이 있게 마련이다. 아주 가끔 "우리는 결혼한 이후 지금까지 한 번도 싸워 본 적이 없어요"라는 말을 듣곤 한다. 그런 말을 들으면 나의 마음속에는 즉시 "심각한 문제가 있는 가정이구만!"이라는 염려가 든다. 판단하면 안 되는 것이겠지만 그러한 염려가 따르는 것은 사실이다. 둘 다 신도 아니고, 늘 성령의 충만함을 유지할 수 있는 것도 아닌 유약한 인간이 더구나 함께 살을 마주 대하고 살면서 단 한 번도 다투지 않고 살 수 있을까? 이상하지 않나? 부부가 둘 다 똑같이 그런 말을 하는 것인지 아니면 그 말을 하는 사람만 그렇게 생각하고 있는 것인지 잘 알 수는 없지만 어쨌든 성경적으로 바라볼 때 그리 건강한 부부 관계는 아니다. 인간의 전적 타락이라는 주제 하나만 놓고 보아도 그럴 수 있는 것은 아니기 때문이다.

사람이 살면서 어쩔 수 없이 경험하게 되는 불쾌한 상황이나, 이해가 되지 않는 상황, 또는 매우 불의한 모습을 경험하게 되는 상황 속에서 자신의 감정을 적당히 표현하는 법을 배워야 한다. 그러는 가운데 진짜 화를 내야만 하는 상황에서 화를 낼 수 있는 통제력이 주어지고, 진짜 분을 내야 하는 상황에서 분을 발하는 의분을 배우게 된다. 처음은 동물적 감각으로 시작되지만, 후에는 하나님이 주신 선한 양심의 바탕 위에서 참 '화'와 참 '분'을 지혜롭게 표현함으로 불의한 일들을 다스려나가는 '통치력'으로 키워진다.

느헤미야가 총독으로 이스라엘을 통치할 당시의 귀족들과 민장들은 일반 백성들의 고통에 전혀 민감하지 않은 상태에서 저들에게 무자비한 횡포를 휘둘렀다.[4] 이렇게 무자비한 횡포를 바라보면서 느헤미야는 분노하였다. 어느 시대나 어느 민족에게나 다소의 차이는 있어도 고관들의 권력을 빙자한 횡포는 어떠한 형태로든 존재해 왔다. 더구나 당시의 이스라엘 상황은 어떠했나? 주위의 인접 국가들로부터 멸시를 받고, 성벽 하나 제대로 쌓아 올리지 못한 상황이 아니었나? 이러한 상황에서도 자신의 이익만 생각하는 철없는 고관들의 횡포로 말미암아 일반 백성들의 생활고는 말로 형용할 수 없을 정도에 이르렀다.

그들의 탄식하는 내용을 들어보면 "우리는 밭과 포도원으로 돈을 빚내어 세금을 바쳤도다. 우리 육체도 우리 형제의 육체와 같고 우리 자녀도 그들의 자녀와 같거늘 이제 우리 자녀를 종으로 파는도다. 우리 딸 중에 벌써 종된 자가 있고 우리의 밭과 포도원이 이미 남의 것이 되었으나 우리에게는 아무런 힘이 없도다"[5]와 같은 울부짖음이었다. 이 말은 벼룩의 간을 빼 먹고 있

---

4) 느헤미야 5장 6절.
5) 느헤미야 5장 1-6절.

는 같은 동족 관리자들을 향한 호소였다. 이러한 상황에서 느헤미야는 같은 고관의 입장에서 고관을 두둔하거나 변호하는 행동을 취하지 아니하고, 오히려 이들의 그러한 행태에 분노했다. 그는 일반인의 입장에 서서 선하지 못한 모습을 바라보며 자연스럽게 분낼 줄 알았던 것이다.

그는 "깊이 생각하고 귀족들과 민장들을 꾸짖어 그들에게 이르기를 너희가 각기 형제에게 높은 이자를 취하는도다 … 너희의 소행이 좋지 못하도다"[6]라고 마음에 가득한 의분을 다스리면서 그들을 꾸짖었다. 그만큼 그는 타락하지 않았고, 여러 복잡한 것들로 포장되지 않았다. 오늘의 많은 지도자처럼 악한 것을 바라보며 선하게 해석하려는 모습도 없었고, 그러한 시도도 하지 않았다. 분을 어떻게 내는 것은 그다음의 단계이지만 분을 내야 하는 상황에서 분을 낼 줄 모르는 사람에게서 어떠한 지도자의 모습을 찾아볼 수 있겠는가? 잘못에 타협하면서 모든 것에 좋은 것이 좋은 것이라는 마음을 갖고, 이 사람 저 사람에게서 인기나 유지하려는 사람을 지도지로 말한다면 성경의 기준을 너무 무시하는 것이 아닐까?

분냄의 종류에도 여러 가지가 있다. 여기에서 언급된 것은 '의분'(義憤)이다. 나의 기준에 맞추어 분을 내는 것이 아니라 의(義)라는 객관적 잣대에 기준을 두어 표출되어 나오는 분을 의미한다. 의분에는 두 가지 요소가 있다. 하나는 〈객관성〉을 유지하는 것이고, 다른 하나는 필요할 때 표출해 낼 수 있는 〈용기〉이다. '객관적 의'란 어느 한 사람의 주관적 느낌으로 의와 불의를 판단하여 의를 지키고 불의를 심판하는 것을 의미하는 것이 아니라 '객관적 진리'에 근거하여 객관적 잣대를 대고 의와 불의를 분별하는 것을 말한다. '의분'의 객관적 근거가 박약하다면 그것은 의분이 아니라 개인의 주관적 판단에 의해 발로되는 '분'의 표출이기 때문이다. 그러면 주위만 소란스럽게 하

[6] 느헤미야 5장 7, 9절.

는 개인적 화풀이로 끝이 날 수 있다.

 필자가 대학생 시절이었으니 아주 오래전의 일이다. 1970년대의 이야기이니 제법 시간이 흐른 기억인데도 생각만 하면 아직도 잘 이해되지 않는 해프닝이 나에게 있었다. 내가 서대문 버스 정류장에 서서 신촌 방향으로 가는 버스를 기다리고 있던 저녁 시간이었다. 버스를 기다리면서 바로 옆에 있던 나무를 오른손으로 툭툭 치고 있었다. 발로 걷어차고 있었던 것도 아니고, 있는 힘을 다해 주먹 단련하듯이 나무를 때리고 있었던 것도 아니었다. 그냥 툭툭 치고 있었다. 그때 갑자기 누군가 나의 등짝을 있는 힘껏 때렸다. 깜짝 놀랐다. 한 중년 남성이었는데 눈을 부릅뜨고 나에게 "그렇게 나무를 때리면 나무가 얼마나 아픈가?"라고 외치는 것이 아닌가. 옳고 그름의 순간이 아니었다. 나는 너무 놀랐고 당황스러웠으며 동시에 화가 났다. 하지만 당시 나는 뜨거운 신앙을 유지하고 있던 기독 학생이었다. 지금 생각해도 점잖게 참은 것이 신기할 정도로 그 자리를 피했다. 너무 황당한 상황이었기 때문이기도 했고, 다른 한 편으로는 내가 나무를 그렇게 세게 때렸나 하는 자책도 해보았다. 정신병자였을까, 자연 애호가였나? 아무리 그 중년 남성의 말을 이해하려고 해도 이해하기 어려운 상황이었다. 어쩌면 그 사람의 입장에서는 상당한 의를 행했다고 말할 수 있는 정황일 수도 있었을 것이지만, 객관적으로 이해되기는 어려운 의분의 표현이 아니었나 나름 확신을 갖는다. 하나님을 믿는 그리스도인에게 있어서의 의분은 하나님의 말씀이라는 객관적 진리를 근거로 갖고 있어야만 한다. 나 개인의 감성에 근거하여, 나의 유익을 고려하여, 주위 사람들의 평가를 기대하며 분을 발하는 것은 의분이라는 명분을 가질 수 없다.

 불의 앞에서 호랑이처럼 설 줄 알기 위해서는 '용감'해야 한다. 이러한 관점에서 볼 때 앞의 것은 좀 더 구체적 준비의 시간을 요하며, 뒤의 것은 본성적인 부분에 좀 더 많은 것이 할애된다. 준비되어야 할 것과, 뒤로 물러나지 않고 타협하지 않는 선하고 용감한 본성의 혼합체가 바로 의분이다. 그렇다고 하여 준비되기 위해 신학교를 가야만 하고, 성경을 깊이 연구해야만 하는 것은 아니다. 이미 하나님의 형상을 따라 지음을 받은 우리이기 때문에, 또한 전적 타락으로 인해 하나님과 더 이상 가까워질 수 없는 상황에서 성령의 불가항력적인 은혜의 도우심을 받아 회복의 길에 들어선 우리 기독인이기 때문에, 하나님이 싫어하시는 불의를 근본적으로 좋아하고 기뻐할 수 없다.

따라서 우리가 기독인이 된 이후 하나님과의 지속적인 관계 유지 가운데에서 서서히 하나님의 의를 터득하게 되고, 옳고 그름을 분별할 수 있는 판단력을 점차 간직하게끔 되어있다. 물론 진리를 좀 더 연구하고, 모든 분야에 있어서의 윤리를 좀 더 깊이 공부할수록 의와 불의에 대한 경계선이 좀 더 명확해지기는 하지만, 그래도 이미 언급했듯이 하나님의 형상과 하나님을 믿은 이후의 회복 과정에서 주어지는 의와 불의에 대한 판단력의 향상으로 인해 객관적 의에 대한 분별력은 자연스럽게 주어지는 것으로 이해할 수 있다. 이러한 분별력에 근거하여 옳고 그름을 판단하는 지혜가 주어진다. 겉의 포장이 아무리 좋게 보여도 포장 안에 감추어진 참모습을 바라볼 수 있는 시각이 이러한 지혜로 습득된다. 문제는 잘못된 것이라는 판단이 주어진 상황에서 말을 해서 교정할 수 있는 권한과 영향력이 있음에도 불구하고, 자신의 순탄한 장래나 인지도나 자신의 이익을 고려하여 입을 다물고 타협해 들어가는 비겁함과 이기주의적 태도이다.

오늘날 사회의 각계각층에서 소위 각 분야의 정치 8단이라고 자처하는 자들과 같이 물불 가리지 않고 자신의 이익에 부합되면 하나님의 형상에 근거하여 주어진 선악에 대한 판단도 개의치 않고, 머리끝까지 차오르는 의분의 용기도 억제하면서 장래의 나갈 길에 이익의 포장만 깔려고 노력하는 기독인 지도자가 존재하는 한 선한 사회를 기대하기는 어려울 것이다.

두려울 때 두려워하고,
무서울 때 무서워할 줄 아는 모습

　두려움은 타락한 인간에게 주어진 가장 무서운 형벌이다. 병에 대한 두려움, 죽음에 대한 두려움, 이별에 대한 두려움, 다툼과 분쟁에 대한 두려움, 가난에 대한 두려움, 실패에 대한 두려움, 내가 지금껏 쌓아 올린 성과나 명예 등이 주위의 여러 여건으로 인해 무너질 것 같은 염려와 두려움 등등 그 종류는 헤아릴 수 없을 정도로 많을 것이다. 이러한 두려움은 누구에게든 예외 없이 다가오게 마련이다. 철이 일찍 든 만큼 두려움의 존재를 일찍 깨닫게 되기도 하고, 철이 늦게 드는 만큼 늦게 두려움이라는 것을 배우게 되기도 한다. 어쨌든 두려움이라는 것은 일찍 오든 늦게 오든 예외 없이 모든 사람에게 다가오는 것이다. 어떤 사람은 매우 예민하게 두려움을 느끼고 민감하게 반응하기도 하고, 어떤 사람은 다른 사람들에 비해 둔하게 두려움을 느껴 마치 두려움을 모르는 사람처럼 보이기도 한다. 하지만 일찍 오든 늦게 오든, 민감하게 반응하든 더디게 반응하든 두려움이라는 것은 도망칠 수도 피할 수도 없는 무시무시한 존재임에는 틀림이 없다.

　이 두려움이라는 것은 나이를 먹어 갈수록, 세상의 이치를 이해하는 정도가 많아지고 커질수록 함께 커지는 이상한 존재이다. 어릴 때는 그냥 단순하게 느끼던 무서움이 나이를 먹어서는 두려움이라는 흑암의 권세로 바뀌어 우리의 가슴을 짓누른다. 철들기 전에는 깨닫지 못했던 무서움도 철이 들고 나니 두려움이라는 것으로 성큼 다가온다. 총각이나 처녀로 살 때에 느끼지 못했던 두려움이 결혼 후에 찾아오고, 자녀를 갖기 전에 없었던 두려움이 자녀를 갖고 나니 염려와 두려움의 모습으로 다가온다. 젊을 때 느껴보지 못하던 죽음에 대한 공포가 나이를 먹으면서 심각하게 그리고 자주 방문하여 앞으로 남은 짧은 세월을 계수하게 한다. 식구들 하나하나를 먼저 보내면서 영원한 이별을 배우게 되고, 영원한 이별을 배우면서 내가 인정해야 할 나의 이별을 두려움으로 준비하게 된다.

두려움은 지구상에 존재하는 모든 나라와 민족과 문화에 종교라는 것을 갖도록 해준 일등공신이다. 두려움이라는 것이 존재하지 않았다면 종교라는 것도 존재하지 않았을 것이다. 자연 재해에 대한 염려와 걱정과 두려움이 태양신, 달신, 별신, 바람신, 구름신, 비신 등등을 만들어냈고, 병과 죽음에 대한 두려움이 각종 무속신앙을 만들어냈다. 가난에 대한 두려움, 실패에 대한 두려움, 이별에 대한 두려움 등등이 장래를 예견해 주거나 여러 종류의 재앙들을 막아줄 수 있을 것이라는 점성술과 부적신앙으로 이끌어주었다. 두려움이라는 심리적 압박감을 극복하기 위해 타락한 인간이 해낼 수 있었던 것이 두려움을 극복해줄 수 있을 것 같은 초자연에 대한 기대를 종교라는 모습으로 이끌어낸 것이라고 설명할 수 있다. 종교의 유래를 설명하고자 함이 아니라 두려움의 영향력을 설명하고자 함이다.

역설 같지만 두려움은 한편으로 생각하면 참으로 고마운 존재이다. 왜냐하면 두려움이 사람을 철들게 하기 때문이다. 실제로 두려움을 잘 모르는 사람을 바라보면 나도 모르게 걱정이 앞선다. 더구나 그 사람이 한 교회를 책임진 목사라든지, 어느 단체의 장이라든지, 나라의 국정을 돌보는 정치인이라든지 할 경우 염려의 도는 더 커진다. 아니 천하를 호령하는 마귀에게도 두려움이 존재하고 있는데, 지극히 나약한 사람이 두려움을 제대로 모르고 중요한 일을 하고 있다면 어찌 염려되지 않겠는가?

현재까지 내가 하고 있는 사역에 있어 중요한 분야는 전도와 교회개척이다. 헌신된 하나님의 일꾼들을 훈련해 복음이 전파되지 못한 곳으로 파악된 곳 또는 교회가 아직 개척되지 못한 곳에 보내는 일을 하고 있다. 이러한 훈련, 파송, 개척, 관리 등의 사역을 진행하는 가운데 자주 관찰되는 모습 중의 한 가정을 예로 소개하고자 한다.

대도시에서 나름대로 목회에 성공했다고 자부하는 젊고 패기 만만한 부부를 한 지역에 배치하였다. 그리고 약 1개월이 지난 후에 그 지역을 방문했다. 부부의 눈빛을 바라보니 얼마나 자신에 넘치는 초롱초롱한 눈빛인지 괜스레 염려되었다. 그 상황에서는 어떠한 메시지로 인코딩(encoding, 입력)을 하여도 내가 원하는 인코딩이 되기 힘들다. 귀로 들어가는 즉시 자기 스스로의 자신 있는 경험과 지식으로 인코딩되어 들어온 메시지를 디코딩(decoding, 해석) 해버리기 때문이다. 이럴 때는 많은 말이 필요 없다. 그냥 지켜보는 것이다.

그 후 약 6개월을 보낸 후 세 번째로 방문했다. 그때 그들의 눈빛은 이미 나에게 초점을 맞추어 바라보지 못했다. 계속해서 밑을 바라보면서 힘없는 목소리로 "우리는 식충(食蟲) 같은 존재입니다. 일도 제대로 하지 못하고, 하려고 해도 잘 안 되고…"라며 말을 했다. 아하! 이제 되었다. 이제 내가 하는 말이 먹힐 것이고, 하나님의 사역 방식이 먹히겠구나! 아이로니컬하게도 지도자인 내게 이들의 염려와 한탄이 걱정해야 할 상황으로 다가오는 것이 아니라 감사하고 기뻐해야 할 상황으로 다가온 것이다.

하나님은 물론 더하시리라! 사람의 끝이 하나님의 시작이라는 말(人的尽头 是神的开头)이 어디에서 시작된 말인지 나는 잘 모른다. 그러나 그 말은 너무나도 확실한 말이고 황금 같은 표현이다. 언제 사람이 끝을 느끼겠는가? 자신의 한계에서 느낄 것이다. 한계에서 손을 드는 순간이 온전한 포기를 인정하는 것이고, 온전한 포기를 인정하는 판단 속에는 이대로 지속할 경우 어떠한 일이 발생할지 모른다는 궁극적 두려움이 존재하는 것이다. 그래서 '끝'이라는 표현이 사용되는 것이다.

두려움은 끝을 느끼게 해준다. 그래서 두려움을 모르는 사람들은 끝에 대해 생각해 보지 않는다. 그래서 끝까지 나간다. 그러기 때문에 그 사람이 만일 리더십을 갖고 있는 사람이라면 주위에 함께 하고 있는 사람들도 그와 함께 끝까지 나가야 하는 불안함을 겪어야 한다. 그리고 그가 아파하고 애통해하면서 끝을 배우고 인정할 때 그를 따르는 사람들도 함께 아파하고 애통해야만 하는 수모를 겪어야만 한다. 그럼에도 불구하고 두려움을 알지 못해 결국 주어지는 애통은 다시 아이로니컬하게 해석하면, 위장된 축복의 방편이라고 할 수 있다. 이러한 애통과 고통을 통해 하나님에게 나아오는 자들이 많기 때문이다. 그래서 "애통하는 자는 복이 있나니"(마 5:4)라고 말씀하신 것이 아닐까?

느헤미야가 맡겨진 일을 추진해 나가는 상황 가운데 순간순간 경험했던 것은 적들의 공갈과 협박이었다. 느헤미야는 무관이 아니라 문관이었다. 군인이 아니라 행정가였다. 그러한 사람에게 노골적으로 다가오는 협박은 무력에 가까운 시위였다. 동시에 그들이 생각해 낼 수 있는 모든 수단을 동원한 회유와 공갈이었다. "호론 사람 산발랏과 종이었던 암몬 사람 도비야와 아라비아 사람 게셈이 이 말을 듣고 우리를 업신여기고 우리를 비웃어 이르되 너희가 하는 일이 무엇이냐 너희가 왕을 배반하고자 하느냐?"(2:19). 자신을 파견한 왕과의 관계를 이간질하겠다는 협박의 내용으로 보인다. 이뿐이 아니라 그들은 끊임없이 와서 느헤미야를 힘들게 하였다.

4장 1-3절의 내용을 보면 적장인 산발랏이 크게 노하고 있음을 소개하고 있다. 제대로 정비된 군사도 없는 상황에서 오랫동안 이들을 힘들게 하던 적군의 대장이 느헤미야의 일에 대해 크게 분노하고 있다고 기록한다. 글자 몇 자로 이렇게 표현이 됐기 때문에 우리 독자들이 실제로 느껴지지 않을 수도 있겠지만 그 당시의 모습을 상상해 보면 섬찟할 정도로 느껴진다. 암몬 사람인 도비야 역시 "그들이 건축하는 돌 성벽은 여우가 올라가도 곧 무너지리라!"(4:3)라고 큰 소리로 조롱한다.

4장 7절과 8절에서는 좀 더 구체적으로 그들의 선동하는 모습을 볼 수 있다. "산발랏과 도비야와 아라비아 사람들과 암몬 사람들과 아스돗 사람들이 예루살렘 성이 중수되어 그 허물어진 틈이 메꾸어져 간다 함을 듣고 심히 분노하여 다 함께 꾀하기를 예루살렘으로 가서 치고 그곳을 요란하게 하자"라고 군사행동을 하려는 모습을 소개한다. 이러한 상황 가운데 홀로 서 있는 느헤미야를 상상해 보자. 그는 이러한 상황에 걱정을 넘어서 두려움을 느낀다. 결국 그는 아이들처럼 "우리 하나님이여 들으시옵소서!"라고 부르짖고 만다. 그는 전혀 염려하지 않는 것처럼 그들에게 대하여 말대꾸하거나 군사를 불러모으는 식의 반응을 하지 않았다. 그는 그냥 주저앉아 하나님을 불렀다. 염려와 두려움이 그를 더욱 하나님에게 가까이 가게 만들었고, 하나님만 바라보게 만들었다.

2001년 8월 말로 기억한다. 경건회를 인도하던 시간에 갑자기 호흡이 곤란함을 느꼈다. 숨이 쉬어지지 않았다. 중의를 공부한 나로서 일단 응급처치를 했지만 가슴이 조여드는 듯한 느낌과 함께 오는 호흡곤란증은 나를 무척 당황하게 했다. 즉시 지역 병원에 입원하여 검진을 받았다. 당시만 해도 마음 편히 나를 맡기기에는 여러 의료 상황이 제대로 갖추어지지 않은 곳이라 하루만 입원하고 퇴원을 하였다. 그리고 파송 교회인 세인트루이스 장로교회의 담임 목사님의 강권으로 미국행 비행기에 올라탔다. 미국에 가서 난생처음으로 병원에 입원하였다. 그리고 구체적 정밀 검사를 받았다. 심장혈관 조영술을 포함한 여러 종류의 검사를 받았다.

그 삼일간의 입원 기간은 나의 인생에 많은 교훈을 주었던 시간으로 각인되어있다. 처음으로 죽음이라는 생각을 해보았다. 사랑하는 아내와 자녀들, 늘 나를 위해 기도하시는 어머니의 모습이 떠올랐다. 극단적 상황을 충분히 고민해 볼 만한 형편이었다. 그러한 두려움은 이전의 모든 일을 회고할 수 있도록 도와주었고, 잘못된 많은 생각과 행동을 반성하고 성찰하고 회개하고 새로이 다짐하는 시간으로 이끌어주었다. 검사 결과는 지극히 건강하다는 것이었다. 내가 사역하던 곳은 해발이 한국의 한라산 높이인 곳이라 고산 반응을 의심할 정도였고, 가슴 통증(heartburn)의 가능성을 약간 의심할 정도였다. 한바탕 소란을 떨면서 하나님은 나로 하여금 두려움을 알게 하셨고, 두려움 가운데 하나님만 바라보며 살 것에 대한 지극히 귀한 교훈을 안겨 주셨다.

두려움을 두려움으로 인정하고 받아들일 수 있는 리더십은 이러한 이유 때문에 중요하다. 대중 앞에서 어떻게 표현해야 하는가는 또 다른 범주에 속하는 것이다. 하나님 앞에서 모든 면에 있어 유한한 존재임을 인정할 줄 아는 용기와, 늘 우리를 바라보시고 지켜보시는 하나님 앞에서 떨며 엎드릴 줄 아는 하나님에 대한 경외와, 끊임없이 우리를 각양 방법을 동원하여 공격하는 마귀의 궤계 앞에 두려운 마음을 솔직히 갖고 하나님의 도우심만을 바라는 정직한 믿음이 훌륭한 리더십을 세워주는 요소 중의 하나이다.

잘못을 잘못으로, 부족함을 부족함으로
인정할 줄 아는 모습

실수가 없는 사람은 이미 사람이 아니다. 모든 사람은 예외 없이 연약하고 나약해서 실수하기 쉬우며, 잘못을 저지를 수가 있다. 그래서 타고난 완벽주의자는 스스로 힘들 수밖에 없다. 실수할 수밖에 없는 존재가 사람인데, 성격적으로 완벽을 추구하니 얼마나 힘이 들겠나? 원래 타고난 성향이 어떠하든 사람은 불완전한데, 이러한 불완전한 사람에게 자연스럽게 요구되는 것은 부족함과 불완전함과 자주 발생할 수 있는 실수에 대한 인정이다. 그래서 스스로의 연약함을 당당하게 인정할 줄 아는 사람일수록 큰 사람으로 보인다. 대학을 졸업한 학사 학위를 영어로 표기할 때 BA(Bachelor of Arts)라고 한다. 그런데 요즈음 미국에서 대학을 졸업한 사람들에 대해 비꼬는 표현으로 BA라고 하는데, 그 뜻은 Builder of Alibis(알리바이를 만들어내는 사람)라고 설명한다. 일종의 잘못을 인정하지 않고 피해 나가는 성향을 은유적으로 비꼬면서 표현하는 사회적 현상이라고 볼 수 있겠다.

수년 전에 어느 지역에 일이 있어 갔다가 나를 인도하여 준 선교사님과 대화를 나누게 되었다. 그분과 대화를 나누는 중에 그분에 대한 경외심이 나의 마음에 새겨졌다. 그 이유는 다름이 아니라 자신의 딸 앞에 무릎을 꿇고 자신의 잘못을 인정했다는 사실 때문이었다. 사춘기를 지나 대학에 진학할 나이가 된 딸의 변하는 이상한 모습을 바라보며 그는 아빠로서 책망만 거듭했다고 한다. 그렇게 반복되는 힘든 시간을 보내던 어느 날, 그와 아내가 딸과 마음을 열고 대화하는 시간을 만들었단다. 딸은 부모님이 선교사로서 현지인들에 대한 사랑과 섬김의 자세를 이해는 하면서도 자신에 대한 무관심과 명령조의 교육에 지속적으로 상처를 받았다고 부모에게 울며 토로하였다. 한참 그러한 딸의 상처받은 속 이야기를 들은 후 이 선교사님은 눈물을 흘리며 딸 앞에 무릎을 꿇고 아빠가 잘못했다고 인정하며 용서를 구했다고 한다.

생각지도 못했던 엄한 아버지의 행동에 아내도 자식도 놀랐고 서로 부둥켜안고 눈물을 흘리며 용서하고 회복되는 시간을 가질 수 있었다고 한다. 나는 그의 말을 들으며 그를 다시 한번 쳐다보았다. 그리고 나는 "당신 위대한 사람이구만!"이라고 말을 했던 기억이 난다. 그렇다! 자식 앞에서조차 자신의 잘못을 시인할 수 있는 사람, 얼마나 큰 사람인가? 잘못에 대한 지적 앞에 정직하게 잘못을 시인할 줄 아는 아빠, 참으로 큰 아빠임이 틀림없다.

여기서 나의 개인적 경험을 쓰지 않을 수 없다. 아내와 나는 자녀들을 키우면서 큰 착각을 하였던 것 같다. 첫째 아이를 임신했을 때부터 거의 하루도 거르지 않고 배에 손을 얹고 태중의 선물에 감사하고, 축복하면서 태어날 그 날을 기다렸다. 첫째부터 셋째 자녀에 이르기까지 나와 아내는 임신부터 출산까지, 그리고 출산 후부터 양육의 모든 과정에 최선을 다했다고 생각하였고, 거기에 대해 자부심을 갖고 있었다.

자녀들이 2살, 4살, 6살이 되던 해에 우리는 선교사로 헌신하여 선교지로 나갔다. 나는 내 나름의 가정적 정책에 따라 식구들이 낯선 곳에서 큰 어려움 없이 정착할 수 있도록 미리 가서 집도 구하고, 기본적 가구도 갖추었다. 첫째 지역에서 그다음 지역으로 이동할 때도, 그다음 지역에서 또 다른 지역으로 이사할 때도 늘 그렇게 했다. 재정이 많이 드는 것이 아니라 가정의 책임자로서 가족에 대한 세심한 배려의 마음이 중요하다고 생각했기 때문이다.

자녀들의 교육에 대해서도 그렇고, 관계에 있어서도 우리 부부는 늘 최선의 노력을 기울였다고 자부하면서 살아왔다. 그런데 자녀들이 크면서 그러한 우리 부부의 생각이 많은 부분에 있어 착각이었다는 사실을 알게 되었다. 우리 입장에서는 최선을 다하였지만 자녀들의 입장에서는 그렇지 않았던가 보다. 우리 자녀 세 명은 모두 거의 절대적으로 부모에게 순종하며 자랐다. 말로라도 반항을 하거나, 덤비거나, 대들거나 하지 않았다. 그냥 아주 착한 자녀들로 성장해주었다. 물론 지금도 아주 좋은 성품을 갖춘 자녀들로 살아가고 있다. 하지만 부모에 대한 자녀들의 생각과 자녀들에 대한 부모의 생각 사이에는 어느 정도의 간격이 있었음을 나중에야 알게 되었다.

수년 전 홍콩에서 중요한 행사가 있었는데, 그 행사의 가장 책임을 지는 자리를 내가 맡게 되었다. 그래서 우리 부부는 그 행사장으로 이동하고 있었다. 이동하는 중에 나의 첫째 아들로부터 편지 한 통을 받게 되었다. 얼마 전 아들에게 내 생각을 정리하여 보낸 글에 대한 답신이었다. 이 답신은 아들이 처음으로 자신의 생각을 글로써 정확하게 표현한 것인데, 나를 충분히 당황하게 하는 내용을 담고 있었다. 내가 쓴 글에 대해 형광펜으로 마크를 하고, 그 내용에 대해 자기 생각을 구체적으로 표현하였다. 거의 5페이지에 달하는 내용이었다. 그 내용을 보는데 나의 손이 떨리고 가슴이 쿵쾅거렸다. 당혹스러웠고, 화가 머리끝까지 치밀어 올랐다. 아들이 어찌 감히 아빠인 나에게 이런 글을 쓸 수 있을까? 믿어지지 않았다. 도전으로 받아들여졌다.

그런 상태로 기차는 약 2시간 동안 홍콩을 향해 가고 있었다. 마음이 정리되지 않았다. 여기에 대해 뭐라고 답해야 할까? 나도 같은 방식으로 형광펜으로 잘못된 내용을 그리고 인정할 수 없는 내용을 마크하고 내 생각을 다시 쓸까? 그렇게 이 생각 저 생각, 이 고민 저 고민 하는 중에 홍콩에 도착하여 숙소에 들어갔다. '이제 책상에 앉아 내 생각을 글로 옮겨야지!' 한참 고민하고 생각하였다. 이러는 중에 성령님께서 나의 마음을 만져주신 것 같다. 그래 내가 무슨 말을 한다고 해결이 될까? 내가 인정할 수 없는 이 부분을 어떻게 받아들여야 하고 어떻게 표현해야 할까? 좀 더 긍정적으로 생각하기 시작했다. 결국 긴 답신에 대한 나의 답은 아주 간단하게 쓰였다. 본론은 "아들아, 내가 알지 못하고 느끼지 못한 내용을 말하였는데, 어쨌든 내가 잘못했다"라는 내용이었다.

후에 딸을 통해 들었다. "아빠가 동생에게 답신을 잘하신 것 같아요"라고. 설명하고 변명하여 일이 해결될 수 있다면 얼마든지 설명하고 변론할 필요도 있을 것이다. 하지만 이미 발생한 일에 대한 이해와 해석의 다름으로 인해 생긴 논쟁 가운데서 가장 쉬운 해결 방식은 잘못했거나 또는 잘못 이해할 수도 있을 것에 대한 가능성까지도 잘못으로 수긍하고 인정하는 것이다. 물론 잘못에 대한 수긍과 인정은 언제나 어렵다. 스스로 잘못된 것이라고 인정하면서도 사람들 앞에서는 인정하기가 어려운데, 어떻게 명백하게 잘못한 것이라고 인정 안 되는 일을 잘못이라고 사람들 앞에 인정할 수 있단 말인가? 이것만큼은 결코 쉬운 것이 아니다. 부모가 자식 앞에서, 남편이 아내 앞에서, 아내가 남편 앞에서, 형이나 누나가 동생 앞에서, 친구 앞에서, 목회자가 교인들 앞에서, 담임목사가 부목사 앞에서 잘못을 잘못으로 인정하고, 잘못에 대한 용서를 구할 수만 있다면, 하나님의 나라는 훨씬 더 강력하게 확장될 수 있을 것이다.

"내가 부족해서 이렇게 되었습니다. 책임자로서의 잘못을 통감합니다."라는 한마디만 하면 문제가 해결될 교회가 얼마나 많은가? 해결될 정치적 문제가 얼마나 많은가? 해결될 가정의 문제가 얼마나 많은가? 성경은 하나님께서 아벨과 아벨의 제사는 열납하시고, 가인과 가인의 제사는 받지 않으셨다고 기록하고 있다(창 4:4-5). 만일 가인이 '왜 하나님께서 나의 제사는 열납하지 않으셨을까?'를 심각하게 고민하면서 자신의 잘못을 찾았더라면 그는 인류의 역사에 첫 번째 살인자로 기록되는 불명예를 분명히 피할 수 있었을 것이다. 그러나 그는 자신을 돌아보지 않고 다른 사람에게서 문제의 해결점을 찾으려고 했다. 결국 그는 자신의 혈육을 살인하는 행위로 자신을 몰고 갔다. 이와 유사한 일은 셀 수 없이 많다. 한마디 "내가 잘못했다"로 해결될 일이 수 없이 많음에도 불구하고 우리는 끝까지 버티며 상대방에게서 잘못을 찾아내려 함으로 관계를 악화시키는 경우가 허다하다.

주님이 세워주신 리더십은 주님만을 바라보며, 주님께서 맡겨주신 직임을 어떻게 하면 잘 감당해 낼 수 있을까 고민하며 나가는 자리이다. 온전한 빛 앞에서 우리의 빛이란 내세울 것이 전혀 없는 존재이다. 온전함 앞에서 우리의 온전함이란 참으로 별것이 아니다. 그래서 우리의 연약함과 잘못과 실수를 인정하는 것이 다른 세상 가치관을 갖고 사는 사람들에 비해 쉬울 수밖에 없다. 행동을 마구잡이로 함으로 인해 계속 발생하는 실수를 인정하면서 계속된 실수를 반복하자는 말이 아니다. 사람으로서 할 수 있는 최선의 노력 중에도 어쩔 수 없이 발생하는 잘못된 일들에 대한 인정을 의미하는 것이다. 때로는 나로 기인한 문제가 아닌 주위의 사람들로 인해 발생하는 제반사항에 대해서도 책임을 져야 하는 때가 있다. 느헤미야의 리더십 이행 안에서도 이러한 문제를 볼 수 있다. 백성이 무척 어려운 상황에 있는데도 그들의 힘듦을 전혀 상관하지 않고 못되게 굴던 자신의 부하들의 잘못된 행위에 대해서도, 그는 주저하지 않고 자신을 포함한 모두의 잘못을 시인하는 대책을 제시한다. 그러한 태도가 아니라면 도저히 해결될 수 없는 상황에서 그의 정직한 시인은 모든 문제를 해결하는 열쇠를 제공한다.

나는 오늘 중국의 가정 교회를 보면서 이러한 면에 답답한 마음을 갖는다. 정치적으로 경제적으로 매우 어렵고 힘든 시기를 하나님만 바라보며 한마음 한뜻으로 잘 견디어 온 귀한 교회들인데, 오늘날 사분오열되는 이유는 과연 무엇일까? 바로 리더십의 완벽에 가까운 권위 때문이다. 중세 시대의 한 마녀에 관한 글을 읽은 적이 있다. 출처는 너무 오래전이라 기억하지 못하지만, 내용은 당시 내 기억에 남았던 내용이라 소개하고자 한다. 그 마녀는 나름대로 여러 가지의 마법을 이용하여 많은 사람에게 도움을 주고 있었다. 그래서 적지 않은 사람들이 그 마녀를 존경하였고, 마녀의 여러 능력을 인정해 주곤 했다. 어느 날 그녀를 따르는 많은 사람이 당신은 저 높은 탑 위에서도 사뿐히 내려올 수 있을 것이라고 말하기 시작했다. 그녀는 그럴 수 없으리라 생각했지만 워낙 많은 사람이 그럴 수 있을 것이라 믿어주니까 자신도 그럴 수 있지 않을까 하는 생각을 갖기 시작했다. 결국 그녀는 날을 정해 탑 위로 올라갔다. 옷도 날개가 달린 옷을 입었다. 엄청나게 많은 사람이 밑에 운집해서 그녀의 하강하는 모습을 지켜보게 되었다. 그녀는 탑 위에서 스스로에게 마법을 걸었다. "나는 날 수 있다! 나는 날 수 있다!"라고. 결국 그녀는 힘껏 탑 위에서 아래를 향해 뛰었다. 그러나 그가 소유했던 마법의 힘은 그의 무모한 행위를 받쳐주지 못했다. 그는 온몸의 뼈가 부스러지고 뇌가 터져 나온 모습으로 사람들에게 공개되었다.

이 예화에서 우리 중국 가정 교회의 지도자들은 교훈을 얻어야만 한다. 하나님의 나라를 위해 목숨을 걸고 지금까지 힘겹게 걸어오면서 하나님에게 영광을 돌려오던 지도자들에게 하나님께서는 많은 것을 보상해 주셨다. 그중 하나가 엄청난 리더십이라는 것이다. 하나님 다음으로 존귀하게 여김을 받고, 무슨 말을 하든 절대적인 순종이 따르는 권위가 그들의 손에 주어졌었다. 하지만 그들에게 부여되었던 이러한 권위는 그들의 행위가 완전해서도 아니고, 그들이 다른 사람들에 비해 매우 의롭다고 인정을 받았기 때문도 아니다. 그저 어렵고 힘든 시기에 오직 주님만 의지하고 주님만 바라보는 마음과 더불어 전체 중국 교회의 장래를 위해 이러한 리더십이 하늘로부터 주어졌던 것일 뿐이다. 그럼에도 불구하고 마치 온전한 사람들인 양 주어진 권력을 자랑하고, 남용하고, 온전한 자처럼 행세한다면 이후에 돌아올 것이 과연 무엇이겠는가? 바로 세상의 조소와 분당과 파멸뿐임을 어찌 알지 못하는가? 어찌 중국의 가정 교회만을 꼬집어 말할 수 있겠는가? 기독교라는 큰 범주 안에 속한 모든 교회와 단체의 지도자들을 다 포함할 수밖에 없는 내용이다.

 잘못을 잘못으로, 실수를 실수로, 부족함을 부족함으로 정직하게 인정하는 용감한 자연인에게 하나님의 리더십은 지속적으로 머무를 것임을 잊어서는 안 될 것이다.

3

세 번째 지도 원리 LEADERSHIP MANUAL

하나님과 커뮤니케이션을 유지하는 지도자

결국 찾아낸 답은 하나님과의 끊임없는 커뮤니케이션이었다. 그는 무엇보다도 하나님의 실제적 존재를 확실하게 믿고 있었다. 어떤 특별한 마법의 힘, 신비스러운 성령의 능력에 의한 것이 아니라 그냥 단순하게 하나님의 실제적 존재를 느끼며 살았기 때문에, 그는 옆에 있는 가족이나 친구들과 대화하듯이 하나님과 수시로 대화하며 살 수 있었던 것이다.

연약한 자신의 모습을 정직하게 인정할 줄 아는 사람만이 '연약함'을 해결할 방법을 찾을 수 있다. '분노'를 발할 수밖에 없는 상황에서 그냥 무조건 참아내기만 한 사람보다는 상황에 대한 객관적 분석과 인내와 절제를 통해 필요한 만큼의 표현을 해본 사람이 분노를 유발케 한 문제를 찾아 매듭을 풀어나갈 수 있다. 병과 죽음에 대한 두려움, 실패에 대한 두려움, 인간관계에 대한 염려와 근심을 가진 그리스도인은 하나님 앞에 무릎을 꿇고 무섭게 다가오는 두려움과 싸우며 나갈 수 있다. 하지만 여전히 자신의 완벽함을 전면에 내세우는 자들은 자신도 힘들고, 주위 사람들도 힘들게 하며, 동시에 하나님과의 인격적 관계 유지에도 어려움을 갖게 마련이다.

자신의 연약함을 인정하는 사람에게 자신이 연약하기 때문이라는 관점은 설득력이 약하다. 세상에서 말하는 삶의 원리와 성경에서 말하는 삶에 대한 철학의 상반됨이 바로 여기에 있다. "눈에는 눈, 이에는 이"의 구약적 원리와, "5리를 가자 하면 10리를 가고, 겉옷을 벗어달라고 하면 속옷까지 벗어주어라"는 신약적 원리를 별생각 없이 읽으면, 구약에서 제시하는 삶의 원리와 신약에서 가르치는 삶의 원리에 혼동이 올 수도 있다. 하지만 좀 더 깊이 생각해 보면 다르게 보이는 구약과 신약의 삶을 향한 제안이 동일한 뿌리에 있음을 알 수 있다.

서로 사랑하지 못하고 용서하지 못하면서 싸우고, 사람을 상하게 하고, 심지어는 살인까지 하는 모습이 빈번하게 일어나는 상황에서 하나님께서는 소극적 방법의 사랑으로 대처하셨다. 무슨 뜻인가? 구약에서는 적극적인 의미의 사랑이 실행되기 어려운 상황인지라 지극히 1차원적 처벌인 "눈에는 눈, 이에는 이"로 지켜야 할 삶의 규범을 제시하셨던 것이다. 무슨 뜻인가? 최소한 사람들이 다치는 것이라도 막기 위해서 '눈'을 상하게 하는 자는 똑같이 '눈'에 상함을 입게 되는 처벌을 받는 것이 마땅하다는 주장을 하셨고, 이를 부러뜨리는 자는 똑같이 그의 이도 부러뜨림을 당하게 해야만 한다는 삶의 원칙을 제시하셨다.

하지만 그 내면에 내포된 실제적 하나님의 뜻은 내 몸이 귀한 만큼 상대방의 눈과 이도, 심지어 상대방이 소유한 물건까지도 함부로 할 수 없는 존중의 대상이고 사랑의 대상이라는 의미가 깊이 깔린 것이다. 그래서 유대인에게 있어서의 율법과 할례는 단순하게 종이 위에 글로 기록된 의문(儀文, 기록된 글, 껍데기)과 형식적 행사에 본질적 의도가 있었던 것이 아니라 본질의 핵심을 내포한 '신령'에 그 무게가 있는 것이라고 말씀하셨던 것이다.

하지만 어리석은 사람들은 본질의 의미를 간직하고 있는 '글자' 즉 '의문'을 지키기 위해 어느 누군가가 진짜 실수로 다른 누군가의 눈을 다치게 한 것을 보게 될 때 그 사람을 데려다 전후 사정 가리지 않고 그 사람의 눈을 동일한 방법으로 다치게 함으로써 하나님의 말씀을 지켰다고 두 손 높이 들고 하나님을 찬양했다. 글이 갖고 있는 의도를 이해하지 못하고 의도를 전달하기 위해 주어진 수단만을 위해 열심히 살던 바리새인들에 대한 예수님의 증오가 이러한 이유 때문에 얼마나 컸는지는 이미 잘 알려진 사실이다.

실제로 눈에는 눈, 이에는 이의 철학을 갖고 사는 사람과, 왼뺨을 때리면 오른뺨도 돌려대는 원칙을 갖고 사는 사람을 비교해 보면, 후자가 더 강한 사람이라는 것을 인정하지 않을 수 없다. 이유는 간단하다. 살고자 하는 자는 죽을 것이요, 죽고자 하는 자는 살리라는 주님의 말씀 속에 '강함'의 법칙이 주어져 있기 때문이다. 연약함을 인정하고, 잘못을 시인하는 것이 언뜻 보기엔 연약한 것 같고, 유약한 사람인 것처럼 보이지만 하늘의 법도로 바라보면 실제로는 강자이다. 모든 책임을 다 남의 탓으로 돌리면서 끝까지 남을 자신보다 못한 자로, 잘못된 자로, 나쁜 자로 여기며 사는 것이 겉으로는 강해 보이지만 사실은 성숙하지 못하고, 연약한 자임을 인정하는 것이리라.

느헤미야는 자신의 연약함을 있는 그대로 인정했던 사람이었다. 그는 슬픈 상황에서 주저앉아 통곡할 줄 알던 사람이었다. 적들의 노골적인 공격 앞에서 당황스러워하는 모습을 드러내기도 했고, 염려와 두려움을 가져다주는 상황에서 염려하고 두려워하는 모습을 있는 그대로 표출하던 사람이었다. 그는 자신을 지도자의 체면으로 포장하지 않았고, "나는 연약하고 두려움을 느끼지만 우리 하나님이 나와 함께 하시고, 우리 하나님이 위기의 상황을 넘기게 해주시니 그만 믿고 나가면 된다"는 진솔한 믿음을 있는 그대로 유지하면서 맡겨진 일을 충실하게 해내었다. 잘못된 일들이 발생하였을 때 잘못된 것을 잘못으로 인정하면서 주위의 사람들을 인내하며 설득시키고, 주어진 목표의 성취를 위해 함께 보조를 맞추어 나가는 소중한 리더십을 자연스럽게 유지하였다. 지극히 인간적인 나약한 모습을 정직하게 드러내면서도 동시에 주위 사람들을 격려하고 설득하면서 이루어내기 어려운 큰일을 이루어낼 수 있었다. 그 비결은 무엇이었는가? 자신의 약점은 감추고 강하고 완벽한 모습만을 보여준다 해도 이러한 리더십을 발휘하기 힘든 것이 요즈음의 현실인데 어떻게 느헤미야는 그렇게 해낼 수 있었을까? 질문하지 않을 수 없다.

비결 : 하나님과의 지속적인 커뮤니케이션

필자는 이러한 비결을 알아내기 위해 느헤미야서를 읽고 또 읽으면서 찾아보았다. 결국 찾아낸 답은 하나님과 끊임없는 커뮤니케이션이었다. 그는 무엇보다도 하나님의 실제적 존재를 확실하게 믿고 있었다. 어떤 특별한 마법의 힘, 신비스러운 성령의 능력에 의한 것이 아니라 그냥 단순하게 하나님의 실제적 존재를 느끼며 살았기 때문에, 그는 옆에 있는 가족이나 친구들과 대화하듯이 하나님과 수시로 대화하며 살 수 있었던 것이다. 그에 대해 기록된 내용을 읽어보면 그는 보이지 않는 하나님이시지만 마치 곁에서 늘 지켜보고 계시는 것에 대한 확실한 믿음을 갖고 살던 사람으로 보인다. "하나님! 보고 계시지요?" "하나님 보셨지요?"와 같이 미주알고주알 하나님과 이야기했다. 정식으로 무릎을 꿇고 종교적인 의식을 행해야만이 하나님과 교통할 수 있는 것이 아니라 그냥 숨을 쉬며 사는 현실 가운데서 하나님과 더불어 사는 모습이 보인다.

그렇다고 그의 눈에만 하나님이 보였을까? 그것은 아니다. 영이신 하나님은 우리의 육안으로는 도저히 볼 수 없는 분이시다. 그런데 그분이 내 옆에 있는 것을 어떻게 알 수 있는가? 그것은 하나님의 무소부재(无所不在, 안 계신 곳이 없는 특성)를 믿으며 실제로 인정하면 되는 것이다. 이러한 확신을 가질 때 일상생활 속에서 하나님과의 교제는 가능해진다. 온 우주만물을 창조하신 하나님을 그 모습 그대로 우리 모두의 눈으로 볼 수 있다면, 이 세상의 어느 누가 그 하나님을 부인하고, 거역하며 살 수 있겠는가? 하지만 하나님은 그런 방법을 사용하지 않으신다. 만일 하나님이 거대한 조물주 앞에서 바짝 엎드린 피조물의 모습을 보고 계신다면 얼마나 재미없으실까? 하나님께서는 우리에게 눈으로 볼 수 없고 손으로 만질 수 없지만 성경을 통해 보여주신 그분의 완전하고 영원하신 전능하심을 인정하기를 요구하신다. 보지 않고도 실존하시는 하나님을 믿는 마음을, 보지 않고도 전적으로 하나님만 의지하는 마음을, 보지 않고도 철저하게 순종하는 마음을. 하나님께서는 이러한 마음을 기쁘게 여기시고 우리가 감히 상상할 수도 없는 복을 내리신다. 이것이 하나님의 통치 방식이다.

성실하고 신실함에 대해 평가할 수 있는 근거 중의 하나는 주위에 사람이 있으나 없으나, 그리고 자신을 감독하고 관리하는 사람이 있으나 없으나 동일한 모습으로 맡겨진 일을 충실히 감당해내는 모습이다. 사람이 있을 때와 없을 때 각각 다른 모습을 보이는 사람에게 성실이나 신실이라는 형용사를 사용하기는 쉽지 않다. 동시에 그러한 사람들은 진정한 의미의 기도는 할 수 없을 것이다. 그리스도인에게 기도는 분명한 실체와의 커뮤니케이션이기 때문에 눈에 보이지 않는 하나님을 향해 마음대로 말하고, 제멋대로 행동하고, 자기가 하고 싶은 말만 하고, 자기의 소원만 말하는 사람은 결코 하나님과 제대로 된 커뮤니케이션을 할 수 없다. 너무나도 당연한 말 아닌가?

느헤미야의 기도 내용을 보면 예수님이 가르쳐주신 주기도문을 이미 배워 습득한 것처럼 동일한 내용으로 기도하고 있다. 하나님이 전지전능하시고, 무소부재하신 분이라는 사실을 확실하게 믿고 인정하는 사람이라면 기도를 소홀히 할 수 없다. 'Practical Atheist'(실제적 무신론자)라는 용어가 있다. Atheist(무신론자)가 무슨 뜻인가? 하나님은 없다는 것을 믿고 있는 사람을 뜻한다. 그 앞에 실제적(practical)이라는 단어가 첨가되면 실제적인 무신론자(practical atheist)라는 뜻이 된다. 실제 상황에서의 무신론자, 즉 하나님이 살아 계시고 전지전능하시다는 것을 이론적으로는 알고 있으므로 이론적으로는 유신론자인데, 실제 생활에서는 하나님의 존재가 없는 것처럼 사는 사람들을 두고 이러한 용어를 사용한다.

교회에서는 하나님의 존재를 인정하고 하나님이 계신 것처럼 말하고 행동하지만, 가정과 일터에서는 하나님이 안 계신 것처럼 말하고 행동하는 사람들 모두가 이러한 practical atheist(실제적 무신론자)의 범주에 들어가 있다고 말한다면 너무 과격한 표현일까? 전능하신 하나님이 나의 기도를 들어주시고 응답하실 것이라는 확신을 갖고 있다면, 어찌 유한한 사람의 돈과 권력만을 바라보며 하나님의 능력을 그렇게 무시하며 살 수 있겠는가? 하나님의 뜻에 따라 살려고 애쓰는 사람들에게 손가락질하며 "너는 아직 세상을 몰라서 그래. 그렇게만 살면 어떻게 성공할 수 있겠어?"라고 말하는 사람들의 마음 저변에는 이러한 무신론적 사고방식이 은근히 자리 잡고 있다고 말하면 기분 나쁠까? 기분 나빠도, 화를 내어도 할 수 없지! 사실인 것을.

포로의 신분으로 당대 최고의 세력을 가졌던 바벨론이라는 나라에서 높은 자리에까지 올라갔던 느헤미야의 정치적 성공을 어떻게 이해할 수 있을까? 한 나라의 대신의 입장에서 다른 한 나라의 총독으로 파견되어 자신이 하고 싶은 일을 제대로 이루어 낸 성공한 정치인 느헤미야의 인간미와, 힘들고 어려울 때마다 하나님과의 커뮤니케이션을 통해 일을 해결하고 일을 이루어냈던 기도하는 사람으로서의 느헤미야를 잘 관찰하면서 독자들의 리더십에 선한 도전이 있기를 마음 깊이 소망한다.

어려운 문제? 진짜 문제의 본질을 잘 알고 계시는 하나님과의 관계 속에서 해결하는 법을 경험한 지도자

사람들은 누구나 과거에는 과거의 모습 속에서, 현재에는 현재의 환경 속에서, 그리고 미래에는 예측하기 어려운 미래의 모습 속에서 나름대로 힘들다고 느껴지는 어려운 일들을 지속적으로 겪으며 살 수밖에 없다. 예외가 없다. 필자는 사스(SARS)가 발생하였을 때 발생지였던 중국에서 살고 있었다. 누가 예측이나 할 수 있었겠나? 생각지도 못한 중에 그런 상황을 피부로 겪었다. 나는 꽃가루 알러지가 있어서 열(熱)나는 것 빼고는 사스의 증세를 다 갖고 있었다. 기침에 콧물에 재채기 등 모든 증세를 이 사스 기간에 다 가지고 있으면서, 혹이라도 이웃이 경찰에 신고할까 봐 염려하면서 그 기간을 넘겼던 기억이 있다. 그러다 소위 팬데믹(Pandemic)으로 전 세계의 대부분 나라가 힘들게 겪고 있는 코로나바이러스 기간인 현재(2020-21)에는 캄보디아에 살고 있다. 의료시설이 상대적으로 열악한 캄보디아라 불안한 마음 지울 수는 없지만 생각보다 여러 면에서 내가 기대했던 것보다 선전하고 있는 훈센 정부에 오히려 고마운 마음으로 이 시기를 넘기고 있다. 누가 예측할 수 있었겠나?, 이런 상황을. 어려움은 이렇게 예상치도 못한 상황 중에 불쑥 찾아오곤 한다.

사람인 이상 예외는 있을 수 없다. 혹이라도 다른 어느 누구를 바라보며 '저 사람은 특별하니 이런 일을 겪지 않고 살 수도 있겠지'라고 생각되는 그 사람들도 예외 없이 자기에게 주어진 힘든 일을 겪으며 사는 사람들이다. 처음 하나님의 명령에 불순종한 대가로 모든 후대에 반드시 따라오는 형벌 중의 하나이니 피할 수도, 거부할 수도, 불평할 수도 없는 무거운 짐이다.

철이 들기 전에는 주로 눈에 보이는 것과 마음에 느끼는 것으로 어렵고 힘든 것들을 측량하는 것 같다. 필자 역시 예외는 아니었다. 꼭 하고 싶은 것을 할 수 없을 때 들었던 불행하다는 생각, 내 손에 꼭 쥐어야 직성이 풀릴 것 같은 것을 가지지 못했을 때 한숨 쉬던 경험들은 나 혼자만의 경우는 아닐 듯하다. 학교를 다니면서부터 학생이라는 신분으로서 늘 갖던 어렵고 힘들었던 시간은 시험이었던 것 같다. 이미 서론에서 나에 대해 언급하였듯이, 나는 철이 늦게 든 사람 중의 하나이면서도 동시에 사물의 이치를 빨리빨리 깨치지 못했기 때문에 학교의 성적도 그리 좋은 편이 아니었다. 그러니 시험 기간이 다가오면 말 그대로 고통의 시간이었다. 부모님이 하라고 하니 안 할 수는 없고, 열심히 하는 척만 하다 보니 성적은 좋을 수 없고. 지금 하라고 하면 참 재미있게 했을 것 같은데 그때는 왜 그리도 힘이 들었던지!

나의 지인 중 몇 분은 시험에는 소위 도사급들이다. 어떤 분은 지금까지 쳐 본 시험 중에 실패해 본 적이 없다고 자신 있게 말한다. 그분들의 얼굴을 다시 한번 쳐다보게 된다. 얼굴에서 시험을 잘 칠 수 있을 것 같은 총기가 흐른다. 하하하. 그런 분들에게는 시험이 나처럼 고통이 아니라 즐거움이었겠지. 지금 가만히 생각해 보면 아마도 나의 논리적 뇌 구조가 무조건 잘 외워야만 하던 한국의 암기 위주의 학습 방식과 맞지 않았던 것 같다. 그러나 미국에서 신학과 철학, 문화인류학 등을 공부할 때, 주로 백인들이 대부분이던 클래스에서 논리적으로 이해된 내 생각을 전개하며 토론하는 가운데 비로소 공부의 참 즐거움을 느꼈다. 늦게나마 학문을 즐기며 만족스러운 결과도 맛보며 공부할 수 있게 된 것에 감사하곤 한다.

어느 정도 철이 들어 세상이 눈에 들어오기 시작하면 일반적으로 〈관계〉에 대한 어려움을 갖게 된다. 부모와의 관계, 형제들과의 관계, 친구들과의 관계 등등 참 복잡한 관계 속에 미묘하게 흐르는 감정들을 경험하게 된다. 이런 경험을 하는 중에 일방적인 생각과 처리만으로는 평화롭게 살 수 있는 것이 아니라는 사실을 체득하곤 한다. 실제로 생활 가운데 어렵고 힘든 일들이 관계를 통해 발생하곤 한다. 철없는 아이들에게서만 '왕따'라는 못된 행동이 나오는 것이 아니라 나이 먹을 만큼 먹은 성인들 사이에도 참으로 고약한 왕따 행위가 나온다. 이러한 왕따 행위를 통해 정신적 어려움을 견디고 견디다 지쳐버린 사람 중에는 삶을 포기하는 행위로 문제를 피해버리는 안타까운 일도 적지 않게 발생하고 있다. 사람들 가운데 태어나 그 안에서 성장하면서 사회가 보이기 시작할 때부터는 관계의 복잡함에서 탈피하기가 쉽지 않다. 그래서 철이 든 후 사람들을 가장 힘들게 하는 요소 중의 하나는 바로 '관계'이다.

내 기억에도 고등학교를 다닐 때 몇몇 친구들로부터 왕따를 경험했던 적이 있다. 지금 생각하면 원인은 나에게 있었던 것으로 회상되지만 당시에는 무척 고통스러웠던 시간으로 기억된다. 그래도 나의 성격상 대수롭지 않은 척 다른 친구들과 친하게 지내며 왕따를 넘겼지만 그 당시에는 무척 고통스러웠던 시간으로 기억된다. 어쨌든 관계로부터 주어지는 힘듦은 결코 우습게 넘길 수 없는 힘든 사안이다. 넘기 힘든 산이고, 건너기 힘든 강이다. 산 속의 깊은 동굴 안에 갇혀 버릴 것만 같은 불안함과 물에 빠져 숨을 쉴 수 없을 것 같은 답답함이 강하게 다가온다.

개인 재정의 역할은 어떠한가? 〈재정의 부족〉 역시 관계에 못지않게 힘든 시간을 제공하는 삶의 요소 중 하나이다. 차라리 관계보다는 돈을 택하겠다는 사람들 역시 적지 않을 것이다. 그래서 결국 돈도 잃고 사람도 잃는 결과를 초래하곤 한다. 돈의 부족에 대해 어떤 사람은 '불편함'으로 표현하기도 한다. 아마도 중류층을 대상으로 하는 말일 것이다. 돈이 없다는 것이 불편함 정도뿐이라면 그리 큰 문제가 아닐 수도 있다는 말이다. 하지만 돈이 없어서 병원에 가야 할 상황에서 가지 못하고, 계속해서 해야 하는 공부를 하지 못하고, 밥을 제대로 먹지 못하는 등의 급박한 상황을 고려하면 단순한 '불편함' 정도가 아니라 다급함 이상의 것이다. 물질로 인해 겪는 어려움과 힘듦을 어찌 말로 표현할 수 있겠는가?

나는 부잣집 도련님은 아니더라도 어려서부터 고생을 모르고 자랐다. 법조계에 계시던 아버지와 교사로 계시던 어머니 덕분에 먹을 것 입을 것 걱정 없이 자랐다. 군대에서도 장교로서 일반 사병에 비해 훨씬 편한 군생활을 했다. 그러다 미국에 가게 되었다. 영어를 조금 하는 상태에 미국에 간 것이 아마도 화근이 되었던 것 같다. 미국에 간 지 1년도 채 안 되어 백인 밀집 지역에서 치킨 식당을 인수하게 되었다. 물론 가지고 있던 돈을 튀겨보겠다는 희망을 품고 시작한 것이다. 그때만 해도 비즈니스에 대해 '1'도 모르던 내가 그저 겁도 없이 덤벼들었다. '무식하면 용감하다'고 했던가? 치킨의 적당한 원가라든지, 주위의 시세라든지 등등을 상세히 조사해보지도 않고 겁도 없이 덜컥 덤벼들었던 것이다. 상세히 설명하려면 끝도 없는 것이라 간단하게 말하자면 첫 번째 도전했던 사업은 결국 약 3년 만에 문을 닫는 참담한 실패였다. 하지만 그 3년의 기간은 나에게 경제에 대한 혹독한 경험을 하게 해주었다. 30년이 지난 이야기인데도 그때의 상황을 생각하면 가슴이 콱 막힐 정도로 어려웠던 시간으로 기억에 남아 있다.

지금도 그렇지만 물건을 사거나 월세를 내는 등 대부분의 지출을 수표로 결재하였는데, 은행에 남아 있는 돈이 내가 지출한 수표의 액수보다 적을 경우에는 은행에서 전화로 통지를 해주었다. 오늘 몇 시까지 돈을 넣지 않으면 부도 처리한다고. 당시에는 한 통의 전화 서비스로 20불 정도를 부과했던 것으로 기억한다. 그런 전화를 받게 되면 다급한 마음으로 돈을 만들어 은행에 가서 입금해야 했다. 그 당시 나는 그런 전화를 거의 매일 받다시피 했다.

조그맣긴 해도 한 식당의 사장인데 차를 몰고 가다 휘발유가 없어 차를 세우는 경험도 여러 번 하였다. 한 달에 수만 불을 벌면 무슨 소용이 있나? 지출이 수입보다 더 많은데? 당시에는 은행 대출이 있는 줄도 몰랐던 초짜 사업가였기 때문에 대처할 방법을 찾지 못한 채 그저 고통스러운 시간을 보냈다. 개인 경제, 재정, 물질, 돈, 결국은 다 같은 말 아닐까? 사람이 당장의 삶을 유지하는 데 있어서 없어서는 안 될 '돈'. 돈으로 인해 받는 압박감은 참으로 고통 그 자체이다. 돈이 사람을 코너로 몰아치기 시작하면 어쩌면 인간관계에서 가장 고통스러운 왕따 현상보다도 더 힘들 수 있겠다는 생각이다. 돈! 돈! 돈! 자꾸 돈돈돈 하면 머리가 돈다고 하던데……. 하하! 어쩌면 아주 틀린 말도 아닐 것이다.

〈건강의 어려움〉이 가져다주는 염려 역시 만만치 않다. 특별한 경우를 제외하고는 젊을 때는 건강에 대한 염려나 두려움이 차지하는 비중이 별로 크지 않다. 나 역시 물려받은 건강 체질 덕분에 1년에 한두 번 정도 앓는 인후염이나 위경련 증세 등 아주 작은 잔병을 제외하고는 건강에 대한 특별한 염려와 걱정으로 힘든 시간을 가진 기억은 별로 없다. 하지만 첫째 아이가 태어났을 때 처음으로 '내가 건강하게 오래 살아야겠구나' 하는 생각이 들면서 건강의 중요성에 대해 의식하기 시작했다. 첫째를 낳았을 때보다 둘째, 셋째 자녀가 많아질수록 마음속에 책임감은 더욱 커졌다. '내가 이 아이들을 지켜주어야 하는데, 더욱 건강해야지…….'

한 번은 건강 검진 결과로 인해 초죽음을 경험했던 적이 있다. 평소 1년이

나 2년에 한 번씩 하는 건강 검진의 결과가 늘 별문제 없다고 나왔기 때문에 안심하고 있었는데, 한 번은 이메일로 위에 혹이 있다는 소견을 알려왔다. 그 글을 읽는 순간 갑자기 배가 불편해지기 시작했다. 잠도 오지 않았다. 도대체 무슨 병일까? 처음으로 병에 대한 두려움을 느꼈다. 위에 혹이라니? 잠을 제대로 자지 못한 상태에서 다음 날 아침에 건강 검진을 했던 병원으로 달려갔다. 가서 보니 위가 아니라 폐란다. 이건 또 무슨 소린가? 폐 쪽에 무엇인가 튀어나온 것 같단다. 그러면서 혹시 혈관인지 무엇인지 확인해야 하니 다시 한번 찍어보자고 해서 X-ray를 찍었다. 그리고 방사선 전문의가 3일 후에 출근하니 그때 결과를 말해주겠단다. 아니 3일이라니. 즉시 판독할 수 있는 것을 3일을 기다리라니! 마음 같아서는 당장 다른 병원에 가서 확인하고 싶었지만 하나님을 믿는 사람으로서 이렇게 불안해하고 초조해하는 것이 맞지 않다는 생각이 들어 3일을 기다렸다. 휴~~! 3일의 시간은 나에게 3년과 같이 길고도 가슴이 타는 긴장되는 기간이었다. 그 3일간 할 수 있는 상상은 모두 하면서 시간을 보냈다. 3일째 되는 날 공원에 앉아 전화를 했다. 결과는 "아무 이상 없습니다. 위쪽 혈관이 혹처럼 보였나 봅니다."

복음이 무엇인가? Good News 아닌가? 그 전화에서 들려온 소리는 나에게는 복음이었다. 지나간 일이기는 하지만 그 이후부터는 건강 검진을 할 때마다 마치 시험을 치는 것 같은 생각이 든다. 사실은 건강 검진이란 내 몸의 상태를 그냥 그대로 보여주는 것이라 문제가 있다는 것을 알면 치료하면 되고, 문제가 없으면 없는 대로 넘어가면 되는 것인데, 괜스레 무슨 없는 병이라도 만들어내는 것 같은 기분으로 건강 검진을 시험 보듯이 치른다. 건강의 이상과 병이 가져다주는 마음의 고통 역시 결코 가벼울 수 없는 것이다.

〈성취에 대한 불만족〉, 나는 아무것도 아니라는 〈자기 비하〉, 내가 다른 사람들로부터 별로 인정받고 있지 못한다는 열등의식 등에서 오는 〈섭섭함〉 등 역시 빼놓을 수 없는 고통이 아닐까 생각해 본다. 젊을 때는 그래도 성취를 향해 달려나가는 시절인지라 성취에 대한 불만족을 근본적으로 고민하기에는 이른 시간일 것이다. 하지만 나이를 먹으면서 해도 해도 잘되지 않는 자신의 모습을 바라보며 성취에 대한 불만족과 그러한 자신의 모습에 대해 누군가 함부로 평가할 때에 마음속 깊이 꽂히는 분노와 섭섭함 같은 것들은 경험해 보지 않고서는 이해할 수 없는 것이라 생각된다.

특히 남성의 경우는 여성에 비해 좀 더 심하게 반응한다. 아마도 아담을 향한 하나님의 저주와 무관하지 않으리라. "아담에게 이르시되 네가 네 아내의 말을 듣고 내가 네게 먹지 말라 한 나무의 열매를 먹었은즉 땅은 너로 말미암아 저주를 받고 너는 네 평생에 수고하여야 그 소산을 먹으리라!"(창 3:17). 이 말씀을 그냥 신화의 한 내용으로 읽으면 아무것도 아닌 그저 옛날 이야기처럼 들릴지 모르지만 이 내용을 하나님의 말씀으로 가만히 생각해 보면 현 세대에 이미 그대로 적용되고 있는 내용이라고 나는 믿는다.

땅이 저주를 받았다! 우리가 돈을 벌어야만 먹고 살 수 있는 현재의 모든 환경을 생각해 보자. 농사짓는 사람들이 언제나 풍년만 기대하고 살 수 있는가? 닭과 오리들이 키우는 사람들이 잘 키우려고 애쓴 만큼 잘 자라주어 효도 상품으로 자리를 잡고 있나? 돈을 벌기 위한 이 일 저 일이 언제나 잘되는가? 우리의 죄로 인해 어떠한 터전도 영원한 것이 없으며, 어떠한 사업도 축복이 보장된 것은 없다. 동시에 "너는 네 평생에 수고하여야 그 소산을 먹으리라"는 말씀대로 모든 남성은 평생 수고하여야 가족을 먹여 살리는 책임을 감당하도록 디자인되어 있음을 잊어서는 안 될 것이다. 이러한 과정에서 어떤 일에 대해서는 성취하는 즐거움을 맛보기도 하지만 어떤 일에 대해서는 실패하는 아픔을 겪기도 하는 것이 자연스러운 현상이다. 하지만 언제나 잘 되기만을 바라며 사는 것이 죄성을 확실하게 인정하지 못하는 우리의 실체이기도 하다.

더구나 과학이 발달하여 장수하는 시대로 들어가면서부터는 일하는 것에서 은퇴한 남성들의 고통이 더욱 커지고 있음을 부인할 수 없다. 더 사는 만큼 좋을 수도 있지만 더 지속적인 힘든 삶을 경험할 수밖에 없는 것이다. 이전처럼 아예 포기해 버리고 뒷방에 드러누워 죽을 날만 기다리고 있던 시절이라면 그러려니 하고 섭섭할 것도 없겠지만 이제는 그렇지 않다. 나이를 먹었다는 이유로 남성으로서의 역할을 감당하지 못하는 것 자체에 이미 자존감이 낮아질 대로 낮아지기 때문에 섭섭하게 만드는 어떠한 농담도 농담으로 받아들여지지 않는다. 차라리 죽는 게 나을 것이라고 생각하면서도 죽지 못하는 노인들의 삶이 어쩌면 현 시대의 노인을 대변하는 것이 아닐까 생각해 본다. 그래서 〈섭섭 병〉 〈섭섭 마귀〉 등의 말을 하는 것이 아닐까?

인생은 누구나 예외 없이 이런저런 어려움을 겪으며 산다는 것을 인정하지만 막상 나에게 닥쳐온 힘든 일을 헤쳐나가는 것은 결코 쉬운 일이 아니다. 피하려 해도 피할 곳이 없으니 어쩔 도리가 없다. 그러니 우리 그리스도인은 힘든 일을 만났을 때 '어떻게 잘 피할까?'를 고민하기보다는 '어떻게 헤쳐나갈까?'를 더 고민해야 한다. 어려움을 당할 때 주어지는 반응은 사람에 따라 다를 수 있다. 어떤 사람은 골치 아픈 일을 맞이하면 심장에서부터 반응이 시작되기도 한다. 나와 같이 일에 집중하는 사람의 경우에는 일로 인해 어려움을 자주 겪는다. 사람과의 관계에 깊이 얽히는 것을 즐기는 사람들은 그만큼 사람으로 인해 많은 스트레스를 받고 어려워한다. 목표 지향적인 사람들은 목표가 성취되지 않는 것을 견디지 못하기도 한다.

어쨌든 모든 사람은 예외 없이 저마다 심리상의 충격선(衝激線)이 있게 마련이다. 그래서 어떠한 사건으로 인해 감당하기 어려운 상황이 발생하게 됨으로 충격선을 넘어서게 되면 예외 없이 잠시 깊은 수렁에 빠지게 된다. 심장이 쿵쿵 뛰기도 하고, 머리가 아프기도 하고, 호흡 곤란이 오기도 하고, 이성적 논리로의 사고가 불가능해지기도 하는 등 스스로 통제 불능의 상태에 빠지기도 한다.

사람이 슬퍼해야 하는 상황에서 슬퍼한다는 것은 참으로 정상적인 것이지만, 슬픔을 자제해야 할 상황에서 자제하지 못하고 끝없이 슬퍼하는 것역시 정상적으로 볼 수 없다. 더구나 지도자의 입장에서라면 더욱 그러하다. 올바르지 못한 것을 바라보며 의분을 품고 적당히 표현할 수 있는 것은 타당하다고 하겠지만 과도한 대응은 죄를 짓게 만들고 만다. 그래서 성경에서는 분내는 것 자체는 인정하지만 분을 표출함으로 인하여 죄를 짓는 부분에 대해서는 경고하고 있다.

느헤미야의 경우를 살펴보자. 그의 경우는 위에서 언급한 내용과는 다른 종류의 근심과 고통이었다. 아마도 나라를 빼앗기고 일제 치하에 독립을 위해 투쟁하던 독립 운동가들이 느헤미야의 고통을 좀 더 잘 이해할 수 있을 것이다. 어쨌든 그는 동족의 어려움에 대한 소식을 접한 후 수일간 고통스러운 슬픔에 잠겨 힘들어했다. 그러나 그는 그의 애국심에 근거한 슬픔을 느끼고 표현하는 것에 멈추지 않고 수일 후에 다시 일어나 하나님 앞에 무릎을 꿇었다. 하나님을 믿는 사람으로서 그는 자신의 아픔과 고통을 하나님과의 대화 속으로, 하나님과의 관계 속으로, 하나님과의 커뮤니케이션 속으로 가지고 들어갔다. 하나님을 전지전능하신 분이라고 믿는다면, 하나님이 진짜로 어느 곳에나 계시고(omnipresent), 무엇이든지 아시고(omniscient), 무엇에나 능하시다는(omnipotent) 사실을 사실로 믿는다면 우리는 마땅히 인간의 한계를 인정하고 하나님과의 관계 속으로 현재 당면한 문제를 가지고 들어가는 것이 맞지 않을까? 때로는 발등에 떨어진 불을 끄느라 무의식적으로 눈앞에 보이는 힘 있는 사람에게 먼저 손을 뻗치고 도움받을 길을 애써 찾아보지만 결국 하나님의 살아계심을 믿는 우리의 도움은 오직 하나님께로부터 오는 것이라는 사실을 인정하지 않을 수 없다.

현재의 상황에서 자신이 할 수 있는 것이라고는 이렇게 앉아 울 수밖에 없다는 사실을 확실하게 인지한 느헤미야는 이 문제를 가지고 하나님과의 관계 속으로 들어가기로 결심하였다. 그래서 그는 기도의 형태를 취하기 시작했다. 이것을 오늘의 방식으로 무릎을 꿇고 두 손을 모으고 눈을 감고 기도하는 형태로만 상상할 필요는 없을 것이라고 본다. 종교의 형식을 취하지 않고도 얼마든지 하나님과 대화가 가능하고, 하나님과 교제할 수 있다는 사실은 이미 잘 알려진 사실이다. 우리는 너무 종교의 형태를 취하는 것에 익숙해 있다 보니 무릎을 꿇고 두 손을 모으고 30분만 눈을 감았다가 뜨고 나면 마치 하나님과 깊은 관계를 맺었던 것 같은 생각으로 나머지 시간을 자유함으로 보내는 경우가 얼마나 많은가? 종교적 의식을 취하지 않고서도 하루 24시간 모두가 하나님께 속해 있고, 하나님과의 관계를 유지할 수 있다는 사실을 우리는 너무나도 쉽게 종교의 형태로 무너뜨리곤 한다. 물론 무릎을 꿇고 손을 모아 눈을 감고 기도하는 것의 부정적인 것을 언급하는 것이 목적은 아니다. 하지만 걸을 때도, 밥을 먹을 때도, 누군가와 대화를 할 때도, 기쁠 때도, 슬플 때도, 답답할 때도, 언제 어느 곳에서든지 하나님의 자녀들은 하나님과의 관계를 의식하며 살도록 창조되었음을 인지하며 살아야 할 것이다.

느헤미야는 수일을 통곡하고 나서 하나님 앞에 금식하며 조용히 앉아 하나님과의 깊은 관계 속으로 들어가지 않았을까 상상해 본다. 잠시의 기도 형태만 취하여 풀어나갈 수 있는 문제가 아니었기 때문이다. 어쩌면 이미 바벨론의 정치에 몸을 담고 있었던 사람이었기 때문에 자신의 조국인 이스라엘의 아픔이 더 크게 다가왔을 것으로 추측해 본다. 따라서 그에게는 예루살렘을 중심으로 발생하고 있는 주위 나라의 정치적 공격이 너무나도 고통스럽고 힘들게 느껴졌을 것이다. 결국 그는 식음을 전폐하며 하나님 앞으로 나아갔다. 여기에 하나님을 믿는 자와 믿지 않는 자의 차이가 있으며, 어린 아이의 신앙과 성숙한 신앙의 차이가 있다.

어려운 문제에 당면했을 때 가장 먼저 나와 연관된 인맥을 떠올리느라 머리를 뱅글뱅글 굴리지 않고 즉각 자동적으로 하나님을 찾는다는 것은 마음의 모든 생각이 전지전능하신 하나님과 인간의 생사화복을 주관하시는 하나님에 대한 믿음으로 꽉 차 있음을 드러내는 것이다. 자신이 해결할 수 없는 문제를 즉시 하나님과의 커뮤니케이션으로 승화시키는 모습이야말로 하나님을 믿는 자, 하나님의 능력을 안다고 하는 자, 소위 기독교 안에서 지도자라 일컬어지는 모든 자가 마땅히 행해야 할 자세라 하겠다. 자세를 떠나 문제의 발원지가 우리 인간이고, 문제의 해결이 하나님에게 있는 것이니, 마땅한 판단이 아닐까 한다. 잠시의 갈등은 피할 수 없는 것이라 하겠지만 결국 문제의 해결책이 주님에게 있으니 주님에게로 나아가는 것이 마땅한 것이리라.

이왕에 하는 하나님과의 커뮤니케이션, 하나님의 법에 따라 제대로 해야지 (1:5-11)

자신에게 주어진 어려운 문제를 붙들고 혼자서 해결해 보려고 애를 쓰는 모습은 아주 자연스러운 보통 사람의 모습이다. 신앙이 없어 보인다는 과소평가의 대상은 아니라고 본다. 발버둥도 쳐보고, 몸부림도 치다가 결국은 하나님 앞에 주저앉아 흐느껴 울기도 하고, 금식도 하면서 모든 문제를 하나님 앞으로 끌고 나오는 사람들은 어찌 되었건 귀한 믿음의 소유자들이다. 세상에서 표현하는 진인사대천명(盡人事待天命, 사람으로서 할 수 있는 최선을 다한 후에 하늘의 뜻을 기다린다)을 기독교적으로 다시 표현하자면 "사람으로서 할 수 있는 최선을 다한 후에 하나님에게 모든 것을 맡긴다"는 내용으로 바꾸어 말할 수 있다. 어쨌든 끝까지 나의 손안에서 모든 해결책을 마련하겠다는 아집만큼은 우리 그리스도인이 지양하여야 할 모습이 아닐까?

특히 지도자의 위치에 있는 사람들이 아주 조심해야 할 부분이 바로 이것이다. 특히 기독교인 지도자들은 하나님이라는 이름을 입에 붙이고 살면서 하나님의 뜻, 기도 등의 거룩한 용어를 습관처럼 달고 살다 보니, 막상 주님에게 문제를 들고 나아가야 하는 시점에서도 자신이 하나님 앞에 무릎을 꿇고 당면한 문제를 하나님 앞에 내놓고 있는 상태인지 아닌지조차 판단하지 못하고 머뭇거릴 때가 많다. 어쩌면 지도자들이 제대로 정신을 차리고 하나님 앞에 똑바로 앉아 하나님을 바라보며 맑은 정신으로 문제를 제대로 상의하기만 해도 해결할 수 있는 문제들이 참으로 많을 것이라는 생각도 든다. 거꾸로 말해 이렇게 하지 않음으로 인해 문제를 붙잡고 밑에 깔고 앉아 뭉개면서 작은 문제를 더 크게, 소수의 사람만 다쳐도 될 일을 다수의 사람을 무너뜨리고 넘어뜨리고 하나님을 떠나게 하는 경우가 얼마나 많은가?

그런데 더 큰 문제가 있다. 자신의 문제를 하나님 앞으로 들고 나가는 마음가짐이다. 어쩌면 많은 사람이 별생각 없이, 아니 오히려 습관적으로, 자신은 그리스도인이니까, 더 나아가 자신이 다른 사람들을 이끄는 지도자이니까 조그마한 문제든 큰 문제든 하나님 앞으로 가지고 나가서 해결하고 있다고 말할 수 있다. 하나님과의 참신한 관계 속에서 진실된 마음으로 하나님 앞에 무릎을 꿇고 기도를 드리는 마음가짐보다는 종교의 습관적 행위를 반복하는 모습을 지적하는 것이다. 해결하기 어려운 문제이다. 이와 같이 의미 없는 종교적 행위를 유지하면서도 스스로 생각하기에는 대단히 훌륭한 신앙인이라고 생각했던 바리새인들을 향해 예수님이 언급했던 참담한 표현을 우리는 잘 기억하고 있다. 오늘날의 좀 강한 표현으로 말해 보자면, "진짜 참다 참다 너무 더러워서 하는 말인데, 입만 열면 독기를 뿜어내면서도 향기로운 냄새만 풍긴다고 스스로 착각하는 이 사탄의 자식들아! 겉으로는 선한 표정으로 말하며, 스스로 믿기를 진짜 신자인 것처럼 말하고, 스스로를 아주 거룩하고 흠 없는 신앙인이라고 믿지만 실제로는 송장 썩는 냄새를 푹푹 풍기고 있으면서 그것도 모른 채 깨끗한 척은 도맡아 하는 이 더러운 놈들아!"와 같은 내용이다.

예수님이 실제로 바리새인들에게 말씀하고자 하신 것은 도대체 무슨 내용일까? 형식뿐인 종교적 의식을 행하므로 누구보다도 말씀을 잘 지키는 의로운 자라고 스스로 만족하며 착각 속에 사는 이러한 사람들을 하나님께서는 정말로 역겨워하신다는 사실 아닐까?

예전의 어느 한 형제가 떠오른다. 속으로는 상대방을 미워하면서, 심지어 혐오하는 표현으로 뒷담화를 하더니 정작 그 사람 앞에서는 "주의 사랑으로 사랑합니다"를 서슴없이 잘도 말하던 그 모습을 지켜보고 있자니 참으로 죽을 맛이었다.

종교화된 신앙은 썩은 냄새를 풍긴다. 세상에서 하나님을 알지 못하는 사람들보다 더 정직하지 못하고, 더 미워하고, 더 품어주지를 못하면서 온갖 종교적인 표현은 다 갖다 붙인다. 나도 지긋지긋한데 하나님은 어떠실까? 이럴 때마다 떠오르는 말씀은 이사야 1장의 내용이다. "성회와 아울러 악을 행하는 것을 내가 견디지 못하겠노라!" "제발 나의 이름을 걸고, 나의 이름으로 모이면서 악을 행하는 것을 내가 혐오하노라"는 말씀이 바로 이러한 모습을 두고 하시는 말씀이 아닐까? 그렇기 때문에 우리는 말로만이 아니라 온 마음을 다해 하나님과 제대로 된 커뮤니케이션을 해야 한다. 그냥 느낌으로, 습관적으로, 의식적으로 하나님 앞으로 나왔다고 하나님께서 다 받아들이시는 것은 아니라는 말이다. 그냥 느낌으로, 습관적으로, 일방적으로 하고 싶은 말만 하는 것이 아니라 하나님 앞에서도 하나님을 믿는 자로서의 예의와 법도를 지켜 소통해야 한다.

　인격을 가진 사람들 간에는 어느 정도 필요한 격식이라는 것이 있다. 많은 사람이 오해하는 것 중의 하나가 이 부분이다. "내 마음이 중요하지 무슨 격식이 필요해?"라고 말하며 자신의 방식대로 일을 처리하려는 사람들이 있다. 이러한 사람들은 아주 이기적인 사람이거나, 안하무인인 무례한 사람이거나, 무식한 사람이거나, 아니면 앞의 둘 또는 셋 모두에 해당하는 사람일 것이다. 그러면서도 다른 사람이 예의와 격식 없이 자신에게 다가오면 화를 내고 성을 내는 사람이다.

　나이가 비슷한 형제와 자매 사이에도 서로의 인격이 존재하기 때문에 격식이 필요하며, 부모와 자식 간에도 서로에게 합당한 격식을 유지할 필요가 있다. 성도와 성도 간에, 목사와 성도 간에, 동역자들 간에, 친구들 간에 등등 인격을 가진 모든 사람의 만남 속에는 격식이라는 것이 항상 존재한다. 약혼식, 결혼식, 장례식, 생일 파티 등등 모두가 사람들이 모여 사는 커뮤니티 안에서 격식을 갖추는 것이다. 요즈음 세대에서는 이러한 격식을 타파하는 것을 자유라 표현하고, 멋있다고 말을 하는 경향이 있지만 엄밀하게 말하면 하나님이 갖추어 주신 인격과 인격 사이에 필요한 것들을 파괴하는 행위를 사탄이 보기 좋게 위장시키는 작전에 넘어가는 것일 뿐이다.

약혼이라는 것은 우리 둘이 앞으로 결혼을 약속한 사이이니 잘 지켜봐 주고 우리 둘이 함께 다니는 것을 이상하게 보지 말기 바란다는 등 여러 뜻을 포함하고 있는 격식이며, 함께 사는 커뮤니티에 대한 예절이다. 결혼이라는 것 역시 선언의 의미가 더 큰 것이 아닌가? 이제부터 이 사람은 나의 아내이고, 저 사람은 나의 남편이라는 선언을 통해 커뮤니티 안에서의 혼란을 막고 질서를 유지하기 위한 귀중한 격식이 아닌가? 이러한 것들을 자유를 억압하는 모습으로 보고 참 자유를 누리기 위해 이러한 격식을 타파하고 살기 시작한 어느 사회가 도덕적으로 윤리적으로 선을 유지하며 살고 있다는 본보기를 제시하고 있는가? 형제 사이에서도 어떤 형제는 생일을 귀하게 여겨 다른 형제의 생일을 잘 챙겨주곤 하는데, 또 다른 형제는 그럴 필요가 있나 서로 귀찮게 하지 말고 외적인 격식은 갖추지 말자면서 다른 형제들의 생일을 그냥 계속해서 지나쳐 버린다면, 과연 형제라는 인격체 간의 관계가 잘 유지될까? 사소하게 보여도 격식이라는 것은 인간관계 안에서 참으로 중요한 역할을 하는 것임을 잊어서는 안 될 것이다.

기독교 안에 존재하는 많은 종류의 성례와 예식 그리고 절기 등이 인격을 가진 인간이 신격을 갖고 계신 하나님에게 격을 갖추는 목적으로 주어졌다고 필자는 이해한다. 능력으로만 볼 때는 눈에 보이지 않는 천사들을 통해서도 얼마든지 사람들을 통치하실 수 있는 하나님이시지만, 하나님은 그 방법을 사용하시지 않고 굳이 눈에 보이고 유한한 인간을 통해 세계의 역사를 이끌어 오셨다. 무엇이라고 따질 일이 아니라 그냥 하나님께서 이 세상을 향해 세워 놓으신 질서라고 받아들이면 되는 것이다. 하나님을 믿으면 되었지 굳이 세례를 받아야 하나? 왜 하나님은 굳이 어린아이의 양피까지 베어 할례를 받게 하셔야만 했을까? 예수님께서 돌아가신 것을 다 아는데 꼭 떡을 떼고 포도주를 마시면서 예수님의 돌아가심을 기념하는 성찬 예식을 해야만 하나? 이런 식으로 질문해 볼 내용들이 많다. 그럼에도 불구하고 우리는 매년 지내는 크리스마스도, 매년 지내는 추수감사절도, 매년 기념하는 고난주간과 부활절 예배도, 그리고 성찬식이나 세례식도 끊임없이 하는 것이다. 이것을 습관적으로 지키면 형식적인 예식이 될 것이고, 마음을 다하여 지키면 신격을 향한 우리 인격체들의 성스러운 예법이 될 것이다.

하나님과 커뮤니케이션을 할 때도 동일한 격식은 필요하다. 왜 예수님께서는 굳이 너희가 기도할 때에는 이렇게 기도하라고 하시면서 우리에게 주기도문의 내용을 가르쳐 주셨을까? 제발 주문 외우듯이 중얼중얼하는 내용이 너무 안타깝다고 느끼셨기 때문이다. 느헤미야는 자신에게 주어진 문제들을 붙들고 한참 씨름한 후에 금식의 형태로 문제를 하나님 앞으로 들고 나갔다. 그런데 그가 하나님 앞에 마음을 가다듬고 앉아 하나님과 함께 교제하는 내용을 살펴보면, 일방적으로 외쳐버리고 끝내는 종교적 기도의 모습이 아니라 성장한 아들이 아버지와 함께 마주 앉아 현재 일어난 문제들을 분석하고 그 분석된 문제들을 아버지와 더불어 깊이 상의하는 모습으로 비추어진다. 마치 예수님이 제자들에게 가르쳐 주신 기도법을 미리 공부한 사람 같다는 생각이 든다. 그렇기 때문에 하나님과 그의 만남은, 그리고 만남 속에서 나누어진 대화는 추상적이지 않고 모호한 느낌을 주는 내용이 없다.

나는 가끔 아내의 불만 섞인 투정에 당황스러움을 느낀다. 내용은 관심과 사랑에 대한 투정이다. 요약하자면 이렇다. "당신은 나하고 마음을 맞추어 대화하는 거예요? 아님 그냥 마주만 보고 있는 거예요? 내가 말을 해도 듣지 않는 것 같고, 나에게 집중하지 않는 것 같아요. 당신은 나를 사랑하나요?" 이러한 불만스러운 표현을 접하게 되면 순간적으로 공격을 받는 듯한 느낌이 들면서 참 당황스럽다. 왜냐하면 나는 나에게 가장 귀한 사람인 아나를 사랑한다고 믿고 있고, 늘 아내에게 집중하고 있다고 생각하는데 아내가 이러한 식으로 표현을 해오면 내 마음은 어찌 대처해야 맞는 것인지 순간적으로 궁색해지기 때문이다.

사람과의 대화에 있어, 그리고 사람 간의 교제에 있어 가장 중요한 것 중의 하나는 상대방에 대한 인정이다. 그러므로 인정한 만큼의 표정과 말투와 행동이 따라야 하는 것이다. 더욱이 요즘처럼 SNS로 의사소통을 할 때는 나름대로 지켜야 할 예의가 있다. '읽씹'이라고 하던가? 내가 보낸 글에 대해 아무런 반응이 없을 때, 사람들은 상대로부터 무시당했다는 느낌을 받게 된다. 그것은 내가 중요한 사람으로 인정받지 못했다거나 상대로부터 거절당했다는 생각이 들기 때문일 것이다. 내가 그렇게도 그리워하던 사람에게서 문자가 왔다면, 혹은 유명한 그 누구가, 힘 있는 누군가가 나에게 문자를 보냈다면 과연 우리는 어떻게 반응을 할 것인가? 그냥 문자를 읽고 묵묵부답할 수 있을까? 아마도 당장 답을 보내겠지. 그만큼 그 상대는 나에게 중요한 존재라는 표시인 것이다. 이렇듯 SNS로 의사소통을 할 때는 상대방을 배려하고 존중하는 예의가 필요하다.

아마 현대 IT 제너레이션에 사는 모두에게 있어 이전에는 경험해 보지 못했던 커뮤니케이션의 한 반응 예절(responding manner)이라고 표현해 볼 수도 있겠다. 이러한 이유로 나는 아내가 보내는 메시지의 소리를 특별하게 설정해 놓았다. 설교나 강의 시간을 제외한 모든 시간에 즉시 읽고, 즉시 응답하려고 노력한다. 이것이 사랑하는 아내에 대한 요즘 세대식 예의라 생각하기 때문이다.

모든 분야의 예절은 내가 상대하고 있는 사람에 대한 '마음'이다. 마음이 없이 마주 앉아 대화하면 그 대화 속에 예절이 포함되기 어렵다. 상대방이 말을 할 때 들어주는 자세, 얼굴의 표정, 언어상의 표현 등 예절을 갖춘 행동을 통해 마음이 표현되는 것이다. 이제는 4차 산업 혁명을 말하는 시대에 들어섰기 때문에 거기에 걸맞은 예절이 생겨나야 할 것이다. 영화로만 보던 공상 과학의 내용이 이제 서서히 현실로 나타나는 시대가 되고 있다. AI가 사람을 대신하여 전화를 받고, SNS를 해주는 등 인격적 관계를 형성하기 힘들어지는 시대에 접어드는 것이 아닌가 걱정이 된다. 이것이 나 같은 기성세대들에게는 어려운 일이겠지만 젊은 세대들에게는 지극히 자연스러운 과학의 발달 중 하나일 것이다.

그럼에도 불구하고 AI가 해줄 수 없는 것은 인격적인 관계의 유지이다. 이미 입력된 다양한 정보로 사람보다 더 효율적인 일을 해낼 수도 있겠지만 감성의 흐름 속에 유지되는 관계만큼은 결코 과학의 산물이 도울 수 있는 것은 아니다. 따라서 남편과 아내가, 부모와 자식이 함께 앉아 대화할 때에 진심으로 정성을 담는 것은 참으로 중요하다. 마음속에 가지고 있는 사랑, 존중, 미움과 같은 생각들은 얼굴의 표정과 말투와 자세 속에서 표현되어 나오는 것이기 때문에 때로는 서로를 오해하여 상황이 악화하기도 하고, 때로는 오래 묶여있던 문제들이 풀릴 수 있는 채널의 역할을 하기도 한다. 서로가 가진 생각의 차이로 의견이 일치하지 않을 수 있겠지만 진심을 담아 대화에 임하는 것은 상대방을 인정하고 상대방의 인격을 존중하는 중요한 대화법이라고 하겠다.

핸드폰에서 잠시만 눈을 떼어도 그룹에서 무슨 얘기가 오고 갔는지를 알 수 없을 정도로 대부분의 의사소통이 SNS로 이루어지고 있는 세상이지만, 또 부부가 마주 앉아 각자의 핸드폰에 빠져있는 모습이 일상이 된 세상에 살고 있지만, 우리 부부는 한 가지 노력을 한다. 하루 중 함께 마주 앉아있는 시간엔 가능한 핸드폰을 내려놓고 서로에게 충실하려는 노력이다. 이것이 서로를 인정하고 존중한다는 속마음의 표현이 아닐까 생각해본다.

느헤미야는 하나님과 마주 앉아 제일 먼저 "하늘의 하나님 여호와 크고 두려우신 하나님이여"(1:5)라는 말로 기도를 시작한다. 이 말은 대단히 중요한 표현으로 이해해야 한다. 우리가 가끔 하는 실수 중의 하나는 자주 만나는 사람이기 때문에 상대방에 대한 인정을 게을리하는 경우이다. 자주 만난다고 하여 마주친 사람에게 아무 말도, 아무 표정도 짓지 않고 그냥 지나치는 것은 그 사람을 무시하는 것처럼 전달될 수 있다. 함께 사는 아내에게도, 남편에게도, 또는 연세 드신 부모님에게도, 그리고 이웃에 사는 연세 드신 할아버지 할머니에게도 인사말과 더불어 "할머니, 오늘 예쁜 옷 입으셨네요! 아주 보기에 좋아요!" "할아버지, 오늘 혈색도 좋으시고 건강해 보이시네요. 멋지십니다!"라고 인정해주는 말은 그분에게 최대한의 기쁨을 선사하는 말이 아닌가? 누구든지 어떠한 형태로든지 자신이 인정받는 것에 대해 마음이 상하는 사람은 없기 때문이다.

어떤 경우에는 당면한 문제를 상의하기 위해 찾아온 사람이 문제의 구체적 내용 보따리는 풀지 않고 그저 멍청하니 침묵하고 있다가, 힘들게 입을 열어서는 아무렇게나 입에서 나오는 대로 말을 해대기도 한다. 마치 본인이 찾아오면 무조건 들어주어야만 하는 AI 상담자 정도로 생각하는 것 같은 무례한 느낌이 들기도 한다. 상담을 위해 왔으면 정확한 내용을 들고 상담해야 하지, 불쑥 찾아와서 정리되지도 않은 말만 두서없이 말하다 가는 사람과 어느 누가 대화하고 싶겠는가? 자문을 구하기 위해 온 사람은 마땅히 정신을 똑바로 차리고, 단정한 모습으로, 꼭 이분을 뵙고 내가 문제를 해결해야 하는 마음을 가져야 한다. "선생님, 언제나 제가 문제를 갖고 올 때마다 저에게 지혜를 주셨던 선생님에게 오늘도 문제가 있어 지혜를 구하고자 찾아 왔습니다. 만나 주셔서 너무 감사를 드립니다"와 같은 태도를 유지할 필요가 있다. 이러한 이유 때문에 하나님 앞에 문제를 들고 나오는 사람 역시 중언부언하면서 기도하는 것은 마땅치 않다.

예수님께서 친히 제자들에게 '주기도문'을 통해 기도하는 법을 가르쳐 주셨다. 습관적인 만남, 무슨 말을 하는지 알아들을 수 없는 중언부언의 내용을 원하시지 않기 때문이다. 하나님이 보이지 않는다는 이유로 마치 추상적인 존재를 대하듯, 아무 때고 입 벌려 말하면 들어주는 로봇과 같은 존재로 여긴 듯, 언제든지 전화로 짜장면을 주문하면 집 앞까지 배달해주는 배달부 같은 존재로 여기며 대화할 대상이 아니라고 성경은 가르친다.

커뮤니케이션이 중요하다 해도 아무렇게나 진행되는 것이 아니고, 인격과 인격의 만남에도 예절과 질서가 있듯이 사람과 하나님의 만남, 즉 인격과 신격의 만남에도 예절과 질서가 있음을 잘 기억해야 한다. 우리의 모습이 어떻든지 간에 어려움이 생겼을 때 전지전능하신 하나님을 찾아 나온다는 것 그 자체를 귀하게 보시겠지만, "하늘의 하나님 여호와 크고 두려우신 하나님이여!"라고 외치는 부르짖음 속에는 '하나님의 위대하심을 인정하며, 불꽃 같은 눈으로 감찰하시는 하나님 앞에서 말씀에 순종하며 살겠다'는 마음의 고백이 깔린 것이 분명하다.

필자는 하늘 아버지 앞에 정식으로 앉을 때마다 이 시간을 가장 중요하게 생각하는 편이다. 먼저는 하나님 아버지는 내 눈에 보이지 않는다. 보이지 않는 하나님이지만 나는 이 하나님이 내 안에 계심을 분명히 믿는다. 그러나 죄성을 가지고, 죄악이 만연한 이 세상에 살면서 순간순간 주님을 느끼고, 주님에게 이 말 저 말을 하며 살면서도, 정작 좀 더 시간을 갖고 그분과 앉아 기도로 대화를 하려고 하면 시간이 걸리곤 한다. 무엇보다 하나님이 우리의 눈에 보이지 않기 때문이다. 육체의 눈으로는 볼 수 없지만 살아 계시고 함께 하시는 하나님이라는 사실을 믿기 때문에 우선 그분을 부르고 인정하면서 대화를 시작하곤 한다.

그러나 워낙 죄 많은 인간인지라 크고 두려우신 여호와 하나님을 부르며, 아버지의 임재 가운데 들어가 그분과 온전하게 초점을 맞추기까지는 시간이 오래 걸린다. 내가 현재 대화하는 대상이 보이지 않는다는 자체가 사실 의식을 갖고 대화하기에는 너무 힘들다. 안 그런가? 아직도 기억나는 것이 있다. 그것은 라디오 방송 인터뷰 때였다. 인터뷰 요청이 들어와서 갔는데 나에게 질문하는 진행자는 내 옆에 앉아있고, 마이크는 내 앞에 있었다. 이어폰을 끼고 귀가 꽉 막힌 상태로, 아무도 없는 허공에 대고 말을 하려니 도무지 집중할 수 없었다. 청취자들은 전파를 통해 아마 내 숨소리까지도 분명하게 들었겠지만 나로서는 아주 힘들었던 경험이었다.

메아리조차 들리지 않는 적막함을 뚫고, 시공을 초월하여 바로 내 옆에서 듣고 계신다는 믿음으로, 보이지 않는 하나님과 주파수를 맞추어 영적인 대화를 시작하는 것은 결코 쉬운 것이 아니다. 그래서 "천지를 창조하신 창조주 하나님" "나도 셀 수 없는 나의 머리털까지 다 세고 계시는 전능하신 하나님" 등등 내가 이해하고 믿고 인정하는 하나님에 대해 반복적으로 인정하고 확인하면서, 바로 그분과 함께 앉아있음을 확실하게 믿으며 대화를 진행하는 것이 가장 중요한 첫 번째 순서이다. 그분과의 독대의 시간은 그분을 인정하고 바로 그분 앞에 앉아있음을 확인하는 시간이다.

자칫하면 사람과 사람 사이의 관계에서는 아부로 느껴질 수도 있는 표현이 하나님과의 대화 속에는 필요하다. 즉 "이 세상에서 나를 가장 잘 아시는 하나님!" "아무도 알 수 없는 나의 깊은 생각 중에서도 아주 미묘한 부분까지 다 아시는 주님!"과 같은 표현을 말한다. 이것은 어떤 면에서 보면 예수님을 옆에서 직접 경험한 사도 요한이 "우리가 들은 바요 눈으로 본 바요 자세히 보고 우리의 손으로 만진 바라"(요일 1:1)고 표현한 내용과 크게 다르지 않다. 물론 지금 우리 중에 이천 년 전 예수님의 음성을 직접 듣고, 그분의 얼굴을 직접 보고, 그 손의 못자국을 만져 본 사람은 없다. 그럼에도 불구하고 우리는 그분을 본 것처럼 믿고, 만져본 사람처럼 그분의 존재를 인정하고 있지 않은가? 이것 역시 그저 주어지는 것은 아니다. 하나님을 경험하지 않고서는 그분을 인정한다는 것은 사실상 있을 수 없는 일이다.

필자 역시 아주 드물게 '내가 진짜 하나님의 실존을 믿고 인정하나?' 하는 생각이 스쳐감을 부인할 수 없다. 이럴 때 그냥 묻지도 말고 따지지도 말고 무조건 믿으면 된다고 말하는 것은 비이성적 신앙일 수밖에 없다. 신앙이 어찌 이성적인가 하고 덤벼드는 사람에게 이성적으로 설명하는 것은 쉽지 않지만, 그러면 신앙이 왜 비이성적이어야만 하는가 라는 질문에 그들 역시 답을 할 수 있어야 할 것이다. 보이지 않는 신의 존재를 믿는다는 것 자체가 이성으로 설명할 수 있는 것은 아니지만 눈에 보이지 않는 영성이기 때문에 이성이 배제되어야만 한다는 것 또한 하나님의 이성과 지성을 무시하는 행동으로 받아들여질 수 있다. 혹세무민(惑世誣民)하는 식으로 하나님이 우리에게 주신 영성을 해석하면 안 된다. 그렇다고 이성이 영성을 앞선다는 것 역시 아니다. 눈에 보이는 것과 눈에 보이지 않는 것을 나누어 생각하면 이성과 영성을 나눌 수 있겠지만, 실제로 눈에 보이는 것도, 보이지 않는 것도 다 한 가지로 엮여 있는 것이기 때문에 나누어질 수 있는 것이 아니다.

이전의 사울과 사도 바울을 갈라놓은 사건은 다메섹 도상에서의 사건이다. 바울에게서 다메섹 도상의 사건을 빼고 사울과 바울의 다른 점을 말하라고 하면 아마도 답하기 어려울 것이다. 이러한 다메섹의 사건은 하나님께서 강권적으로 역사하신 특별한 사건이다. 어떠한 것으로도 설명하기 어려운 사건이다. 직접적인 하나님의 개입을 인간의 이성으로 설명하는 것은 어려운 일이다. 그러나 그 사건을 통해 사도 바울은 제자들과 동일하게 예수님을 만나고 보고 듣고 만져보지는 못했어도 그와 거의 똑같은 경험을 할 수 있었다.

　나 역시 이와 대동소이하다. 대학교 1학년 때 주님을 직접 경험했던 그 사건을 통해 2,000년 전의 사도들이 만났던 그 예수님을 만나게 되었고, 다메섹 도상의 사건을 통해 하나님을 체험하였던 사도 바울과 같이 하나님의 직접적인 역사를 경험하였다. 예수님을 보지는 못했어도, 그분의 얼굴과 그 손의 못자국을 직접 만져보지는 못했어도, 십자가상에서의 희생과 헌신을 옆에서 직접 지켜본 것 같은 느낌이 나에게는 늘 선명하게 남아있다. 무엇보다도 하나님을 경험하기 전과 하나님을 경험한 후의 달라진 나의 모습은 하나님을 만난 이 사건을 빼고는 도저히 설명할 수 없다. "나를 흑암에서 광명으로 이끌어 내신 주님!" "어둠의 권세 아래서 방황하던 나에게 영생의 소망과 세상에서 도저히 얻을 수 없는 평화를 허락하신 나의 주님!"이라고 다시 한 번 되새기며 나는 주님 앞에서 기도의 문을 연다.

　삶의 순간순간 하나님을 경험하며 살아온 느헤미야는 하나님과 만나는 시간마다 자신이 경험한 주님의 속성에 대해 정직한 표현을 히면서 주님과의 대화 속으로 들어갔을 것이다. 대화의 주제에 따라 하나님과의 대화를 어떻게 시작할지를 생각하며 교제의 문을 열었을 것이다. 어쩌면 현재 느헤미야가 처한 상황에서 하나님으로부터 가장 바라는 것이 있었다면 '긍휼'이었을 것이다. 지금 이스라엘의 온전한 회복을 간절히 바라고 소망하는 상황 가운데 하나님께 꼭 받아야 하는 것은 바로 '하나님의 긍휼'이었다. 그래서 그는 자신이 경험한 내용에 근거하여 하나님께 먼저 "주를 사랑하고 주의 계명을 지키는 자에게 언약을 지키시며 긍휼을 베푸시는 주여"라고 인사말을 시작한 것이다. 진심으로 믿고 있는 마음의 표현, 일종의 신앙 고백인 것이다.

하나님과 커뮤니케이션하려는 자
정직을 유지하라

오래전이긴 하지만 잊히지 않는 두 사람이 있다. 전혀 다른 나라에서, 전혀 다른 시간대에 알게 된 이 두 사람에게서 들은 동일한 말이 늘 기억에 남아있다. "내가 어느 사람과 다툼이 있은 후에 주님 안에서 가만히 기다리다 보면 늘 그들이 내게 찾아와서 자신이 잘못했다고 말을 하더군요." 처음 이 말을 들었을 때 나는 신학생이었다. 나는 이 말을 들으면서 "그렇게 생각하기도 하는구나!" 정도로 생각했다. 하지만 후에 그분의 생활과 그분이 갈등 해결을 하는 모습을 바라보며 그 말의 뜻을 이해할 수 있었다. 그리고 다른 한 분이 같은 내용의 말을 했을 때는 이미 경험하였기 때문에 그 말을 들으면서 즉시 "아하! 이분도 이런 부류의 사람이구나!"로 성향 파악을 할 수 있었다. 이 두 사람의 평소 생활을 유심히 살펴보면 늘 자기 의에 맞추며 살려고 애를 쓰는 모습이 보였다.

예를 들어 보자. 한 사람은 신학교 시절을 함께 보냈던 분이다. 신학교 강의실과 기숙사 사이에 있는 푸른 잔디밭 중간에는 잔디밭을 가로질러 건너가는 사람들의 발자국이 만들어낸 오솔길이 나 있다. 길을 따라 걸어가려면 빙 돌아가야 하니까 대부분 학생이 지름길로 애용하는 길이다. 어느 날 그분과 함께 수업을 마치고 나와서 기숙사로 가려고 평소에 가던 그 오솔길로 들어섰다. 그런데 그분은 아무 소리 없이 알 수 없는 미소를 지으며 길을 따라 빙 돌아 걸었다. 나중에야 나는 그 야릇한 미소의 의미를 알게 되었다. 그분은 소위 기도하는 사람이었다. 그리고 자신이 판단할 때 옳지 못하다고 생각하는 것은 하지 않으려고 애를 쓰는 사람이었다. 그런데 어느 날 어떤 사건을 놓고 처리하는 모습을 옆에서 지켜보니 이 사람이 그렇게 하는 것 하나하나가 자신의 의로움으로 축적되고 있었음을 알 수 있게 되었다.

예수님께서 하신 재물을 드리기 전에 혹시 형제와 화해할 일이 있으면 먼저 가서 화해하고 오라는 말씀은 이 사람에게는 적용되지 않는 내용이다(마 5:23-24). 왜냐하면 자신이 하는 일과 유지하는 삶의 모습 가운데에서 자신이 잘못하는 경우가 거의 없다고 판단하고 있으므로 자신이 가서 사과하거나 화해할 필요가 없다고 믿고 있기 때문이다. 아마도 아내와 자식과 함께 하는 모든 지인에게 똑같이 적용되고 있지 않을까 생각한다. 선한 얼굴에 야릇한 미소를 늘 간직하고 있지만 그 미소 속에 담겨있는 탄탄한 의로움은 사람으로서는 깨뜨리기 어려운 철 그릇이 아닐까 하는 생각이 든다.

또 다른 한 사람 역시 조용한 미소를 머금은 의로운 사람이다. 늘 남을 위해 무엇인가 하려고 애를 쓰고, 가난한 사람, 가난한 모습 속에 할 일을 찾고 은혜를 찾으려고 한다. 그러나 막상 이상과 현실 사이에서는 많이 힘들어한다. 가난한 사람들을 돕고자 하는 이상과 가난으로 인한 실제적 어려움에서 오는 괴리감으로 많이 갈등하고 있음이 보였다. 사실 가난한 사람들을 내 몸과 같이 돌보며 함께 살고 싶다는 이상적인 생각과 실제로 그들과 똑같이 힘도 없고 돈도 없는 가난한 사람이 되어 열악한 환경 속에서 산다는 것은 완전히 다른 별개의 문제이다. 가난한 사람들을 위해서 살고 싶지만, 정작 가난한 사람이 되고 싶지는 않다는 것이 가장 솔직한 심정이 아닐까? 그러면서도 극구 가난한 사람들을 위해 희생하며 살겠노라 외치며 그런 자신을 의롭다고 믿는다. 그래서 이 사람 역시 "누군가와 문제가 생겼을 때 가만히 기도하고 있으면 다툰 상대방이 먼저 와서 사과를 하더군요"라고 말하는 것이 자신에게 주어지는 일반적 현상이라고 아무렇지도 않게 말을 한다.

예수님께서 하신 말씀을 한 번 인용해 본다. "또 자기를 의롭다고 믿고 다른 사람을 멸시하는 자들에게 이 비유로 말씀하시되 두 사람이 기도하러 성전에 올라가니 하나는 바리새인이요 하나는 세리라 바리새인은 서서 따로 기도하여 이르되 하나님이여 나는 다른 사람들 곧 토색, 불의, 간음을 하는 자들과 같지 아니하고 이 세리와도 같지 아니함을 감사하나이다 나는 이레에 두 번씩 금식하고 또 소득의 십일조를 드리나이다"고 말씀하시면서 "무릇 자기를 높이는 자는 낮아지고 자기를 낮추는 자는 높아지리라"고 결론을 내려 주셨다(눅 18:9-14).

우리가 적어도 아주 아주 최소한 하나님 앞에 앉아서 만큼은 자신을 정직하게 바라볼 수 있어야만 하지 않겠는가? 여기에서 소개한 바리새인의 가장 큰 문제는 하나님 앞에 나오는 그 순간까지도 진정으로 실제로는 하나님에게 나아오지 못하고 있다는 데에 있다. 어둠이 빛 앞에 서고, 죄악이 의 앞에 설 때 나오는 자연적 현상이 없지 않은가? 이 현상은 꾸며질 수 없는 현상이다.

사울이 다메섹 도상에서 처음 경험했던 것이 "홀연히 하늘로부터 빛이 그를 둘러 비추는지라"는 것과 같은 강렬한 빛이었다. 꼭 눈으로 보이는 빛으로 여겨지지는 않는다. 왜냐하면 "같이 가던 사람들은 소리만 듣고 아무도 보지 못하여 말을 못하고 서 있더라"는 상황 설명이 있기 때문이다. 가시적 빛은 아니지만 사울은 어둠에 거하던 사람이기 때문에 빛 앞에 설 때 "땅에 엎드려"라는 반응을 먼저 보인다. 볼 수 없을 정도의 강렬한 빛이라 어쩔 줄 몰라 한다. 그리고 "주여 누구시니이까?"라고 반응한다.

하나님 앞으로 나아갔다고 하면서 스스로 "하나님이여 나는 다른 사람들 곧 토색, 불의, 간음을 하는 자들과 같지 아니하고 이 세리와도 같지 아니함을 감사하나이다. 나는 이레에 두 번씩 금식하고 또 소득의 십일조를 드리나이다"와 같이 말을 한다면 이것은 가짜라고 보는 것이 정확하다. 어느 누가 하나님 앞에 이렇게 당당할 수 있단 말인가? 이렇게 당당한 것은 가짜

다! 이 글을 읽는 독자 중에라도 혹시 "하나님, 나를 저들과 다른 의인으로 만들어 주셔서 감사합니다"라고 당당하게 말을 하는 자가 있다면 본인의 영성을 일단 의심하는 것이 맞을 것이다. 우리는 예수 그리스도의 보혈을 의지하여 법정 '의인'이라는 판정을 받은 자들이기는 하지만, 우리 스스로의 의로움으로 의인 판정을 받은 것이 아니므로 의인이면서도 의로움을 내세울 수 있는 조건을 갖고 사는 것이 허락되지 않는다. 우리는 의인 판정은 받았지만 하나님 앞에 설 때까지 결코 남에게 자랑하고, 남과 비교하여 남을 죄인으로 판단하고 자신의 의를 드러내는 것이 허용되지 않는다.

그럼에도 불구하고 죄성을 소유한 우리 인간은 하나님 앞에서까지도 자신의 허물보다는 문제 발생의 대상에 대한 허물을 들추어내는 경향이 많다. 심지어는 하나님을 서슴없이 원망하기도 한다. 원래 죄인이기 때문에 피하기 어려운 부분이라 하더라도 때로는 좀 심하다 싶을 때가 있다. 에스겔서만 보아도 이스라엘 사람들이 얼마나 자주 자신들의 죄악은 생각하지 않고 조상의 죄악 때문에 우리가 이렇게 고생하고 있다고 불평하고 원망하는 등의 사고 구조가 편만했는지를 볼 수 있다. 우리 인간의 구조상 피하기 어려운 모습임에는 틀림없지만 그럼에도 불구하고 좀 심할 때가 많다. 나에게 발생한 문제를 늘 남의 탓으로 돌리는 것이야 아담과 하와 때부터 이미 시작된 것이기는 하지만 지금까지도 변할 줄 모른다.

자신들의 죄악된 행동은 생각하지 않고 문제가 발생할 때마다 조상들이 지은 죄 때문에 지금의 우리가 이렇게 고생하고 있다고 불평하고 원망하면서 남의 탓으로 돌리는 이스라엘 백성이다. 포로로 잡혀간 원인도 조상의 탓으로 돌리며 급기야는 하나님까지도 원망하던 이스라엘 백성에게 하나님께서는 에스겔을 통하여 "너희가 이스라엘 땅에 관한 속담에 이르기를 아버지가 신 포도를 먹었으므로 그의 아들의 이가 시다고 함은 어찌 됨이냐 주

여호와의 말씀이니라 내가 나의 삶을 두고 맹세하노니 너희가 이스라엘 가운데에서 다시는 이 속담을 쓰지 못하게 되리라 모든 영혼이 다 내게 속한지라 아버지의 영혼이 내게 속함 같이 그의 아들의 영혼도 내게 속하였나니 범죄하는 그 영혼은 죽으리라"(겔 18:2-4)는 말씀으로 분명하게 그들의 잘못된 사고 구조를 지적하시며 책망하셨다.

하나님을 믿는 커뮤니티 안에서의 지도자는 적어도 죄와 허물을 자신에게서 찾을 줄 알아야 한다. 다른 사람을 향해 손가락질하는 것만큼 쉬운 일이 어디 있는가? 죄성을 가진 사람의 자연스러운 특징이 남에게 자신의 문제를 넘기는 것이기 때문이다. 사회가 악해지고, 하나님을 섬기는 기독인들의 모임이 사회에 영향력을 행사하지 못하는 시점을 가만히 살펴보면, 바로 이런 문제가 만연해 있을 때이다. 현재 미국 교회, 유럽 교회, 한국 교회, 중국 교회 등 일반적인 흐름을 객관적으로 바라보자. 젊은 지도자들이 경험 많은 선배 지도자들을 얼마나 존중하며, 어른 지도자들은 젊은 지도자들을 얼마나 인정하며 살고 있는가? 앞에 서 있는 선배들의 조그마한 잘못도 인터넷에 올리고, SNS를 통해 공격하고, 밟고, 씹고, 매장하는 것을 서슴지 않는 시대에 있지 않은가? 조금의 실수도 용납이 안 되는 사회로 바뀌어 가고 있다. 선배도 후배도 어른도 아이도 다 없는 시대로 바뀐다. 이미 바뀌었다고 말하는 것이 맞을 수 있겠다.

하나님의 말씀보다는 소위 '인권'을 우선하는 시대가 되었다. '인권'이라는 단어 앞에 맞설 단어가 전무한 시대로 이미 들어왔다. '인권'이 듣기에는 좋지만 정말로 우리의 고유한 많은 것이 인권의 제물로 바쳐지고 있다. 인권은 평등을 요청한다. 동등함을 찾고, 유지하기 위해서는 동일한 시간대에 서 있는 모든 사람의 '이전'이 무시되어야 한다. 이전에 형편없이 살았던 사람들이 받아야 할 게으름의 대가도, 불의의 대가도 평등 앞에서 최소화되어야 한다. 이전에 열심히 살고, 많은 것을 경험하고, 이루어낸 사람들의 소유가 평등의 이름으로 그렇게 살아오지 못한 사람들에게 분배되어야 한다. 그래도 나름대로 유지하며 살아나가야 할 개인적 부끄러운 부분들, 즉 재산을 축적하는 과정 중에 발생한 약간의 타협이라든지, 자녀를 교육하는 데에 발생할 수 있었던 위장 전입 등등과 같은 여러 문제도 평등이라는 이름으로 발가벗겨져야 한다. 그래서 털어서 먼지 안 나는 사람이 없다는 말은 있지만 털면 먼지라도 나는 것이 사람의 특성이라 진정으로 존중해야 할 대상마저 없어지고 있다. 이런 사람인 줄 알았는데 저런 사람이었구나!

인권의 배경은 인본위주의 철학에 근거한다. 하나님의 가르침 속에는 철저한 평등은 배제된다.

> "네가 네 하나님 여호와의 말씀을 삼가 듣고 내가 오늘 네게 명령하는 그의 모든 명령을 지켜 행하면 네 하나님 여호와께서 너를 세계 모든 민족 위에 뛰어나게 하실 것이라!"(신 28:1).

> "네 몸의 자녀와 네 토지의 소산과 네 짐승의 새끼와 소와 양의 새끼가 복을 받을 것이며 네 광주리와 떡 반죽 그릇이 복을 받을 것이며 네가 들어와도 복을 받고 나가도 복을 받을 것이니라"(신 28:4-6).

그러나 "네가 만일 네 하나님 여호와의 말씀을 순종하지 아니하여 내가 오늘 네게 명령하는 그의 모든 명령과 규례를 지켜 행하지 아니하면 이 모든 저주가 네게 임하며 네게 이를 것이니 네가 성읍에서도 저주를 받으며 들에서도 저주를 받을 것이요"(신 28:15-16)라고 서로 다른 행위에 대한 서로 다른 결과 즉 차별된 삶의 결과를 말씀하신다.

축복과 저주의 근간에 인권의 잣대는 없다. 잣대는 오로지 하나님의 말씀에 대한 순종 여부이다. 순종하면 축복이고, 불순종하면 저주이다. 불순종해서 저주를 받는 상황에서 "하나님, 불공평하십니다. 나에게도 인간의 권리가 있는데 어찌 이런 일을 나에게 주십니까?"라고 말하는 경우가 허다하겠지만 사실 하나님 앞에서는 별로 의미 있는 대화법은 될 수 없다. 이것을 차별이라고 하면 결국 하나님의 결정에 대한 도전일 뿐이다. 바로 이런 도전을 현재의 세대에서는 '자연스러움'으로 받아들이고 있다. 하나님을 믿지 않는 사람들이나 하나님을 믿는 사람들이나 이러한 세대의 흐름을 거스르지 못하고 있다. 하나님의 관점에서 벗어나 사람의 관점으로 모든 것이 평가되는 세대 안으로 이미 들어선 것이다. 인권의 중요성을 무시하고자 함이 아니라는 것은 독자도 이미 잘 알고 있을 것이라 여겨 굳이 설명을 달지는 않는다. 결국 사람이 누릴 수 있는 권리가 무시당하는 원인도 하나님 앞에서 자신이 누구인가를 정직하게 인정하지 못하고 자신에게 주어진 많은 것이 자신으로부터 나온 것이라는 착각 속에 빠져있기 때문이다.

느헤미야의 지도자로서의 귀한 자질은 자신을 당당하게 드러냄에 있었던 것이 아니라 모든 문제의 근원을 자신의 죄와 허물에서 찾으려 함에 있다. 지도자로서 자신의 죄와 허물을 인정하지 않는 그 한 가지 이유 때문에 교회를 포함한 많은 단체와 단체의 구성원들이 지독한 몸살을 앓고 있음을 우리는 주위에서 쉽게 볼 수 있다. 그래서 우리는 오래전의 지도자이긴 해도 느헤미야와 같은 지도자의 모범을 통해 오늘의 우리를 돌아보며 새로운 다짐을 할 필요가 있는 것이다. 그의 모습 속에서 우리는 오늘의 수많은 지도자에게서 찾아보기 힘든 신선한 모습을 볼 수 있다. 그는 진지하게 자신을 포함해 저들 모두의 죄악을 인정하고 있다. "나와 내 아버지의 집이 범죄하여 주를 향하여 심히 악을 행하여"(1:6-7)와 같이 가슴 속 깊은 곳에서부터 우러나오는 표현을 하고 있다. 그것도 그저 감상적으로 무조건 잘못했음을 표현한 것이 아니다. "주께서 주의 종 모세에게 명령하신 계명과 율례와 규례를 지키지 아니하였나이다 옛적에 주께서 주의 종 모세에게 명령하여 이르시되 만일 너희가 범죄하면 내가 너희를 여러 나라 가운데에 흩을 것이요"(1:7-8)와 같이 상세하게 하나님의 말씀에 근거하여 자신들의 잘못을 시인하면서 동시에 잘못을 저지른 결과에 대한 내용까지도 스스로 인정하고 있다. 어느 한구석도 인정하고 싶지 않은 부분을 할 수 없이 인정하는 것이 아니라, 있는 그대로 정직하게 표현하고 있다.

우리가 하나님 앞에 문제를 들고 나아가 앉을 때는 적어도 하나님 앞에서 신실하게 자신의 잘못을 조목조목 인정하고 회개하는 모습을 유지해야 한다. 느헤미야를 보자. 그는 현재 발생한 문제의 근원을 적어도 고민한 상태에서 하나님 앞에 나아간 사람이므로 하나님께 지적받기 전에 미리 이실직고할 수 있었던 것이 아닐까? 또한 동시에 생각해 볼 수 있는 것은 이러한 마음가짐을 간직한 사람이라면 사람들 앞에서의 모습도 짐작해 볼 수 있으리라고 본다. 과연 자신의 지위나 부를 누리면서 다른 사람들을 우습게 여기고 함부로 대하는 모습이 있을까 반문할 수 있을 것이다. 느헤미야는 하나님 앞에서 위대하신 하나님을 말과 행실로 인정하였을 뿐만 아니라 현재 일어나고 있는 모든 좋지 못한 일들에 대한 모든 원인을 자기 스스로에게서 찾으려는 아름다운 모습을 보이고 있는 것이다. 그는 정직한 죄의 인정과 있는 그대로의 회개를 할 줄 아는 리더십을 가진 자였다.

하나님과의 커뮤니케이션, 내 입맛에 맞추는 것이 아니라 객관적인 약속의 말씀에 근거하여야(1:9-11)

'땡깡'의 기도! 땡깡을 부리고 억지를 부려 하나님에게 졸라서 응답을 받았다는 간증을 간혹 듣곤 한다. 공부 안 하겠다고 땡깡 부리고, 옷 사달라고 땡깡 부리고, 해외연수 보내달라고 땡깡 부리고. 온갖 땡깡을 부리는 어린아이의 모습이 떠오른다. 사실 땡깡의 어원에 대해 네이버의 사쿠라 훈민정음에서는 이것이 일본어라고 한다. 전혀 생각도 못 했던 해석이다. 아마도 어려서부터 생각 없이 많이 사용해왔기 때문에 그런가 보다. 그리고 이 일본어 〈다이지센〉의 뜻이 간질, 발작의 뜻을 갖고 있다고 하니, 땡깡이라는 단어는 진짜 함부로 사용할 단어는 아닌 것 같다. 그래서 차라리 생으로 고집을 부린다거나 억지를 부린다는 표현이 좀 더 나을 것으로 보인다. 어쨌든 의미는 현실에 맞지 않는 요청을 막무가내로 하는 것을 '땡깡 쓴다'라고 표현한다.

사실 신약 성경에는 억지처럼 보이고, 땡깡처럼 보일만 한 내용이 있기는 하다. 하지만 가만히 살펴보면 땡깡이라고 표현하거나 억지를 부리는 내용으로 단정하기에는 그 내용이 지극히 이타적이다. 즉 자신의 이익을 위해 발을 구르며 우는 어린아이의 모습이 아니라 남의 필요를 충족시키기 위한 강력한 요구의 의미가 더 크다는 말이다. 그래서 땡깡이나 억지라고 표현하기는 좀 그렇지만 그래도 외적 모습에는 그러한 모습이 담겨 있는 것은 사실이다. 내용인즉슨 예수님의 예화이다. "너희 중에 누가 벗이 있는데 밤중에 그에게 가서 말하기를 벗이여 떡 세 덩이를 내게 꾸어 달라 내 벗이 여행 중에 왔으나 내가 먹일 것이 없노라 하면 그가 안에서 대답하여 이르되 나를 괴롭게 하지 말라 문이 이미 닫혔고 아이들이 나와 함께 침실에 누웠으니 일어나 네게 줄 수가 없노라 하겠느냐? 내가 너희에게 말하노니 비록 벗 됨으로 인하여서는 일어나서 주지 아니할지라도 그 **'간청함을 인하여'** 일어나 그 요구대로 주리라"(눅 11:5-8). 물론 무리함이 없는 것은 아니다. 모두가 자고 있는 밤중에 친구의 집 문을 두들기는 것 자체가 무리한 모습이다. 그러나 충분한 이유는 있다. 먼저 자신의 배고픔을 위한 내용이 아니다. 친구의 배고픔을 해결해 주기 위해 자신의 불편함을 감수하는 모습이다. 필요한 상황에서의 간청하는 모습이다.

이러한 간청의 자세는 때로 지도자들에게 요구되는 모습이기도 하다. 나는 싫으나 남을 위해서 수고로움, 부끄러움, 창피함을 감내하는 모습이기 때문이다. 생각을 해 보자. 개인적인 특수한 상황을 제외하고 사람들은 일어나는 시간, 식사하는 시간, 일하는 시간, 잠자는 시간 등 일반적인 생활 패턴의 상식적인 시간이 있게 마련이다. 이러한 상황에서 이미 잠자리에 들었을 밤늦은 시간에 친구의 집을 찾아가서 또 다른 친구의 필요를 위해 문을 두드리는 것은 아무나 할 수 있는 일이 아니다. 어쩌면 그 먼 길을 온 친구의 상태가 아주 급박했던 것으로 짐작할 수 있다. 보통 사람 같으면 "내일 일찍 내가 가서 음식을 가져올 테니 힘들더라도 좀 참고 잠을 청하자"라고 할 것이다. 아마 나라도 그렇게 말했을 것이다. 그런데 잠자고 있을 친구를 깨워서라도 음식을 구하려 한 것을 보면 친구의 상태가 꽤 심상치 않았나 보다.

찰스 쉘돈이 쓴 《예수라면 어떻게 했을까?(In His Steps)》라는 소설이 출판된 지 꽤 오래되었다. 나 역시 이 책을 읽으면서 많은 도전을 받았던 기억이 난다. 이 책에서도 위와 유사한 내용이지만 반대의 결과로 소개되고 있다. 엄숙한 종교적인 모습의 예배가 드려진 후에 모두에게 불안함을 줄 만한 행색의 한 사람이 걸어 나와 자신이 얼마나 힘들고 어려운 상황이었는가를 설명한다. 그래도 교회에 오면 도움을 받을 수 있을 것이라는 생각이 들었는데 아무도 자기에게 도움을 주려는 사람이 없었다고 토로하면서 "예수라면 어떻게 했을까요?"라는 도전을 하며 쓰러져 결국 숨을 거둔다. 이것에 충격을 받은 교인 중 사회의 각 분야에서 일을 하던 몇몇 사람들이 무슨 일을 하기 전에 "예수님이라면 어떻게 결정하실까" 하는 질문을 하는 삶을 살자고 함께 다짐하며, 그것을 삶 가운데에서 실행해 나가는 내용이 전개된다.

어쩌면 늦은 밤 친구의 집에 체면 불고하고 찾아가 또 다른 친구를 위해 도움을 요청하는 사람 역시 그러한 마음이 아니었을까 생각해 본다. 이러한 모습을 땡깡의 모습 또는 억지를 쓰는 모습으로 해석하기는 어렵다. 예수님의 간절한 기도 역시 땡깡으로 풀어 이해하려는 사람들이 있다. 그의 외적 모습은 "땀방울이 핏방울"처럼 뚝뚝 떨어질 정도의 간절한 모습이었다(눅 22:44). 그러나 간구의 내용은 "할 수 있다면 이 쓴 잔을 내게서 멀리 해 주시옵소서. 그러나 나의 원대로 하지 마시고 아버지의 뜻대로 해 주옵소서"였다. 다가오는 고통스러운 상황을 너무 잘 알고 계신 주님으로서 "쓴 잔"을 피할 수 있게 해달라고 당연히 요청할 수 있는 내용이었지만, 그것으로 끝이었다면 그것이야말로 억지의 기도, 땡깡의 기도이었겠지만 결국 그분의 결론은 "나의 원대로 마시옵고 아버지의 원대로 처리해 주옵소서"가 아니었는가?

성경에서 오히려 땡깡처럼 보이는 내용은 한 재판관과 한 과부 사이에 있었던 내용이다. "이르시되 어떤 도시에 하나님을 두려워하지 않고 사람을 무시하는 한 재판장이 있는데 그 도시에 한 과부가 있어 자주 그에게 가서 내 원수에 대한 나의 원한을 풀어 주소서 하되 그가 얼마 동안 듣지 아니하다가 후에 속으로 생각하되 내가 하나님을 두려워하지 않고 사람을 무시하나 **이 과부가 나를 번거롭게 하니** 내가 그 원한을 풀어주리라 그렇지 않으면 늘 와서 나를 괴롭게 하리라"(눅 18:2-5). 그러나 이 내용조차도 예수님은 "포기하지 말고 더욱 간절히 기도하라"에 대한 비유로 주신 말씀이지 무조건 하나님께 땡깡을 쓰며 매달리라는 의도로 말씀하신 것은 아니다.

적어도 기독교 커뮤니티 안에서 비전을 제시하는 리더십의 위치로 부름받은 사람은 어떠한 상황에서도 비논리적인 억지나 땡깡으로 자신의 믿음을 과시하는 일은 없어야 할 것이다. 일반적 상황에서든 특수한 상황에서든 객관적 근거에 입각한 냉정한 기도의 요청 역시 간과될 수 없는 중요한 자질이 아닐까 생각해 본다. 소위 '억지춘향' 식의 기도는 이유를 불문하고 현대를 사는 신앙인에게 선한 믿음의 잣대로 자리 잡혀서는 안 될 것이다. 더구나 이러한 억지의 모습을 자연스러운 기독교인의 모습인 양 설득하여 인도해 가는 일부 사람들의 모습은 적극적으로 관리되어야 할 부정적인 요소라 생각한다.

정치 지도자 느헤미야는 지극히 고통스러운 심적 상황에서도 냉정을 잃지 않고 왜 이러한 일이 생겨야만 했을까 하는 문제의 분석을 하나하나 짚어가며 주님과 대화를 진행한다. 아마 냉정을 잃고 객관성을 상실한 상태에서 하나님 앞에 무릎 꿇는 사람이라면 처음부터 무조건 땡깡을 쓰며 요청하는 식의 대화로 들어가기 쉬웠을 텐데, 느헤미야는 끝까지 냉정함과 객관성을 유지한다. 그는 "만일 내게로 돌아와 내 계명을 지켜 행하면 너희 쫓긴 자가 하늘 끝에 있을지라도 내가 거기서부터 그들을 모아 내 이름을 두려고 택한 곳에 돌아오게 하리라 하신 말씀을 이제 청하건대 기억하옵소서 이들은 주께서 일찍이 큰 권능과 강한 손으로 구속하신 주의 종들이요 주의 백성이니이다 주여 구하오니 귀를 기울이사 종의 기도와 주의 이름을 경외하기를 기뻐하는 종들의 기도를 들으시고 오늘 종이 형통하여 이 사람 앞에서 은혜를 입게 하옵소서"(1:9-11)라고 여호와 하나님께 요청하였다.

비록 그의 부르짖음이 다급하고 안타까움에 근거를 둔 외침이었지만 그는 자신의 느낌으로 외치지 않았다. 그는 주께서 이미 하신 말씀에 근거하여 하나님께 사면을 요구하며 어려움의 해제를 요구하고 있다. 어떻게 보면 별로 특별해 보이지 않는 주님과의 대화라고 할 수도 있겠지만 엄밀히 살펴보면 그의 '**객관적 믿음의 위대성**'이 보이는 하나님과의 대화 구절이라고 할 수 있다.

어찌 되었건 무조건 "우리의 기도를 들어 주시옵소서!"와 같은 막무가내식의 기도를 하는 지도자를 지켜보면 그를 따르는 적지 않은 사람들이 가련하게 보이기도 한다. 근거 없는 무조건적인 대화의 진행을 수시로 하는 지도자와 함께 있는 사람들은 쉬울 수 없다. 왜냐하면 근거 없는 억지식의 요구나 진행이 자주 벌어지기 때문이다. '어쨌든' '무조건'이라는 말이 늘 입에 달려있기 때문에 합리적인 대화나 객관적 근거에 의한 의논이 될 수 없다. 하지만 느헤미야의 기도 속에는 그러한 불합리한 요소가 보이지 않는다. 매우 합리적이고 근거를 갖고 있는 대화가 가능한 모습이 그려진다.

하나님이 눈에 보이지 않는 분이라 하여 비합리적이고 비논리적인 분으로 이해해 버리는 것은 너무 세속적 종교관에 근거한 것이다. 비록 그분이 눈에 보이지 않고, 초자연적이신 분이라고 할지라도 그분은 매우 합리적이고 논리적이며 이지적인 분이시다. 인류가 타락한 즉시 천사를 동원하여 해결하실 수 있을 일도 사람의 시간으로는 한없이 긴 시간을 두고 계획하신 것을 구체적으로 진행해 오신 분이 바로 이 전지전능하신 하나님이시다. 이러한 분에게 손바닥을 비벼대며 '비나이다'를 반복적으로 외우는 것처럼 '주시옵소서! 믿습니다!'만을 외치는 모습은 하나님께 받아들여지기 어려운 무례하고도 무지한 믿음일 뿐이다. 이러한 방법을 사용하지 않고서도 얼마든지 대화는 가능하다. 느헤미야는 바로 그것을 이해하고 있었다. 그는 겸손하게 하나님과 인격적 대화를 진행했던 논리적이고 합리적인 사람이었다. 하나님 앞에서 하나님의 크심과 자신의 연약함을 있는 그대로 인정하고, 약속의 말씀에 근거하여 객관적이고 논리적인 방법으로 하나님과 대화해 나갔던 느헤미야의 모습 속에서 그의 위대함을 찾아볼 수 있다.

하나님이 귀히 보시는 지도자,
교회에서나 처절한 삶의 현장 가운데서도
주님과 지속적 만남을 유지하는 자

억울하고 절박한 상황에서도 주님과 만나야 한다. 느헤미야의 일터에서 부르짖는 기도를 들어보자.

> "우리 하나님이여 들으시옵소서 우리가 업신여김을 당하나이다 원하건대 그들이 욕하는 것을 자기들의 머리에 돌리사 노략거리가 되어 이방에 사로잡히게 하시고 주 앞에서 그들의 악을 덮어 두지 마시며 그들의 죄를 도말하지 마옵소서 그들이 건축하는 자 앞에서 주를 노하시게 하였음이니이다"(4:4-5).

사람마다 억울함을 느끼는 정도와 절박함을 감지하는 정도는 조금씩 다르다. 그러나 그러한 느낌이 감정 속으로 들어와 자리를 잡을 때쯤이면 일반적으로 예외 없이 힘들고 고통스러운 시간을 보내야 한다. 나는 잘못한 것이 없는 것 같은데 주위 사람들이 잘못의 원인을 나에게 돌릴 때, 내가 마땅히 받아야 할 것을 받지 못하고 다른 사람이 나의 공(功)을 가지고 간다는 생각이 들 때, 나는 한두 개 정도의 실수를 인정하고 있는데 주위에서 나에게 열 개의 잘못으로 떠밀길 때 등등 억울함의 종류는 수도 없이 많다. 개인의 문제만이 아니다. 내가 속한 단체, 사회, 국가 등 받지 않아도 되는 멸시나 훼방을 당할 때 역시 공분(공적인 분노)이 나를 사로잡는다. 이러한 억울함의 정도가 클 때는 절박한 감정이 분노로 자리를 잡는다. 억울함의 느낌과 절박한 감정에 대한 속도는 무척 빠르다. 이렇게 그냥 앉아서 당하면 큰일이 날 것 같은 생각이 든다. 이렇게 가만히 있다가는 가지고 있는 모든 것을 다 빼앗길 것 같다는 생각도 든다. 그래서 다급하고 절박한 느낌을 갖는다. 이럴 때는 신속하게 해결할 방도를 찾는 것이 일반적인 사람들의 대처 방법이다. "이럴 때는 누가 나를 도울 수 있지?" "어떻게 해야 하나?" "어쩌지? 어쩌지?"

느헤미야라고 이러한 느낌이 없었을까? 그도 우리와 성정이 같은 사람이었으니 당연히 동일한 감정을 가졌을 것이다. 이미 앞에서 언급하였듯이 힘든 상황에서 난감함을 갖는 것은 오히려 안전한 지도자의 감성이다. 중요한 것은 이러한 어려운 상황을 계속해서 염려하고 다급해하고 안절부절못하면서 어찌할 바를 모른다면 지도자의 모습은 아니고, 동일한 상황에서 같은 어려움을 느끼면서도 현재 상황을 정확히 인지하고 분석하고 판단하면서 대처해 나간다면 지도자의 덕목을 갖추고 있는 것이다. 느헤미야 역시 동일한 과정을 겪으면서 지도자의 모습을 갖춘 것이 보인다. 예루살렘이 복구되는 것을 너무나도 싫어하던 인접 국가들의 직접적인 훼방과 멸시를 몸소 겪으면서, 그는 주저하지 않고 하나님 앞에서 일터에서의 기도를 올린다. '**일터에서의 기도!**' 참 중요한 표현이다. 일터의 현장! 하나님을 생각하기도, 언급하기도, 설명하기도 어려운 일터라는 삶의 현장에서의 기도!

한국에서 기독교인으로서 정치에 입문한 사람들이 적지 않은 것으로 안다. 충분히 영향력을 행사할 수 있는 위치까지 올라갔던 사람들도 적지 않다. 과거에도 그랬고 지금도 그렇고 앞으로도 그럴 것이다. 그러나 이러한 분들에 대한 질문은 총독 느헤미야와 같이 억울하고 절박한 상황 속에서 어떠한 모습을 취하였는가 하는 것이다. "냉정한 현실 속에 있어 보지 못한 당신들이 나의 상황을 어떻게 이해하겠어?"라는 말은 얼마든지 할 수 있겠지만 그럼에도 불구하고 일터의 현장에서 하나님과 대화하는 모습을 얼마나 유지하고 있는가에 대한 자문자답은 지속적으로 있어야만 할 것이라고 본다. 큰일을 맡았다고, 높은 직위에 있다고 늘 이해될 수 있는 것은 아니다. 높고 낮음이나 크고 작음이나 다 하나님 앞에서는 도토리 키재기 수준이기 때문이다. 적은 분량을 맡은 사람은 그 분량 안에서 목숨을 걸고 하는 일이 있는 것이고, 좀 더 큰 분량을 맡은 사람은 그 분량 안에서 동일하게 최선을 다해서 하는 일이 있는 것이다. 하나를 받은 사람도 100/100으로 사는 것이고, 다섯을 받은 사람 역시 다섯에 대해 100/100으로 사는 것이다. 민 명의 인구를 둔 나라의 대통령도 한 나라의 대통령이고, 10억의 인구가 있는 나라의 대통령도 한 나라의 대통령이다. 잘못하면 동일하게 잘못한 것이고, 잘하면 동일하게 잘한 것이다. 한 가정만 책임진 가장이 갖는 무게나 한 나라의 총리나 대통령, 그와 유사한 직분을 맡은 정치인이 갖는 무게 모두 다 하나님 앞에서는 동일한 것이다. 나는 더 큰 것을 맡았으니 핑계할 것이 충분히 있다고 생각하는 것은 우리의 생각일 뿐이다.

그의 기도는 단순한 탄식의 기도가 아니었다. 그의 기도는 단순한 고자질성의 기도만도 아니었다. 그의 기도 끝부분을 살펴보면 "주를 노하시게 하였음이니이다"라고 되어있다. 이 내용을 근거로 생각해 보면, 아마도 저들의 훼방의 내용 속에 하나님을 모독하는 내용이 분명 들어있었으리라 짐작된다. 직접적인 훼방을 당하는 상황에서 자신도 모르게 그냥 함께 욕하면서 대응하는 것이 자연스러운 상황일 수도 있었겠지만, 그는 하나님 앞에 그대로 주저앉아 하나님까지도 멸시하고 모독하는 그들에 대하여 하소연해 버린다. 일터에서의 기도가 실제 상황에서의 하나님에 대한 믿음을 보여주는 것이라고 이해하고 있다면 이러한 모습은 오히려 당연한 것이 아니겠는가?

교회 안에서의 기도, 골방에서의 기도, 기도원에서의 기도 등등 모두가 중요하고 의미 있는 것이겠지만, 특히 삶의 터전에서의 현실적 기도야말로 기도와 생활의 일치를 보여주는 중요한 것이다. 골방이나 기도원 같은 곳에서 하나님과 단둘이서만 만나서 하는 기도를 통하여 삶 속에서도 기도할 수 있는 힘과 용기를 얻을 수 있다. 삶의 현장에서 문제의 크고 작음을 막론하고 하나님 앞에서 모든 문제를 해결하려고 애쓰는 느헤미야의 모습이 보인다. 골방에서의 기도 속에서 하나님의 크심을 인정한다고 고백한 대로 삶에서 발생하는 여러 가지 문제를 곧바로 하나님께 내려놓고 도움을 구하는, 신앙과 삶이 일치하는 모습을 볼 수 있다. 억울하고 절박한 상황일수록 하나님 앞에서, 하나님만 의지하고 하나님만을 통해 모든 일을 해결하려는 모습 속에서 흔들리지 않는 믿음을 소유한 지도자의 모습이 돋보인다.

지도자의 삶!
피곤할 뿐만 아니라 절박한 상황에도 자주 처하게 된다
두려움도 찾아온다
그러나 하나님과의 대화로 극복해야 한다

"이는 그들이 다 우리를 두렵게 하고자 하여 말하기를 그들의 손이 피곤하여 역사를 중지하고 이루지 못하리라 함이라 이제 내 손을 힘있게 하옵소서 …… 내 하나님이여 도비야와 산발랏과 여선지 노아댜와 그 남은 선지자들 곧 나를 두렵게 하고자 한 자들의 소행을 기억하옵소서"(느 6:9, 14).

여기에서 말하는 "피곤하고 지치다"는 운동하느라 피곤하고, 친구들과 앉아 노느라 피곤하고, 책을 보느라 피곤하고, 바둑을 두느라 피곤한 것을 말하는 것이 아니라는 것은 이미 알고 있을 것이다. 무슨 일을 하든 그것이 나의 유익과 관계되는 일이고, 나의 가정이나 명예나 커리어를 위해 진행되는 것이라면 힘이 들고 어렵고 피곤해도 감당할 수 있는 동력이 있게 마련이다. 물론 앞이나 가능성이 보이는 일들과 비록 나의 일이라 할지라도 앞이 잘 보이지 않는 상황은 다르기는 하겠지만, 그래도 나의 일이니 참고 견디며 나가다 보면 언젠가 희망의 빛이 비추지 않겠는가 하는 마음을 붙들고 갈 수 있다. 때로는, 비록 나 개인의 유익과 나의 가정 또는 내가 속해 있는 그룹의 유익을 위해 열심히 무엇인가를 하면서도 그것이 생존과 관계가 있는 것이고, 생존과 관계가 있기 때문에 절박함을 느낄 수도 있게 된다. 그러나 이러한 절박함이 지속되거나 해결의 가능성이 잘 보이지 않을 경우에는 절망도 느끼게 되고 지속적인 어려움을 통해 주어지는 피곤함과 빨리 벗어나고 싶은 절박함을 느낄 수도 있게 될 것이다.

독자 중에도 왕따를 경험한 사람이 있을 것이다. 앞에서도 잠시 언급했지만 이것을 경험한다는 것은 결코 쉬운 일이 아니다. 다행히 나의 성격이 한쪽에서 어려움을 겪으면 다른 한쪽으로 뚫고 나가곤 하기 때문에 숨통이 틀어막히는 단계까지 가지는 않았지만, 그래도 왕따라는 것은 사람을 많이 힘들게 하는 것이다. 그래서 사실 왕따를 자행하는 부류는 이유가 어떠하건 악을 행하는 것이다. 의도적으로 어느 누구인가를 멀리하고, 무시하고, 인정하지 않고, 심지어는 놀리기까지 하는 것이기 때문에 '악'이라는 표현을 쓰는 것이 적절하다. 왕따를 하는 입장에서야 어느 정도 사정이 있겠지만, 그들은 어떤 불편함이나 불만 때문에 하는 것이지만, 왕따를 당하는 입장에서는 처절한 외면과 거절과 단절을 체험하면서 삶의 가장 바닥까지 내려가는 느낌을 받는 것이므로 당하는 사람의 입장에서는 왕따는 악한 행위일 수밖에 없다. 이럴 때에 처절한 피곤함과 관계에 있어서의 절박함이 주어지는 것은 자연스러운 것이다.

선한 일을 진행하다가 생각지 못한 상황을 만남으로 인해 겪는 피곤함과 절박함도 있을 수 있다. 오래전의 일이지만 생생하게 기억에 남아있는 일이 있다. 복음 전하는데 법적 제한이 있는 지역에서의 일이다. 1년에 10주간, 즉 70일간 한 지역에서 복음 전도에 열정 있는 전도자들을 한 지역에 머물게 하면서 전략적으로 복음을 전하였다. 매주 월요일 하루는 금식하고 화요일에 두 명 또는 세 명을 일개 조로 하여 지역을 정해주고 출발을 시켰다. 4박 5일간 이곳저곳을 다니면서 복음을 전했다. 길거리에서도, 때로는 농사일을 도와주면서 복음을 전했다. 그리고 토요일이면 다시 숙소로 돌아와서 함께 경험한 것들을 나누고, 주님을 영접한 사람들을 위해 기도하고, 전도를 받고 주님을 영접한 사람들의 이름과 연락처 그리고 전도를 받을 당시의 상황을 상세하게 기록하였다.

그렇게 10주간 활동을 마치면 전원 철수를 한다. 그러면 그 후에 전도팀이 기록한 명단을 들고 목양팀이 투입된다. 약 3개월의 여정으로 명단에 있는 사람들을 방문하면서 복음의 내용을 자세하게 가르치면서 예배를 그 지역에서 시작하도록 도와준다. 전도팀은 어찌 보면 'hit and run'과 같이 복음을 전하고 빠져나오는 사역을 진행하지만, 목양팀은 전도를 받은 사람들을 계속해서 만나고 'follow up'을 해야 하기 때문에 쉽게 신분이 노출되곤 했다.

하루는 4명의 목양팀이 사역하는 곳으로 연락을 시도하는데 도통 연락이 되지 않았다. 4명 모두 연락이 끊겼다. 갑자기 불길한 생각이 들었다. 무슨 일이 생겼나? 다음 날에도 그다음 날에도, 그 누구에게도 연락이 되지 않았다. 마음속으로 '주민들의 신고로 모두 잡혀 들어갔구나' 하는 불길한 생각이 들기 시작했다. 4명 중 3명이 여자였기 때문에 더 마음이 무거워졌다. 그들을 안전하게 지켜달라고 하나님께 간절하게 기도하면서 하루하루가 입술이 타고 피가 마르는 것 같은 심정이었다. 이미 겪어본 일이기는 해도 이때만큼 고통스러운 마음으로 느껴진 적이 없었던 것 같다.

내가 이 일을 계속해도 되는 것일까? 지도자인 나는 이렇게 뒤에서 가슴만 졸이고 앉아있고, 현장에서 뛰는 저들에게 어떠한 일이 벌어지고 있는지 알 수도 없는 이 상황에서 내가 할 수 있는 것이 아무것도 없다고 생각하니 한심하다는 생각이 극치를 이루었던 것 같다. 이렇게 하루하루 애타게 기다리기를 15일. 드디어 전화가 왔다. 예상했던 대로였다. 자세히 설명할 수 있는 내용이 아니라 다 기록할 수는 없지만 '십년감수' 즉 '10년의 생명이 줄어들었다'는 표현이 딱 맞는 마음 졸임의 시간이었다. 십년감수? 말 그대로 생명이 10년 쯤 줄어든 것 같이 마음 졸였던 경험이었다.

이와 비슷한 또 다른 경험이 있다. 사역자만을 골라 공격하는 이단이 있었다. 물론 지금도 있다. 이 이단은 사역자들을 유인하여 가두고, 협박하고, 고문까지 자행하는 악독한 집단이었다. 하루는 사역자 한 명에게 "당신을 지켜보니 영성이 뛰어나고, 능력이 있는데, 내가 계속해서 관심 갖고 기도하는 아픈 자매를 위해서 안수 기도하면 치유가 임할 것 같은 믿음이 듭니다. 함께 가서 기도해 주시지 않겠습니까?"라고 유인하여 좀 먼 곳으로 데리고 갔다고 한다. 이 사역자 역시 연락이 두절되었다는 교인의 말을 듣고 찾기 시작하였지만 찾을 길이 없었다. 정황을 다 듣고 난 우리 동역자들은 이단의 납치로 규정을 짓고 그 방향으로 찾아 들어가기 시작했다. 이 이단의 사악한 성격을 이미 잘 알고 있는 나로서는 온갖 상상을 다 하면서 찾았다. 회유하다 끝까지 거절하면 때로는 혀를 자르기도 한다는 그들의 잔혹성을 자꾸 떠 올리며 한없는 걱정과 염려의 마음으로 기도하며 찾았다.

이때의 마음 역시 절망의 가장 밑바닥까지 내려가는 듯한 느낌을 받았고, 황량한 기분마저 들었던 기억이 난다. 결국 무사히 찾아 돌아오기는 했지만 그 당시의 염려와 절박함은 지금도 지울 수 없다. 물론 당연히 수도 없이 하나님 앞에 무릎을 꿇고 간절히 기도하는 시간을 가졌지만, 연약한 인간인 우리는 현실의 염려와 긴급한 상황 속으로 빠져들어 가는 것을 막아서기에는 유약한 존재임을 부인할 수 없다.

느헤미야의 경우라고 크게 다르지는 않았을 것이다. 그는 바로 눈앞에 있는 적들과 대치해 있는 상황이 지속되고, 그들의 협박과 회유와 공격이 끝이 없는 처지에 있었다. 느헤미야라고 절박한 심정으로 두려움에 떨리지 않았을까? 백만대군을 이끌고 수많은 전쟁에서 승리했던 장군이라 할지라도 적들과 대치한 상황에서는 언제나 두려움과 불안감을 가질 것이다. 그들의 지속적인 협박과 회유에 이론적으로 흔들리기도 했을 것이고, 이런 연고로 피로가 누적되어 주저앉고 싶을 때가 여러 차례 있었을 것이다. 하지만 느헤미야는 다른 것에 의존하여 해결하려고 하지 않고 즉시 하나님 앞에 있는 그대로의 상황을 말씀드리면서 하나님과 대화의 문을 열었다.

"이제 내 손을 힘 있게 하옵소서"(6:9c), "내 하나님이여 도비야와 산발랏과 여선지 노아댜와 그 남은 선지자들 곧 나를 두렵게 하고자 한 자들의 소행을 기억하옵소서"(6:14)의 내용이 바로 그의 대화 내용이다. 어떻게 보면 약간 조잡한 고발 내용 같아 보이기도 하다. 하지만 이러한 대화의 모습이 적극적인 현실의 기도가 아닐까? 이러한 상황에서 아름다운 형용사를 사용하는 미사여구의 커뮤니케이션이 필요할까? 그렇지 않다. 지도자를 피곤하고 힘들게 함으로 일을 중단하게 만들려는 적들의 의도가 이미 확실한 상황에서 "이제 내 손을 힘 있게 하옵소서"라는 요청은 매우 현실적이고 정직한 대화법이다. 하나님이 맡기신 일을 진행하는 데에 노골적으로 반대하고 계속해서 위협하며 훼방하는 자들의 행위에 대하여 구체적으로 "내 하나님이여" 이러 이러한 자들의 행위를 기억해 달라는 부르짖음과 외침은 지극히 솔직한 모습으로 다가온다.

하나님을 믿고 교회를 다니는 사회의 지도자들 중에 힘들고 지쳐 낙망하고 싶을 때 하나님 앞에 나아와 무릎을 꿇고 부르짖으며 힘을 더하여 달라고, 용기를 낼 수 있도록 도와 달라고, 믿지 않는 그들의 공격에 견딜 수 없다고 도움을 요청할 수 있다면, 그는 이미 하나님의 방법으로 어려움을 극복해 나갈 수 있는 기초를 마련한 사람이 아닐까? 문제는 이러한 방향으로 문제를 해결하려 하기보다 세상적 방식으로 문제를 끌고 들어가 결국에는 사회로부터 조롱과 멸시를 받고 하나님의 영광을 가리는 경우가 현 시대에 너무 많아졌다는 것이다.

느헤미야의 경우는 하나님의 일을 진행하면서 하나님을 알지 못하는 자들로부터 공격을 받고 있었다. 이러한 상황에서도 그는 하나님의 일을 진행하는 것이기 때문에 최선을 다해 하나님이 주신 규칙에 근거하여 처리하려고 애를 썼다. 하나님은 우리 믿는 자들만의 하나님이 아니라 그가 창조하신 모든 인류와 만물의 주님이시고, 하나님이시기 때문에 우리 믿는 자들은 끝까지 하나님에게 속한 자로서의 입장을 고수해야만 하는 것이다. 비록 상대방이 하나님을 알지 못하는 사람이라 할지라도 우리 믿는 사람들은 하나님과의 관계 속에서 하나님께서 우리에게 주신 말씀의 원칙에 입각하여 일을 해결해 나가는 것이 바람직하다. 하물며 같은 믿음을 고백하는 그리스도인 사이의 문제를 세상의 법정으로 가지고 가서 그들의 판결을 들고 누가 옳고 누가 그르고를 외치는 모습은 정말 하나님이 보시기에 한심한 모습임이 틀림없다.

　일일이 열거하고 설명하고 다룰 수 없는 현실적 문제이기도 하다. 그럼에도 불구하고 우리는 적어도 느헤미야의 모범은 간직하고 있어야 하지 않을까? "하나님! 보고 계시지요? 저들이 저렇게 행하는데 하나님, 어찌해야 하나요?" 피곤하여 포기하고 싶고, 절박하여 어찌할 바를 모르는 상황에서도 우리가 지켜야 할 우리만의 자존감(dignity), 천지를 창조하시고, 처음부터 지금까지 우리 인간의 역사 가운데 깊이 구체적으로 간섭하고 참여하고 계시는 그 하나님을 믿고 있다는 자부심은 우리 스스로가 지켜야 하지 않을까?

4

네 번째 지도 원리 LEADERSHIP MANUAL

기도와 생활을 하나로 엮는 삶

기도의 생활을 통해 속 사람의 건강을 유지하면서도 생활이라는 현실 가운데서 자주 하나님으로부터 멀리 이탈하고자 하는 현실의 유혹 앞에 무력함을 느끼는 이중적 모습에 갈등하고 죄의식을 느끼며 고통스러워하는 것이 오히려 자연스러운 그리스도인의 모습으로 다가온다. 그럼에도 불구하고 우리에게 요구하는 하나님의 뜻은 일치되는 삶이다. 기도의 내용과 삶의 한 가운데에서 보이는 그리스도인으로서의 말, 행위, 결정, 진행, 이 모든 것을 일치시키려고 몸부림치는 삶을 의미한다.

    중생한 그리스도인의 삶 가운데 하나님을 향한 기도는 빼놓을 수 없는 요소이다. 동시에 중생한 그리스도인에게도 이 세상 가운데에서의 생활을 빼놓을 수 없다. 그렇다면 생활 가운데에서의 기도로, 삶 속에서의 기도로, 기도하는 삶으로 묶어서 생각할 수밖에 없다. 더구나 그리스도인으로서 책임을 맡은 지도자의 삶에서 기도를 분리시켜 생각할 수는 없다. 기도의 형태를 취하든 취하지 않든 삶 속에서, 일의 현장 속에서 기도는 함께 하는 것이다. 그래서 그리스도인 지도자를 논하는 시간에 기도와 생활을 하나로 엮는 삶을 주제로 생각해 보지 않을 수 없다.

    육신 또는 육체를 갖고 있으며 동시에 영혼의 존재를 확실하게 믿고 있는 우리 그리스도인에게는 이 주제를 심도 있게 논해볼 만한 내용이라 생각한다. 이 땅에 태어나서 살다가 숨을 거두고 흙으로 돌아갈 때까지, 즉 출생해서 사망할 때까지 육체와 분리된 '나'는 있을 수 없다. 동시에 하나님의 형상을 따라 창조된 존재이기 때문에 영혼이 늘 함께한다. 여기에서 영과 육으로만 구성되었다고 주장하는 2원론과, 사람을 영과 육과 혼으로 나누는 3원론에 대해 토론할 필요는 없다. 필자 역시 나름대로의 주장이 있지만 이 자리에서는 이 새로운 주제를 논할 수 있도록 허락되지 않는다. 어쨌든 보이지 않는 영혼이라는 것이 항상 '나'라는 존재와 함께 하는 것은 부인할 수 없다.

이 둘(육체와 영혼)은 보이는 것과 보이지 않는 것, 만져지는 것과 만져지지 않는 것으로 나뉘지만, 피차 영향을 행사하고, 피차 영향을 받는다. 육체의 쇠약함으로 인해 의식을 잃었다고 영혼의 존재를 잃어버리는 것은 아니다. 뇌의 문제로 인해 치매에 걸려 금방 일어난 일이나 보고 들은 일을 기억하지 못한다고 해서 영혼도 치매에 걸렸다고 말할 수 있는 것은 아니다. 임종 상황에서 모든 정신을 놓았다고 해서 영혼의 존재가 사라지는 것은 더더욱 아니다.

어떤 면에서 보면 우리의 정신, 소위 영과 분리하여 생각하려고 하는 혼이라는 것은 육체에 속한 것일 수도 있다. 육이 약해지면 정신도 약해지고, 정신이 약해지면 육체도 약해질 수 있다는 상호 연관성을 생각해 보면 충분히 설득력이 있다고 본다. 필자 역시 중의라는 의학을 공부해 보고, 임상도 많이 해 본 사람으로서 이러한 논리를 경험을 통해 스스로 주장하기도 한다. 어쨌든 우리는 육과 영혼, 육에 속한 일들과 영에 속한 일들이 함께 하는 실체를 갖고 있는 존재이다.

그리고 영과 관계된 일이건 육과 관계된 일이건 언제나 '나'라는 실체가 이 둘의 표현을 대변하는 **일 인**(one person, 一人)으로 존재한다. "내 속사람으로는 하나님의 법을 즐거워하되 내 지체 속에서 한 다른 법이 내 마음의 법과 싸워 내 지체 속에 있는 죄의 법으로 나를 사로잡는 것을 보는도다"(롬 7:22-23)라는 사도 바울의 고백은 이러한 내용을 충분하게 설명해 준다. 영어로는 속 사람을 'inner being'(내적 존재)이라고 번역했다. 그리고 이 속 사람(inner being)과 싸우면서 사도 바울을 흔들어대는 '다른 법'이라는 존재도 소개한다. "내 지체 속에서 한 다른 법이 내 마음의 법과 싸워 내 지체 속에 있는 죄의 법으로 나를 사로잡는 것을 보는도다"(롬 7:23). 그러면서 사도 바울은 뒤이어 25절에서 "내 자신이 마음으로는 하나님의 법을 육신으로는 죄의 법을 섬기노라"고 하면서 "오호라 나는 곤고한 사람이로다"라는 탄식을 한다. 만일 8장 1절에서 "그러므로 이제 그리스도 예수 안에 있는 자에게는 결코 정죄함이 없나니 이는 그리스도 예수 안에 있는 생명의 성령의 법이 죄와 사망의 법에서 너를 해방하였음이라"는 해방의 선포가 없었다면, 소망이 보이지 않는 낙담으로부터 헤어나오기 어려웠을 것이다.

어쨌든 위의 본론으로 다시 돌아가 생각해 보면, 선한 일을 하는 사람도 사도 바울이고, 속 사람과 다투는 악한 일 역시 사도 바울이 행한 것이라고 볼 수밖에 없다. 내부에서는 선과 악이, 하나님의 법과 세상의 법이 충돌하고 싸우고 있다 할지라도 결국 외부에서 보면 한 사람이라는 의미이다.

예수 그리스도의 구속 사역을 통해 주님을 개인의 구주로 영접하는 순간부터 거듭난 영혼이 되고, 이 거듭난 삶 안에 **성령님의 내재**가 공식적으로 시작된다. 성령님의 내재가 시작된 영혼을 사도 바울은 로마서 7장에서 하나님의 법을 즐거워하는 속 사람(Inner Being)으로 묘사한 것으로 보는 것은 문제가 없다. 이러한 속 사람에 대해 성령님의 사역은 "보혜사가 와서 죄에 대하여, 의에 대하여 … 책망하시리라"고 요한복음 16장에서 밝히고 있다. 죄를 죄로 여기지 못하고, 악을 악으로 이해하지 못하던 이전의 삶이 아니라 죄에 대한 책망의 사역을 통해, 스스로가 의롭다고 생각하던 의의 부분까지도 책망하시는 사역을 통해 죄의식이 발생하기 시작하고, 해야 할 일과 해서는 안 될 일에 대한 고민이 시작되는 것이다.

그래서 그리스도를 주님으로 고백하는 우리 신앙인의 생활 안에는 언제나 "이제 그리스도 예수 안에 있는 자에게는 결코 정죄함이 없나니 이는 그리스도 예수 안에 있는 생명의 성령의 법이 죄와 사망의 법에서 너를 해방하였음이라"(롬 8:1-2), "그런즉 누구든지 그리스도 안에 있으면 새로운 피조물이라 이전 것은 지나갔으니 보라 새 것이 되었도다"(고후 5:17)와 같은 죄로부터의 해방에 대한 선포와 더불어 "내 속 곧 내 육신에 선한 것이 거하지 아니하는 줄을 아노니 원함은 내게 있으나 선을 행하는 것은 없노라"(롬 7:18)와 같은 죄로 인한 좌절감의 늪에서 온전하게 헤어나오지도 못하는 **이중성**을 간직하게 된다.

기도의 생활을 통해 속 사람의 건재함을 확인하면서도, 생활이라는 현실 가운데에서 자주 하나님으로부터 벗어나고자 하는 현실의 유혹 앞에 무력함을 느끼는 이중적 모습에 갈등하고 죄의식을 느끼며 고통스러워하는 것이 오히려 자연스러운 그리스도인의 모습처럼 다가온다.

그럼에도 불구하고 **우리에게 요구하는 하나님의 뜻은 일치되는 삶**이다. 차라리 내가 죄인이고 연약하니 기도할 수밖에 없는 것이라고 생각하고 말하면서 기도의 삶을 유지하면 기도 생활이 자랑할 성질이 못 된다. 연약하니까 엎드리고, 자주 넘어지니까 주님 앞에 나와서 주님의 도움을 구하는 것이니 무슨 문제가 되겠는가? 삶의 연약함 가운데 도움을 요청하는 모습은 일률적인 모습이다. 현실의 삶은 연약하여 이런 죄도 범하고 저런 죄도 범하면서도 "나는 기도하는 사람이니 거룩한 사람이야"라고 큰 소리로 포장하는 데에 문제가 있다는 말이다. 바리새인이 서서 목소리를 높여 "주님 내가 저 세리와 같이 죄인이 안 된 것에 감사를 드립니다"라고 말한 것을 예수님은 친히 비유까지 들어서 그러한 이중적인 모습과 태도에 아주 심하게 책망을 하시지 않으셨나?

이와 연관되어 여전히 내 기억에 남아있는 한 사람이 있다. 미국인이다. 어느 한 나라에서 함께 일을 한 적이 있다. 이 사람이 어느 한 사건으로 약간 기분이 상해있었다. 그러한 상황에서 그는 "나같이 거룩한 종에게 저 사람이 그러면 안 되지"라는 말을 한 것이 화근이 되었다. 정확하게 "holy servant like me"라고 표현한 것이었다. 이 말을 전해 들은 나는 사건의 내용을 떠나 "당신이 거룩한 종이라는 것은 남이 당신에 대해 평가해 주는 것이지 당신 스스로 평가할 내용은 아닌데?"라고 지적하면서 잠시 그와 논쟁을 했던 기억이 난다. 너무 당당하게 큰 목소리로 자신을 거룩한 종이라고 평가하는 데에 사실 너무 의아했기 때문에 시간이 흐른 지 제법 되었는데도 그 표정, 그 말투까지 내 기억에 남아있다.

사실 기도라는 것은 우리 인간의 연약함의 증표요 상징이다. 연약하지 않다면 기도할 필요가 없는 것이다. 금방 언급했듯이 스스로 거룩한 종이라고 말을 하는 사람이 기도를 한다면 무슨 기도를 하겠나? 하나님 외에 거룩한 자가 없는데. 그리스도인으로서 하나님과 관계하면서 늘 힘을 공급받곤 하지만 그럼에도 불구하고 우리는 연약하기 때문에 언제나 유한함을 느끼니 무한하신 하나님 앞에 앉아 그분의 인도를 받아야 하고, 그분의 도움을 받으며 살 수밖에 없는 것이 아닌가? 너무나도 다급하고 어려워 그분의 도움을 받지 않으면 안 되는 절실함 가운데 시간을 정하여 장시간 금식을 한 사람들이 왜 자신들이 오랜 시간 금식한 것에 대해 자랑을 해야만 하는가? 하나님 앞에 자주 나아가는 사람들은 그만큼 자신의 연약함을 인정하는 것이고, 스스로 할 수 있는 일이 많지 않기 때문이고, 스스로 할 수 있는 일이 아주 제한적이라는 사실을 인정하기 때문이다. 소위 '마마보이'라는 말은 조그마한 일만 있어도 엄마를 찾는 어른 아기 같은 느낌으로 비아냥거릴 때 사용된다. 마마보이처럼 조금 어려운 일이 있으면 하나님 앞에 나아가 하나님의 도움을 요청하는 사람들을 '하나님 키즈(God-kids)'라고 속칭한다면 과연 우리가 사람들을 향하여 무슨 자랑할 것이 있겠는가? 걸핏하면 하나님을 찾는다는 말은 그만큼 자신이 연약하다는 말인데…….

필자가 여기에서 강조하고자 하는 포인트는 **'일치'** 또는 **'일관성'**이다. 종교적인 예절의 행위가 아니라 진짜 하나님과 상의해야 하고, 하나님에게 도움을 요청하고자 기도를 하는 사람은 삶 속에서도 하나님을 의지하고, 인정하고, 사람들 앞에 자신의 연약함을 인정하는 것이 맞다. 만일 나의 기도의 모습을 통해 종교성을 높이 평가하는 사람들 앞에 종교성에 대한 인정을 받기 위한 도구로 사용한다면, 그 사람은 종교인이지 하나님의 도움을 요청하는 참 그리스도인의 모습은 아니다.

돈이 없는 사람이 돈을 빌린다. 돈을 빌리면서 나는 빚쟁이라고 자랑하며 다니지 않는다. 말을 잘해서 돈을 잘 빌렸다고 떠들고 다닐 일이 아니다. 그런데 은행에서 큰 돈을 빌려 크게 사업하는 사람들은 이상하게 큰 사업가로 자랑하고 힘을 쓰기도 한다. 돈을 적게 빌릴 수 있는 사람과 크게 빌릴 수 있는 사람, 돈을 빌린 규모로 놓고 보면 분명 큰 빚쟁이인데 세상에서는 능력이 있는 사람으로 평가를 받는다. 물론 부정이 개입되지 않은 선에서 은행은 손해를 볼 일이 아니기 때문에 까다로운 점검을 통해 돈을 내주는 것이니 그 사람이야 큰 소리 칠만도 할 것이다. 그럼에도 불구하고 큰 돈을 빌린 빚쟁이임에는 틀림이 없다.

이러한 모습을 기독교 안에서 볼 수 있다. 세상의 논리 기반 위에서 보이지 않는 하나님을 믿고 사는 신앙의 세계도 세속적으로 해석하려 들고, 이성과 합리라는 논리에 근거하여 하나님의 신비한 능력을 해석하려는 시도도 늘 있어왔다. 지극히 세속적이다. 몸은 교회 안에 있으면서 논리는 세속적인 것을 유지하며, 그 논리 위에서 하나님에 대해, 하나님의 몸 된 교회에 대해 지속적으로 말을 한다. 기도하는 사람일 수가 없다. 하나님 앞에 무너지는 심정으로 무릎을 꿇고 하나님의 자비하심을 구하는 구도자의 모습일 수가 없다. 생활 가운데 기도가 있을 수 없고, 기도하면서 삶을 유지한다고 말하기 어렵다. 그리스도인이라면 사도 바울과 같이 자신의 갈등을 솔직하게 인정하면서 겸허히 하나님 앞에 무릎을 꿇고 하나님의 도우심을 요구하는 것이 마땅하다. 분리해서 생각할 수 없는 것이다.

이러한 관점에서 기도하는 삶과 실제 생활의 일치는 아주 중요한 의미를 가지며, 이러한 이유 때문에 느헤미야의 모델 중에 그래도 가장 매력적인 부분이 바로 이 부분이라고 할 수 있다.

기도하는 사람 : 매사를 하나님과 철저히 의논하면서 사람들 앞에선 지도자라면 더욱 그리할지니!

사람에게 주어진 종교성이라는 것은 어떻게 접근하고 이해하느냐에 따라 다양한 해석이 주어진다. 문명과 문화와 상관없이 사람이 모여 사는 집단 안에는 언제나 출생과 질병과 사망이 존재할 수밖에 없다. 잘 되어 흥하는 것 같다가도 안 되어 망하는 일이 늘 있게 마련이다. 싸스나 코로나 바이러스 같은 전염병이 돌면서 많은 사람의 생명을 앗아가기도 하고, 정성껏 키우며 자신들의 소중한 재산으로 알던 귀중한 동물에게 전염병이 돌아 몽땅 죽어버리는 일이 있기도 하다. 적당히 비가 와서 일년 농사 잘 마무리할 때쯤 갑자기 비가 물폭탄처럼 쏟아져 홍수가 발생하는 등 흥하기도 하고 망하기도 하는 일들은 인생사에 있어 늘 비일비재하다. 사람의 힘으로는 통제하기 어려운 일들을 자연을 통해, 인생사에 발생하는 여러 어려움을 통해 겪으면서 사람들은 한계도 느껴보고, 두려움도 갖게 되었다.

병에 대한 두려움, 사망에 대한 두려움, 사망 후의 세계에 대한 호기심과 불안함, 그리고 천재지변에 대한 인간의 무력함 등은 사람들의 마음에 무엇인가 의존하지 않고서는 안 되겠다 하는 마음을 갖게 하였고, 이러한 것이 사람들로 하여금 종교를 갖게 되는 원인으로 작용해 온 것은 사실이다.

종교는 무한한 힘을 가진 초자연적인 신적 존재를 전제 조건으로 한다. 유한한 능력과 시간과 장소를 초월하는 무한한 힘과, 영원의 시간과, 주어진 공간을 초월하는 이론을 내포한다. 그래서 유한한 인간은 인간 세계에서 어떠한 위치에 있든지 이 종교를 받아들이는 시간부터 자신의 생각과 판단과 논리를 종교에서 요구하는 것에 맞추도록 강요를 받는다. 종교에서 말하는 신을 즐겁게 해야 사람의 세계에 환난이 닥치지 않을 것이라고 말하면서 어느 누군가의 자식을 제물로 바쳐야 한다면 거기에 이론과 논리적 판단이 맞서기는 어려운 것이다. 따지고 할 수 있는 성질의 것이 아니다. 얼마 전 통일교의 수백 쌍이 결혼하는 합동결혼식이 미국에서 있었는데, 총으로 무장한 사람들이 경호를 서면서 예식이 진행되는 사진이 신문에 실렸다. 바로 종교의 특징을 대변하는 모습이다. 미국인들의 일반적 이론과 상식으로는 설명하기 어렵다. 그러나 그 종교에 발을 담근 사람들에게는 종교적 이론이 우선하기 때문에 별문제 없이 참여가 가능한 것이다.

기독교는 하나님의 창조에서 기인하고, 창조 후에 주어지는 하나님의 축복으로 시작된다. 그리고 창조주의 형상에 따라 사람이 지어진다. 그리고 인간의 타락으로 인해 원죄가 인간 세상에 들어오게 되고, 이러한 죄의 문제를 해결해 주는 방법으로 오래된 언약(구약)과 새로운 언약(신약)이 소개된다. 창조주와 사람 간에 신격과 인격, 두 격이 함께 대화할 수 있는 방법도 소개된다. 그 전지전능하신 하나님, 무소부재(無所不在, omnipresent) 하시고, 무소부능(無所不能, omnipotent) 하시고, 무소부지(無所不知, omniscient) 하신 하나님이 자신의 형상을 따라 만든 사람들과 격의 교제를 하신다. 그래서 일방적인 것 같으면서도 일방적이지 않은 것이 기독교의 특징이다. 독재인 것처럼 보이면서도 민주적이고, 민주적인 것처럼 보이지만 결코 민주적이지 않은 신본 위주의 통치방식을 지향하시는 하나님을 우리는 신앙한다.

그래서 일방통행만 강조하는 기독교에 대한 이해는 50%만의 해석이다. 하나님을 믿는 신앙과 동시에 육체를 갖고 사는 이 세상 현실의 모든 현상을 하나로 묶어서 바라보고 해석해야만 하는 것이 기독교이고, 동시에 기독교에서 요구하는 신앙이다. 입만 열면 사람과 사람의 관계를 갈라놓고, 시기하고, 질투하고, 욕을 하면서 같은 입으로 하나님 앞에 무릎을 꿇고 기도하며 하나님에 대한 사랑의 고백을 하는 모습은 이율배반적인 신앙인으로 보는 것이 타당하다. 하나님 앞에 요구하는 기도만 하면서 자신이 할 일을 게을리하거나, 맡겨진 일을 대충하거나, 섬세하게 처리해야 할 일을 덤벙거리며 처리하는 자세는 밸런스가 맞지 않는 신앙인의 모습이다. 하나님과의 성실한 관계 유지, 그리고 살고 있는 세상 안에서의 정직함과 성실함과 충성된 모습 유지 등 모두가 함께 가는 것이 기독교의 신앙이기 때문이다.

하나님과의 관계도 영적으로 잘 유지하면서 동시에 맡겨진 책임에 대해서 결코 느슨하게 처리하지 않으며 살았던 느헤미야의 모범이 오늘을 사는 그리스도인들에게 귀한 모범으로 다가온다. 느헤미야는 이스라엘의 총독으로 임명받아 여러 준비를 끝내고 예루살렘을 향해 떠나기 전에 다음과 같은 요청을 왕에게 한다. "내가 또 왕에게 아뢰되 왕이 만일 좋게 여기시거든 강 서쪽 총독들에게 내리시는 조서를 내게 주사 그들이 나를 용납하여 유다에 들어가기까지 통과하게 하시고"(2:7). 느헤미야가 왕에게 요청한 이 내용은 그의 섬세한 일 처리를 보여주는 모습으로 해석된다. 이미 하나님께서 왕으로 하여금 느헤미야에게 조국에 돌아가 최고의 권력자로서 자기 백성을 섬길 기회를 부여한 상황이다. 하지만 그는 사람으로서 할 수 있는 일을 철저히 준비하는 모습을 보여주고 있다. "그냥 믿음으로 가면 되지, 조서는 무슨 조서?"라고 말할 사람이 적지 않을 것이다. 그러나 그는 하나님의 응답을 받은 상태에서도 자신이 할 수 있는 일은 철저하게 준비하였다.

뿐만 아니다. 나중에 이 책의 6장에서 '신중한 지도자'라는 주제로 좀 더 상세하게 다루겠지만, 느헤미야가 예루살렘에 도착한 후 일을 시작하기 전 그가 보여준 모습 속에서도 나타나 있다. 하나님에게 기도하는 자가 실생활 속에서, 어떠한 모습으로 주어진 상황 속에서 하나님과 대화하면서, 리더로서의 직무를 수행해나갔는지를 잘 보여주고 있다. 무엇보다도 느헤미야는 경거망동하지 않았다. 인기 영합을 위한 어떠한 쑈(show)도 하지 않았으며, 말만 하면 들을 수 있는 권력을 보여주기 위해 어떠한 정치적 행위도 하지 않았다. 그는 그냥 하나님과 상의하며, 어떻게 그에게 부여된 임무를 시작할 것인가에 대하여 인내하며, 관찰하고, 분석하고, 준비하고, 계획한 후에 일을 추진하고 있다. 그는 기도하는 자로서 무서울 정도로 하나님에게 집중하며, 구체적인 하나님의 감동 또는 지시가 있을 때까지 섣불리 움직이지 않았으며, 하나님의 지시에 따라 신중한 관찰과 분석의 시간을 가졌다.

'흉요성죽(胸有成竹)'이라는 고사성어가 있다. '가슴에 완성된 대나무가 있다'는 의미의 성어이다. 이 성어는 필자가 중국어로 강의하거나 설교할 때 자주 사용하는 것이라 나의 머리에 간직된 내용이다. 굳이 인용 근거를 footnote로 달지 않겠다는 말이다. 그림을 그리는 한 화가의 정원에 여러 종류의 대나무가 심겨 있었다. 화가는 여러 종류의 대나무가 계절에 따라 변화하는 모습을 오랜 시간 지켜보면서 계속해서 대나무에 대한 그림을 그렸다. 어느 정도 시간이 흐른 후에 이 화가의 머릿속에는 어떠한 모습의 대나무를 그려달라고 하여도 이미 어떻게 그려야 할지 구상이 다 들어가 있었다. 이러한 화가의 모습을 사자성어로 흉요성죽(胸有成竹)이라고 말하게 되었다. 머리 또는 가슴에 이미 완성된 대나무 그림이 들어있다는 표현이다.

느헤미야 역시 예루살렘에 사는 사람들 특히 당시의 백성을 대표하는 민장들과 제사장들을 만나기 전에 하나님과 시간을 가지면서, 앞으로 어떠한 방식으로 일을 시작할 것인가에 대한 흉요성죽(胸有成竹)의 시간을 가진 것으로 보인다. 어리버리한 상태에서 오랜 시간 힘든 시간을 보내면서 타협도 배우고 어떻게 해야 잘 생존할 수 있는가에 이미 도가 튼 그들과 만남을 가졌다가는 앞으로 어떻게 그들에게 휘둘리게 될지 인지하고 있었기 때문에 더욱 그러했을 것으로 본다.

하나님의 이름으로, 믿음이라는 이름으로, 할 일은 제대로 하지 않고, 직분이나 내세우고, 명분만 앞세우고, 권위나 언급하다가 실제 상황에서는 상황 파악이 되지 않아서 큰 실수를 반복하는 리더십 주위의 사람들은 얼마나 피곤할까? 기도하는 자로서 하나님의 인도하심의 그늘 아래에서 사람이 할 수 있는 최선의 노력을 기울이는 리더십을 느헤미야에게서 찾아볼 수 있다.

하나님이 세우신 지도자는 위기를
자신의 힘과 의지로 넘는 것이 아니라
철저히 하나님과 대화하며 넘어간다

사람이 살다 보면 여러 차례 위기라고 표현할 만한 큰 어려움 또는 시련을 맞이하게끔 되어있다. 영어에서는 crisis[7]라고 하고, 중국어 한자는 '위기(危機)' 즉 위험하다는 危險의 '위'자와 기회라고 하는 機會의 첫 글자 '기'자와 함께 쓰는데, 많이들 이러한 해석에 근거하여 "위기는 기회가 주어질 수 있는 수단"이라고 해석하기도 한다. 생명과학대사전에서는 "위기라고 하면, 안전, 경제, 정치, 사회, 환경 등의 면에서 개인, 조직, 사회 전체에 대해 불안정하면서도 위험한 상황을 야기한다거나, 또는 예상 이외의 돌발적인 사건"이라고 풀어 설명하였다. '불안정하면서도 위험한 상황의 야기', '생각하지 못했던 다급한 사건' 등이 개인이나 조직이나 사회 전체가 느낄 정도로 다가오는 것을 위기라고 이해하면 될 것이다. 개인적으로 심각한 질병이나 다급한 재정 문제, 학업이나 직장에서의 성취도와 연관된 심각한 어려움, 부부관계에서 설명하기조차 어려운 상황, 자녀와 관련된 말 못 할 문제들, 부모 자식 사이의 해결하기 어려운 갈등, 애정상의 풀기 어려운 문제 등등 일일이 다 설명하기 어려운 각종 위기를 우리는 이 땅 위에 사는 동안 적지 않게 경험한다.

'위기'라는 것은 해결책이 눈에 보이지 않을 때 사용한다. 문제가 닥치자마자 어떻게 풀어나가야 할지가 보이면 그것은 이미 위기라고 할 수 없는 것이다. 칼을 들고 나의 목숨을 노리는 사람이 나에게 달려올 때 순간적으

---

7) 헬라어의 krisis라는 단어에서 유래, Wikipedia 사전에서는 'a testing time' 또는 an 'emergency event' 라고 설명.

로 어찌할 바를 몰라 앞이 캄캄할 때 소위 절체절명의 상황을 위기라고 하는 것이다. 그래서 그 위기의 순간에는 평소에 그 위기를 당하는 사람이 갖고 있던 내면적인 모습이 여실히 드러나는 경우가 많다. 속에 있는 사람이 본체를 드러내는 시점이라고 할 수도 있다. 내공을 잘 쌓아 놓은 사람은 그 쌓아 놓은 내공만큼 대처하게 되고, 내공이 없으면서도 무엇이 있는 것처럼 살던 사람은 속이 비어있는 모습을 그대로 보여주는 수치스런 상황이 될 수도 있다.

그리 기쁘지 않아도 주님이 "항상 기뻐하라"고 하셨으니 그렇게 기쁘게 살려고 노력하던 신자의 경우, 감사한 상황에 늘 처하지는 못해도 주님께서 "범사에 감사하라"고 하셨으니 가능한 감사하며 살려고 애를 쓰는 그리스도인의 경우, 끊임없이 기도하기에 맞지 않는 조건에 살지만 주님께서 "쉬지 말고 기도하라"고 하셨으니 앉으나 서나 가능한 주님과의 교통을 유지하려고 애를 써 온 신앙인의 경우, 어떠한 종류의 다급한 위기가 찾아와도 이러한 사람들의 내면에 쌓인 내공의 역할은 제법 크게 작용할 것이라고 믿는다. 그러나 교회 생활에서 자신과 하나님과의 관계보다는 다른 사람들과의 관계에 더 중심을 두고 신앙생활을 해 왔다든지, 피상적인 하나님과의 관계를 유지해 오는 생활을 해 왔다면 위기에 대한 반응은 사뭇 달라진다. 하나님을 알지 못하는 일반인들과 크게 다를 바 없는 모습으로 대처할 가능성이 높다.

우리 육체의 눈에 보이는 '위기' 그리고 우리 눈에는 전혀 보이지 않는 위대하신 하나님! 당면한 위기를 당장 해결해 줄 수 있어 보이는 사람들! 그리고 불러도 불러도 응답하시는 것으로 보이지 않고, 앞으로도 응답하실 것 같이 보이지 않는 창조주 하나님! 하나님을 믿긴 믿지만 이러한 현실 속에서 어찌하랴?!

이스라엘의 총독으로 임명을 받아 솔로몬의 영광이 사라진 지 이미 오래된 예루살렘에, 형편없이 황폐하고 피폐해진 예루살렘에 온 느헤미야의 공직자로서의 삶은 아주 자연스럽게 위기로 점철되고 있음을 보게 된다.

예루살렘에 도착한 후 느헤미야는 먼저 조용히 상황 파악을 진행하였다. 그리고 아주 신중하게, 동시에 담대하게 "우리가 당한 곤경은 여러분 모두가 보고 있는 바입니다! 예루살렘이 황폐하고 성문이 불탔으니 자, 예루살렘 성을 건축하여 다시 수치를 당하지 맙시다!" 격려하면서 하나님의 선한 손이 어떻게 자신을 도왔으며, 바벨론의 왕이 무엇이라고 자신에게 말을 했는지 그들에게 전하였다. 이 말을 들은 이스라엘 백성은 크게 격려를 받고 힘을 얻어 "일어나 건축하자!" 하고 말을 하며 선한 일을 진행하려고 하였다. 느헤미야로서는 첫 번째 이스라엘 백성들, 즉 자신의 동포들 앞에 서서 간증도 하고 격려도 하면서 그들을 독려하였다. 이들의 반응이 생각보다 좋았다. 와! 하면서 그들이 일어나 느헤미야의 말대로 하자고 움직이기 시작하였다. 아무도 반대하거나 비판하지 않았다. 좋은 출발이었다.

그런데 호론 사람 산발랏과 암몬 사람 도비야와 아라비아 사람 게셈이, 즉 100년에 걸쳐 이스라엘을 마음대로 농락하던 이웃 나라 지도자들이 목소리를 높여 이스라엘 백성의 각오와 다짐을 업신여기고 비웃기 시작하였다. "너희가 지금 하는 일이 무엇인지 알기나 하는가?", "지금 너희가 하는 짓이 바로 바벨론 왕을 배반하는 일인지 알지 못하느냐?"라고 비웃으며 공격을 시작하였다. 임무를 시작하는 느헤미야에게 주어진 '**첫 번째의 위기**'였다. 이전 왕의 신하로 있을 때야 왕만 잘 수행하면 되었던 신하였다. 하지만 이제는 모든 책임을 지고 무너진 나라를 일으키는 힘든 책무를 수행해야만 하는 지도자로서 어느 누구도 의지할 수 없는 자리에 서서 맞이하는 땀이 절로 나는 순간이었다. '사면초가[8](四面楚歌)'와 같은 상황이었다.

이리저리 겁을 주면서 회유하고 흔들면 포기할 줄 알았던 이스라엘 백성이 계속해서 성을 건축한다는 말을 들은 산발랏은 아주 화가 났다. 먼저는 때리면 아무 대항 없이 맞고, 회유하면 가볍게 넘어가고, 만만하기만 했던 나라 이스라엘이 자신의 말을 듣지 않는 것에 화가 났을 것이고, 역사 가운데 이스라엘의 황금 시절을 들어 알고 있었기 때문에 이스라엘이 다시 회복되는 것만은 멈추게 해야 할 것이라고 믿었으므로 산발랏은 어떠한 모양으로든 이스라엘의 회복을 멈추게 해야만 했다. 그래서 그는 노골적으로 "이 미약한 유다 사람들이 하는 일이 무엇인가, 스스로 견고하게 하려는가, 제사를 드리려는가, 하루에 일을 마치려는가, 불탄 돌을 흙 무더기에서 다시 일으키려는가?"(4:2)라고 큰 소리로 비방하였다. 암몬 사람 도비야 역시 산발랏과 더불어 "그들이 건축하는 돌 성벽은 여우가 올라가도 곧 무너지리라"(4:3)고 비웃었다.

이렇게 본격적으로 일을 진행하려고 하는 느헤미야의 리더십에 작심하고 공격하기 시작하였다. 적의 수장들이 자신의 리더십을 흔들어대는 위기에 봉착하였다. 불가능한 상황처럼 보이던 예루살렘의 무너진 성벽을 다시 쌓으려는 위대한 도전을 한낮 길거리에 보이는 별 볼 일 없는 먼지처럼 여기게 만드는 발언을 하며, 느헤미야가 진행하고자 하는 일의 가치를 가소롭게 여기도록 만드는 발언을 하였다. 나의 말만 듣고 따르는 백성이 그들의 폭언 앞에 힘을 잃으면 어찌하지? 오랫동안 동네 깡패에게 이리저리 차이며 살아온 그들이 마음먹고 일어서려고 하는데, 이놈의 동네 깡패들이 또 몰려와서 훼방을 놓으니 그들이 하던 일을 포기하면 어쩌지? 난감한 상황에 봉착하

---

[8] 항우는 장사가 초나라와 싸우던 마지막 순간을 표현한 성어이다. 부상도 당했고, 싸우다 지쳐 일어날 기력도 없이 앉아있는데 주위 사방에서는 초나라의 노래만 들린다. 즉 포위되었다는 의미이다. 결국에는 자결한다.

였다. 위기였다.

　말로만 하는 회유로도 먹힐 줄 알았는데, 이전 같지 않게 유약한 이스라엘 사람들이 계속해서 일을 진행하더니 결국 "예루살렘 성이 중수되어 그 허물어진 틈이 메꾸어져 간다"(4:7) 하는 소식을 접하고는 "다 함께 꾀하기를 예루살렘으로 가서 치고 그곳을 요란하게 하자"(4:8)라고 하면서 이스라엘 백성에게 나아갔다. 이 말을 들은 느헤미야는 하나님에게 간절히 기도하면서, 동시에 이러한 일이 발생하지 않도록 파수꾼을 두어 밤과 낮 24시간 동안 방비하였다. 그럼에도 불구하고 함께 일하는 동료들인 유다 사람들마저 "흙 무더기가 아직도 많거늘 짐을 나르는 자의 힘이 다 빠졌으니 우리가 성을 건축하지 못하리라"(4:10)고 자포자기하는 상황까지 발생하였다. 뿐만 아니라 그 원수들의 근처에 거주하는 유다 사람들 역시 와서 "열 번이나 우리에게 말하기를 너희가 우리에게로 와야 하리라"(4:12)고 하면서 함께 일하는 유다 사람들을 겁에 질리게 하였다. 내분마저 발생하는 상황이었다. 위기 중의 위기였다!

　이름만 총독이지 사실 백성이 직접 선출한 사람도 아니고, 엄청난 군사력을 갖고 있거나, 경제력을 갖고 있거나, 명예를 갖고 있는 상황도 아니었다. 애굽의 포로로 살던 시대보다는 훨씬 짧은 세월이기는 해도 거의 1세기에 달하는 짧지 않은 세월 동안 이웃 나라의 등쌀에 이리 치이고 저리 치이면서 살아온 이스라엘 백성과 함께 무너진 나라를 회복하는 일을 진행하는 것은 결코 쉬운 일이 아니었다. 계속해서 협박하는 이웃 나라의 무서운 눈초리 앞에 겁에 질려 벌벌 떠는 그들을 격려하며 나가는 일이 얼마나 어려웠을까? 지속적으로 몰려와 야유를 퍼붓고, 백성의 민심을 동요시키고, 물리적인 압박을 가하려는 시도를 끊임없이 하는 모습을 보면서 중차대한 임무를 수행해나가는 느헤미야의 모습이 무겁게 느껴진다.

이러한 위기의 상황에서 느헤미야는 의외로 담담하게 두 가지의 원칙을 유지하며 힘든 상황을 넘어간다. 첫째는 '**하나님에 대한 믿음의 지속적 선포**'였다. "내가 그들에게 대답하여 이르되 하늘의 하나님이 우리를 형통하게 하시리니 그의 종들인 우리가 일어나 건축하려니와 오직 너희에게는 예루살렘에서 아무 기업도 없고 권리도 없고 기억되는 바도 없다!"(2:20)고 선포한다. 또 다른 유사한 상황에서도 "우리 하나님이여 들으시옵소서 우리가 업신여김을 당하나이다 원하건대 그들이 욕하는 것을 자기들의 머리에 돌리사 노략거리가 되어 이방에 사로잡히게 하시고 주 앞에서 그들의 악을 덮어 두지 마시며 그들의 죄를 도말하지 마옵소서 그들이 건축하는 자 앞에서 주를 노하시게 하였음이니이다"(4:4-5)라고 하나님께 하소연한다.

하나님을 알지 못하는 자들이 보면 능력 없는 자의 유약한 하소연 정도로 여길 수 있는 내용이다. 그러나 하나님의 살아계심을 믿고, 그분에게 드리는 기도를 들으시는 분이라는 믿음을 가진 자들에게는 지극히 당연한 반응으로 이해된다. 그들의 눈에는 유약한 모습으로 비칠 수 있는 모습이지만 강한 자로 비치기 위해 우리가 마땅히 취해야 할 이러한 모습을 포기하는 어리석음은 결코 취할 수 있는 것이 아니다. 온 우주 만물을 창조하신 하나님을 믿는 그리스도인 지도자가 세상의 지도자와 다름이 바로 여기에 있는 것이 아닐까?

두 번째로 그는 자신이 할 수 있는 모든 일을 '**성실하게 진행**'하였다는 것이다. 먼저 믿음의 권고였다. 그는 "일어나서 귀족들과 민장들과 남은 백성에게 말하기를 너희는 그들을 두려워하지 말고 지극히 크시고 두려우신 주를 기억하고 너희 형제와 자녀와 아내와 집을 위하여 싸우라"(4:14)고 말하면서 동시에 "하나님이 그들의 꾀를 폐하셨"(4:15)다고 굳게 믿는 모습이 보인다. 그리고 하나님이 우리와 함께 하시니 "우리가 다 성에 돌아와서 각각 일"

을 하면서 "성을 건축하는 자와 짐을 나르는 자는 다 각각 한 손으로 일을 하며 한 손에는 병기를 잡았는데 건축하는 자는 각각 허리에 칼을 차고 건축하며"(4:17-18) 동요함 없이 일들을 진행하였다.

그러면서 그는 "너희는 어디서든지 나팔 소리를 듣거든 그리로 모여서 우리에게로 나아오라 우리 하나님이 우리를 위하여 싸우시리라"(4:20)고 독려하였다. "우리가 이같이 공사하는데 무리의 절반은 동틀 때부터 별이 나기까지 창을 잡았으며 그 때에 내가 백성에게 말하기를 사람마다 그 종자와 함께 예루살렘 안에서 잘지니 밤에는 우리를 위하여 파수하겠고 낮에는 일하리라 하고 나나 내 형제들이나 종자들이나 나를 따라 파수하는 사람들이나 우리가 다 우리의 옷을 벗지 아니하였으며 물을 길으러 갈 때에도 각각 병기를 잡았느니라"(4:21-23)와 같은 충실함을 유지하였다.

그가 당면하였던 문제들은 참으로 위기라 할 정도의 심각한 것이었다. 그럼에도 불구하고 그는 끊임없이 철저하게 하늘에 계신 하나님만을 바라보며 그를 의지하고 또 의지하면서, 동시에 하나님 앞에 마음으로 무릎을 꿇으며 해야 할 일들에 최선을 다하여 실행하면서 위기를 넘기고 또 넘기며 맡겨진 일들을 수행하였다. 오늘의 그리스도인 리더십에게 귀감이 되는 모습이라 할 것이다.

기도와 삶을 하나로 엮는 자, 하나님에게 가야 할 공(貢)을 결코 취하지 않는다(2:7-8; 6:16)

진정한 의미의 부와 명예는 쟁취하는 것이 아니라 뒤에서 따르고 위로부터 주어지는 것이라고 하면 동의하기 어려울까? 동의가 어려워도 성경에서

부와 명예에 관해 말씀하는 원리는 하나님으로부터 주어지고, 하나님이 허락하심으로 뒤에서 따라오는 것이지 쟁취를 통해서 얻어지는 것이 아닌 것은 확실하다. 물론 그냥 따라오고 주어지는 것은 아니다. 조건이 있다. 조건이란 의외로 간단하고 단순하다. 마음을 비우고, 모든 삶을 성실하게 하나님에게 맞추는 것이다.

이사야 26장 3절에 "주께서 심지가 견고한 자를 평강에 평강으로 인도하시리니 이는 그가 주를 신뢰함"이라고 말씀하신다. 평강을 원한다고 평강이 주어지는 것이 아니라 평강 또는 평안함 역시 하나님으로부터 오는 것이라야 참된 의미의 평강이라고 할 수 있다. 그런데 이러한 평안함은 주님을 든든하게 신뢰하고 주님을 바라보며 사는 자에게 따른다고 말씀한다. 이러한 자의 마음은 바람이 부는 대로 이리저리 움직이는 갈대와 같이 상황과 조건에 따라 이리저리 움직이는 사람의 마음과는 다르다.

우리가 너무 잘 아는 신명기 28장은 복과 저주에 관한 내용이다. 자기 자신과의 관계, 남과의 관계, 물질, 명예, 건강 등 모든 것이 포함된 복과 저주에 관한 모든 내용에 대한 대전제는 오직 하나이다. 마음과 뜻과 성품을 다하여 하나님에게 마음을 두는 것이다. 하나님 제일주의를 의미한다. 모든 우선권을 하나님에게 둔다는 말이다. 그러면 각자에게 가장 적합한 하나님의 공급하심이 제공된다고 약속하신다. 하나님의 공급하심을 받기 위해 하나님에게 충성하고 순종하는 것이 아니다. 그냥 위대하신 하나님에게 초점을 맞추고, 늘 베풀어 주시는 그분의 은혜에 감사하여, 그분이 말씀하시면 그것이 무엇이든 그분의 뜻에 따르고자 늘 그분을 바라보며 사는 모습이다.

이러한 자들에게 하나님께서 가장 적합하고 필요한 것을 하나님의 시간에 그리고 하나님의 완벽한 방법으로 제공하신다. 물질이 필요할 때 거기에 맞는 물질로, 명예가 필요할 때 그 사람에게 가장 적합한 것으로, 건강이 필요할 때 맞추어진 건강이 제공된다. 이것을 참된 복이라고 한다. 물질도, 명예도, 건강도, 화목한 관계도 모든 선한 것이 하늘로부터 주어진다.

이렇게 주어지는 복을 경험하는 사람은 받는 모습도 세상 사람과는 다를 수밖에 없다. 주님을 바라보며 나가는 중에 뒤따르는 복이니 내 것이라 주장하지도 않을 것이고, 이러한 모든 복의 근원이 나에게서 온 것이 아니라고 일부러 겸손함을 유지할 필요도 없이 하나님의 은혜만을 고백하게 되는 것이다. 느헤미야가 자신에게 돌아올 수 있는 명예와 칭찬을 아무렇지도 않게 하나님에게 돌리는 모습을 보면, 바로 이러한 원리를 이해할 수 있다.

바벨론의 녹을 먹던 관원이 왕의 은혜를 입어 총독이라는 직분을 받아 조국으로 파견되었다는 것은 그 자체가 보통 일이 아니다. 그만큼 느헤미야는 자신에게 맡겨진 일에 성실함과 충성된 마음으로 일을 하면서 왕으로부터 신뢰를 받았고, 어려운 상황에 처한 조국을 위해 쓰임 받는 자리에 설 수 있었다. 왕으로부터 총독으로 임명받은 그는 그저 들떠서 아무 대책 없이 자신의 조국으로 돌아가려고 하지 않았다. 그는 즉시 은혜를 입는 그 자리에서 필요한 것을 구체적으로 왕에게 요구했다.

먼저 그는 바벨론에서 이스라엘로 돌아가는 길목마다 그의 행렬을 방해하고 막아설 적들에 대한 방책을 요구한다. "내가 또 왕에게 아뢰되 왕이 만일 좋게 여기시거든 강 서쪽 총독들에게 내리시는 조서를 내게 주사 그들이 나를 용납하여 유다에 들어가기까지 통과하게 하시고"(2:7)라는 요청을 한다. 이미 정치인으로서 주변의 정세와 분위기를 잘 파악하고 있는 모습이 보인다. 요즈음의 정치인들과 같이 사익을 위해 또는 자신의 감성적 이념을 위해 흐린 판단을 서슴지 않고 하는 것과는 대조되는 모습으로 다가온다. 느헤미야의 이러한 요구는 막강한 권력을 가진 왕 앞에서 위험을 무릅쓴 타당한 요구임에 틀림없다.

그리고 이어서 "성전(temple, 聖殿)에 속한 영문의 문과 성곽과 내가 들어갈 집을 위하여 들보로 쓸 재목을 내게 주게 하옵소서"(2:8)라고 요청한다. 본국에 도착하여 본국의 동포에게 민폐를 끼치거나, 재정을 축낼 필요도 없이 가는 길이 험하더라도 성전의 문과 성벽과 자신이 들어갈 집 등을 지을 수 있는 자재들을 부유한 땅에서 들고 가겠다는 생각까지 하면서 왕에게 도와 줄 것을 요청한 것이다. 어떻게 보면 '아니면 말고' 하는 마음으로 요청해 본 것일 수도 있을 것 같기도 하다. 하지만 당시 나는 새도 땅에 떨어뜨릴 힘을 갖고 있던 대국의 왕이 요청하는 사람의 마음을 읽지도 못하고 쉽게 허락할 수 있는 상황은 아닌 것으로 보인다.

이미 죽을 각오를 하고 왕 앞에서 슬픈 기색을 보였고, 왕이 물어 왔을 때 역시 왕의 나라를 위한 슬픔이 아닌 자신의 조국에 대한 슬픔을 표현한 것만으로도 얼마든지 죽임당할 수 있는 상황이었는데, 그는 각오하고 사실을 직고하였던 것이다. 그리고 조국으로 돌아갈 것을 허락받은 것만 해도 상상할 수 없을 정도의 은혜인데, 여기에서 한 걸음 더 나아가서 챙기고 갈 것까지 왕에게 요청한다는 것은 결코 '아니면 말고'의 마음으로 할 수 있는 것은 아니라고 보는 것이 타당하다.

그가 죽을힘을 다하여 왕을 설득한 후에 그는 "나의 진실된 요청과 목숨을 건 간청을 바라본 왕이 나의 요청을 허락하였다"고 쓸만했다. 많은 간증 속에 쉽게 들을 수 있는 내용이 이러한 것이다. 내 말을 할 때는 당연히 내 말을 하고, 나의 수고에 대한 말을 해야 할 상황에서는 하는 것이 맞다. 하지만 많은 경우 하나님의 이름을 높이는 것 같으면서도 은근히 자기의 이름을 가장 중심에 집어넣는 경우를 얼마나 쉽게 볼 수 있는가? 그런데 느헤미야는 아주 간단하게 "내 하나님의 선한 손이 나를 도우심으로 왕이 허락하고"(2:8)라고 하면서 모든 공을 하나님께 돌렸다. 자신과 왕 사이에 하나님의 선한 손이 도우시지 않았다면 도저히 왕이 허락할 수 있는 상황이 아니었음을 보여주는 내용이다.

여기에서 조심할 부분은 결국 '그래도 나였으니 하나님의 선한 손이 도우셨지'라는 생각이나 표현이다. 하나님의 선한 손의 도우심이 강조되는 것이 아니라 하나님의 선한 손의 도움이 올 수밖에 없는 사람에게 초점을 맞추는 화법은 언제나 존재하고 늘 존재해 왔다. 신유의 은사를 받은 사람에게 돈을 갖다 바치는 이유가 무엇일까? 신유의 능력이 하나님으로부터 오는 것인데 왜 중간에 있는 사람이 감사의 표현을 받아야 하고, 존중을 받아야 하는 것일까? 수년 전 친구의 형님이 중한 병에 걸려 고통 중에 있었다. 나의 친구는 형을 살리고자 하는 간절한 마음으로 형님이 입원해 있는 병원으로 신유의 은사가 있는 분을 모시고 갔다고 한다. 그런데 그 사람이 요청하기를 3천만 원을 내라는 것이었다. 그 정도 돈을 내야 간절한 마음이 생겨 하나님을 붙잡게 되고, 그렇게 하나님을 붙잡고 있을 때 자신이 기도하면 하나님이 들어주신다는 말 같지도 않은 요청을 하였단다. 돈이 없었으니 망정이지 돈이 있었다면 그 돈을 다 주고 기도를 받았을 것이 아닌가?

물론 느헤미야나 신유 은사를 받은 사람을 놓고 보면 나름대로 얼마든지 자신을 내 세울 수 있는 타당성을 갖고 있다. 느헤미야는 정치인이었다. 정치인이니 왕과 대면할 기회가 다른 사람에 비해 많았을 것이고, 그러한 상황 속에서 자신이 해야 할 일을 할 기회가 주어진 것으로 보면 충분히 정치인 느헤미야로서 할 말이 왜 없었겠는가? 신유 은사를 받은 사람이 하늘로부터 주어진 믿음이 있다 보니 예수님이 약속하신 말씀들을 삶 속에 믿음으로 적용할 수 있는 기회가 어쩌면 다른 사람보다 더 많을 수 있지 않을까 생각해 본다. 신유 은사뿐이겠나? 모든 은사가 다 그렇겠지. 예언의 은사를 받은 사람이 하나님으로부터 받은 은사를 사용하여 앞날을 말하고 앞으로 발생할 일들을 경고할 수 있는 것은 당연한 것이겠지. 그러나 엄밀히 말해 하나님을 믿는 사람들이, 하나님의 능력을 믿고, 하나님의 역사하심을 믿는 사람들로서 자신에게 주어진 은사를 활용하여 자기의 유익만을 생각하며 나가는 것은 하나님 앞에서나 사람 앞에서 분명한 반칙의 행위를 하는 것이다.

하나님께서 세워 주시고 맡겨 주신 일들을 성실하게 진행함으로 도움을 받은 사람들은 당연히 그리고 자연스럽게 그러한 자들을 존중하고 경의를 표하게끔 되어있다. 그것까지 어떻게 막을 수 있겠는가? 하나님의 말씀을 잘 해석하여 현실을 사는 사람들에게 성실함과 정직함과 설득력을 갖고 설명하고 이해시켜주고 도전하는 말씀의 사역자들 역시 존중받는 것이 마땅하다. 성경에서도 "잘 다스리는 장로들을 배나 존경할 자로 알되 말씀과 가르침에 수고하는 이들에게는 더욱 그리할 것이니라"(딤전 5:17)고 교훈하고 있다. 이를 의역해서 설명하자면 교회 안에서 행정을 보고 여러 가지 처리해야 할 일을 하는 장로 중에 잘하는 이들이 있으면 다른 사람들에 비해 갑절로 존중을 표하되 말씀을 잘 가르치는 목자에게는 더욱더 그렇게 해야 할 것이라는 말씀이다.

성경에서도 하나님의 도구이지만 맡겨진 일들을 잘 수행하는 사람들에 대해 충분히 존중할 필요가 있음에 대해 언급하고 있다. 그러니 마땅히 경의를 표할 필요가 있는 것은 당연하다. 또한 연약한 인간이기 때문에 많은 사람이 자신을 칭찬하고 높여주고 존중하면 자연스럽게 교만해질 수 있는 것도 인정하고 받아들일 수 있는 내용이다. 문제는 도를 넘는 경우이다. 겉으로는 하나님 덕분이라는 것을 끊임없이 강조하지만 내면적으로는 실제로 '나니까 이 정도 하는 것이지'라고 생각하는 경우이다. 생각으로 그치는 것이 아니라 행동으로 나타나기 시작한다. 하나님에게 100번을 감사해도 놀라운 일을 수행한 본인에게 감사의 표현이 나오지 않을 때 흥분하기 시작하고, 화를 내고, 말로 표현한다. 그리고 심지어 불평하고 저주까지 하게 된다. 사실 이러한 일은 어찌 보면 오늘을 사는 이 세대에서 쉽게 볼 수 있는 현상이다.

느헤미야는 왕이 자신의 요청에 귀를 기울여 이스라엘로 돌아가서 조국에 살고 있는 백성을 도울 수 있도록 허락하였을 뿐만 아니라, 성벽을 쌓고, 성전의 문을 만들고, 자신의 집을 지을 자재까지 자신의 요청에 따라 주기로 작정하였을 때, 그는 "하나님의 선한 손"이 왕의 마음을 만져주셨기 때문에 가능한 것이었다고 진솔하게 표현하였다. 마음으로는 얼마든지 이러한 생각을 할 수 있다. 내가 한 것이 아니라 하나님이 하신 것이지. 하나님이 도와주지 않으셨다면 나는 결코 할 수 있는 일이 아니지. 하지만 다른 사람들에게까지 이것은 하나님의 도우심이 없었다면 결코 해낼 수 있는 일이 아니라는 말을 글로써 남긴다는 것은 철저하게 자신의 한 일을 하나님의 이름 뒤에 머물러 있도록 하고자 하는 의지가 표명된 것이다. 잠시 하는 말로 대부분 사람이 하나님의 이름을 높일 수 있고, 하나님께 영광을 돌릴 수 있지만, 글로써 자신이 한 모든 노력을 하나님의 이름 뒤로 숨긴다는 것은 하나님에 대한 철저한 믿음이 없이는 해내기가 결코 쉬운 것이 아니다.

누구든지 이 정도는 할 수 있는 것인데, 왜 이렇게 이 내용 하나를 갖고 많은 말을 할 필요가 있는가 하고 물을 수도 있을 것이다. 하지만 21세기를 사는 이 시대의 교회와 교인들과 지도자들이 공히 심각하게 귀 기울일 만한 내용이라 생각하기에 지속적으로 이 부분을 강조하고 있는 것이다. 지금의 시대는 자화자찬의 시대이다. 이 시대는 자기에 대한 광고를 하는 것에 익숙해 있다. SNS를 통해 자기 사진을 올리고, 자신이 하는 일들을 올리고, 자신이 필요한 것들을 알리고, 소위 자기 홍보를 스스로 하는 시대에 우리는 살고 있으므로 자신을 알리는 것에 익숙해 있다. 그래서 교회 안에서조차 서로가 자신을 알리려고 애를 쓴다. 하나님께 영광이라는 구호가 부끄러울 정도로 '내 이름에 영광!'을 외치느라 애를 쓰는 사람들을 교회 안에서 쉽게 찾아볼 수 있다.

선한 일을 하면서도 이러한 일을 통해 사람들이 나에 대해 알아줄 것을 기대한다. 그래서 늘 '인증샷'을 즐긴다. 느헤미야와 왕의 대화를 통해 얻어낸 놀라운 결과를 오늘 우리의 입장에서 보면, 플래시가 이곳저곳에서 터지면서 큰 결과를 얻어낸 느헤미야의 V자 손가락이 신문에 대문짝만하게 나올만한 기사이다. 하지만 느헤미야가 오늘 이런 일을 이루었다고 과연 그렇게 했을까? 하나님의 손이 돕지 않았다면 결코 나올 수 없는 결과임을 엄숙하게 선언하였을 것이다. 다른 사람들이 어떻게 반응하고 무엇이라고 뒷말을 하든 개의치 않고 그렇게 선언하였을 것이다.

하나님의 일을 맡아 책임을 지고 나가는 지도자들은 늘 무거운 책임을 어깨에 지고 간다. 책임이 무거운 만큼 책망도 크고, 칭찬과 영광도 커진다. 그러나 지도자들의 한 걸음 한 걸음 발자국마다 하나님의 구체적인 도우심의 손길이 있음을 믿으며 길을 걷는다면, 결국 우리 지도자들의 고백 속에는 늘 하나님의 선한 손이 함께 하셨기 때문이라는 내용이 포함되어야만 할 것이다.

"또 그들에게 **하나님의 선한 손이 나를 도우신 일**과 왕이 내게 이른 말씀을 전하였더니 그들의 말이 일어나 건축하자 하고 모두 힘을 내어 이 선한 일을 하려 하매"(2:18).

다섯 번째 지도 원리 LEADERSHIP MANUAL

지도자 : 하나님의 자녀로서의 '격' 유지

하나님을 섬기는 사람들은 하나님의 신격을 존중하는 인격과 신앙의 품격을 유지하여야 한다. 하나님이 중히 여기는 것을 우리도 중히 여기고, 하나님이 내려다보는 것을 우리의 눈에 아무리 높아 보여도 하나님의 입장에서 내려다보는 용기가 필요하다. 여기에 우리의 격이 있고 우리의 품위가 있는 것이다. 하나님이 내려다보는 세상의 권세 앞에서 타협하고 굽신거리는 모습은 그리스도인으로서의 격과 품위를 포기하는 것과 유사하다. 그렇게 함으로 얻는 명예나 부나 권세가 아무리 크다 해도 하나님 나라의 범주에서 볼 때는 그리스도인으로서의 격과 품위에 손상을 준 모습 이상으로 생각되지 못할 것이다.

'격(格)'에 대해 일반 사전의 해석을 정리하자면, 주위 환경이나 자신의 '분수' 또는 위상에 어울리는 '품위' 등으로 이해된다.[9] 중국어 사전에서도 물건이나 사람에 대해 품질(品质), 품격, 인격 또는 풍모(风度)[10] 등으로 설명한다. '인격'이라는 단어는 사람에게 맞는 위상을 표현할 때 쓰는 말이다. 사람을 개나 돼지처럼 대하였을 경우 사람의 격이 무시되었다고 말을 한다. 또는 사람이 주위를 아랑곳하지 않고 자신의 본능적 욕심과 원함에 따라 행동할 경우에는 '인격도 없이 행동하는 사람'이라고 평을 한다.

사람이 무슨 일을 하려고 할 때 "그 사람이 그러한 일을 할 수 있는 자

---

9) https://dict.naver.com/search.nhn?query=%EA%B2%A9&ie=utf8
10) https://hanyu.baidu.com/zici/s?wd=%E6%A0%BC&query=%E6%A0%BC&srcid=28232&from=kg0

격(資格)이 있는가?"라는 질문을 하기도 한다. 資(자)라는 말은 '돕는다' 또는 '재능 재질' 등의 의미를 갖는다. 어떤 일을 해낼 수 있는가 없는가, 누군가를 도울 수 있는가 없는가에 대한 격을 논할 때 쓰는 말이다. 영어에서는 'dignity'라는 표현을 사용한다. "아무리 급해도 우리가 예의를 아는 사람으로서의 격(dignity)이 있는데…!"라고 표현할 때 사용되는 말이다.

그리스도인 즉 하나님의 자녀로서도 '격'이 있다. 하나님에 대해서 우리는 신성(神性) 또는 신품(神品)이 있으시다고 한다. 전지전능하시고, 사람의 생사화복(生死禍福, 죽고 살고, 화가 주어지고 복이 주어지는)과 모든 흥망성쇠(興亡盛衰, 흥하고 망하고 번창하고 쇠퇴하는 것)를 양손에 쥐시고 온 우주 만물을 처음부터 끝까지 통치하시며, 전 인류의 시작부터 현재까지 세세한 부분까지 구체적으로 간섭하시고 관할하시고 통치하시고 역사해 오신 신으로서 신격(神格)을 갖추신 분이시다.

이러한 하나님이 우리 인간의 입장에서 느껴지는 한계라면 보이지 않고, 만져지지 않는 분이라는 것이다. 물론 우리 입장에서의 문제지 하나님 입장에서는 전혀 문제 될 것이 없다. 만일 하나님이 보이고 만져지는 분이셨다면 어느 누가 그분을 믿지 않겠는가? 하지만 하나님은 그러한 방법을 택하지 않으셨다. 사랑이 눈에 보이고 만져지는가? 그러나 사랑의 존재를 부인할 사람은 없다. 미움이 보이는가? 눈에 보인다면 얼른 잡아서 멀리 던져 버릴 수도 있고, 내 마음에 다가오는 것도 얼마든지 피할 수 있을 텐데, 이 실체가 보이지 않는다는 것이 문제가 아닌가? 바람의 존재는 있으나 바람이 눈에 보이는가? 나뭇가지가 흔들리는 것을 보면서 바람이 어디에서 어떻게 불고 있는가를 알 수 있으나 우리 눈에는 보이지 않는 실체이다. 우리의 생각이나 판단이 뇌라는 기름 덩어리 속에서 만들어져 나온다는 과학자들의 이론은 입증되나 그 뇌라는 것의 형성은 미스터리일 뿐이다. 필자 역시 오래전에 인체를 놓고 정식으로 해부학을 할 때 머리를 열고 뇌를 해부해 본 적이 있지만 어떤 이론도 신비한 인체의 기능적 구조를 실제적으로 입증하기는 어렵다.

어쨌든 우리 그리스도인의 대전제는 이러한 하나님의 실존을 현실적으로 믿는 믿음이다. 이러한 하나님이 어떻게 친히 만드신 피조물인 사람과 관계를 맺으셨는가? 물론 창조주로서 본인이 친히 창조하신 인간과의 관계는 이미 형성되어 있었다. 창조주와 피조물로서. 하지만 전지전능하신 하나님이 창조하신 모든 것이 완벽했기 때문에 피조물로 만들어진 인간이 살 수 있는 환경 역시 완벽한 것들이었다.

이사야 11장 6-9절은 초기 에덴동산의 환경이 어떠했는가를 묘사해 준다. "이리가 어린 양과 함께 살며 표범이 어린 염소와 함께 누우며 송아지와 어린 사자와 살진 짐승이 함께 있어 어린아이에게 끌리며 암소와 곰이 함께 먹으며 그것들의 새끼가 함께 엎드리며 사자가 소처럼 풀을 먹을 것이며 젖 먹는 아이가 독사의 구멍에서 장난하며 젖 뗀 어린아이가 독사의 굴에 손을 넣을 것이라 내 거룩한 산 모든 곳에서 해 됨도 없고 상함도 없을 것"이라고 구체적으로 설명하였다. 최초의 인간 아담이 살던 당시의 환경이었다. 먹고, 싸고, 눕고, 자고, 놀고 하는 모든 조건이 완벽했던 인간 아담에게 무엇이 필요했을까? 창조주가 있었으나 어쩌면 그분을 찾을 이유가 없었을 것이다. 물론 타락 전의 영성이라는 것이 있었을 것이기에 흠 없는 영성 가운데 하나님과의 관계가 있었을 수도 있었지만 정식적 관계는 형성되지 않았던 형편이었다.

이러한 상황에서 하나님께서 어느 날 사람과 관계를 정식적으로 체결하기로 결정하신다. 마치 좋아하는 두 남녀가 서로 좋아만 하고 괜찮은 관계만을 유지하면서 사는 것으로 만족할 수 없어 결혼이라는 예식을 통하여 부부의 관계를 정식으로 체결하는 것과 같이, 하나님께서는 선악과를 둘 사이의 관계를 세우는 표증으로 정하셨다. 적지 않은 사람들이 쓸데없이 이것을 갖고 하나님이 인간으로 하여금 죄를 짓도록 원인을 제공하신 분이라고 억측을 부리지만, 하나는 알고 둘은 모르는 말이다. 그러한 표현은 마치 결혼한 부부가 심각한 싸움을 할 때 그냥 둘에서 편하게 만나기나 할 것이지 결혼은 왜 해서 이렇게 속을 썩이느냐고 말하는 것과 별 차이가 없는 말이다. 그렇게 되면 결국은 무릎을 꿇고 손에 반지를 끼워주며 구혼한 남성에게 모든 잘못의 원인을 돌리는 결과만 나올 것이다. 자식들이 말을 안 듣고 멋대로 군다고 자식을 낳지 말고 그냥 살 것이지 왜 이렇게 많이 낳아 고생하느냐고 말하는 것과 별반 차이가 없다.

자녀가 어느 정도 성장하였을 때 집에 귀가하는 시간을 정해주는 것은 부모이기 때문에 할 수 있는 규제이다. "내가 너를 사랑하니 몇 시에 들어오건 안 오건 나는 상관하지 않겠다"라고 말을 하는 부모가 있다면 제대로 된 부모가 아니다. 규제에 대한 불만이 있을 수 있지만, 규제가 있으니 부모와 자식의 관계라고 말할 수 있는 것이 아닐까? 규제와 조건이 없는 관계가 있을 수 있을까? 결혼한 부부가 처녀총각 시절 때처럼 집에 들어오고 싶으면 들어오고 들어오기 싫으면 안 들어 오는 것이 자연스러운 일이 될 수 있을까? 결혼이라는 예식을 통해 형성된 가정에 불문율이지만 존재하는 규칙이 있으므로 부부의 관계가 제대로 유지되고 있는 것이라고 말할 수 있듯이, 관계라는 것의 형성 속에는 공식적인 관계의 설정이 늘 따르게 마련이다.

우리 창조주 하나님께서는 에덴동산에서 마음껏 모든 것을 누리는 피조물 아담과 정식으로 관계를 형성하셨는데, 99%의 자유와 1%의 제한적 조건으로 정식 관계를 설정하셨다. 이 동산 안에 있는 모든 것을 다 먹고 즐길 수 있으나 이것 하나만 먹지 말라고 하셨다. 온종일 이곳 저곳 이 짐승

저 짐승과 놀며 장난치던 아담이 어쩌다 선악과를 보게 되거나 접하게 되면 순간적으로라도 '아! 저것은 하나님이 먹지 말라고 한 나무지'라는 생각으로 하나님을 생각하게 만드는 축복의 나무였다. 밖에서 정신없이 놀다가도 9시 뉴스 소리를 들으면 '아차 내가 10시까지는 집에 가야 한다고 엄마가 말했지!'라고 생각하며 놀던 자리를 정리하고 집으로 발걸음을 향함으로 내일을 위해 그리고 밤의 안전을 위해 집으로 귀가할 수 있는 축복된 규율과도 같은 것이다. 부모가 없는 고아는 그러한 모습을 보며 '나에게도 저렇게 나의 생활을 간섭하고 참견해 주는 부모가 있다면 얼마나 좋을까?'라고 생각할 수도 있는 것이 아닐까? 하지만 대부분 자녀는 그것을 축복된 규율이라고 생각하지 않고 간섭으로 여기는 편이다. 사실임에도 불구하고. 아담의 마음에도 어쩌면 그럴 수 있었을 것이다. 왜 100%에서 하나를 빼고 99%만 주느냐고.

　이러한 하나님께서 타락 후 죄성의 영향 아래에서 허덕이는 인간을 위해 새로운 규칙을 좀 더 많이 주셨다. 인간과의 관계를 좀 더 엄격하게 그리고 도덕적으로 철저하게 관리하지 않으면 죄성으로 인해 더 멀리 나갈 것을 염려하여 한편으로는 보호도 하고, 다른 한편으로는 죄성을 가진 사람들 간의 원활한 관계를 돕기 위하여 계명(誡命)을 주셨던 것이다. 특히 십계명은 자녀들이 부모님께서 자녀들을 위해 제정한 가정의 규칙을 준수하려고 애를 쓰는 것이 마땅하듯이 하나님에게 속한 모든 백성이 지켜야만 하는 창조주의 규칙이었다.

　하나님을 믿고, 하나님은 모든 축복의 근원을 제공하시는 분이라는 사실을 확실하게 믿는다면, 마땅히 하나님께서 제정하여 세워 주신 계명을 지키려고 애써야 하는 것이 하나님을 믿고 섬기는 자들의 '격'이 되는 것이다. 그리스도인의 인격이라 표현할 수 있다.

느헤미야는 이 그리스도인의 품격을 지키려고 애를 썼던 사람이다. 지도자가 되기 전에도 그리고 지도자가 된 후에도 그는 이 '격'을, 이 '품위'를 지키려고 항상 애를 썼다. 격과 품위에 대해서도 오해가 있다. 인간적으로 보이는 멋진 모습의 품위를 생각하는 것이다. 남들이 잘못된 행동을 해도 어깨 한 번 으쓱하며 넘어가 주는 모습을 격과 품위를 지키는 것으로 보면 오해이다. 물론 품어주고, 이해해주고, 사랑하고, 포용하면서 나가는 넓은 가슴은 당연히 필요하다. 나의 사사로운 이익에 매달려 남의 이익은 아랑곳하지도 않고 살아나가는 품위 없는 기독교인들이 적지는 않지만 이러한 모습이야말로 격이 떨어지는 삶이다. 따라서 원칙에 해당하는 주요한 범위를 벗어나서는 할 수 있는 한 일반적 품위와 격을 잘 유지해야 하는 당위성은 분명히 있는 것이다.

하지만 진리와 관계되고, 본질이 포함된 원칙의 문제가 대두되어도 팔짱을 끼고 일반적 품위를 유지하려고 한다면 문제가 된다. 예를 들어 복음을 전파하는 분야를 생각해 보자. 필자가 어떤 특정 사역을 비판하고자 함은 아니다. 많은 사람이 복음 전파 분야에 대한 혼동이 있어 두 가지 부분을 주제와 연관하여 소개하고자 한다.

'복음 전파'를 그냥 성경에서 요구하는 하나님의 요청이라는 차원에서 살펴보면 그리 처절해 보이지 않을 수도 있을 것이다. 하지만 영적 세계의 관점에서 바라보면 심각한 영적 싸움의 현장임을 인정하지 않을 수 없다. 성경에 근거하여 생각해 보자. 복음을 받는 당사자의 영적 상황은 어떠할까? 그 사람이 어떤 종류의 사람이든 상관없이 아직 예수님을 주님으로 모시지 않은 사람은 엄밀하게 말해 사탄의 영향권 안에 사는 사람이다.

요한일서 5장 12절과 19절은 냉정할 정도로 이 부분에 대해 설명한다. "아들이 있는 자에게는 생명이 있고 하나님의 아들이 없는 자에게는 생명이 없느니라"(12절). "또 아는 것은 우리는 하나님께 속하고 온 세상은 악한 자 안에 처한 것이며"(19절)라고 잘라서 말씀을 하셨다. 즉, 복음 전파의 시간은 하나님께 속한 우리가 악한 자 안에 처해 있는 사람에게 다가가서 악한 자의 품 안에 있는 자를 붙잡아 당겨 하나님에게 속한 자로 이끌어 들이는 행위인 것이다. 어찌 보면 이것은 전투다. 외관상 아무리 멋진 복장을 하고, 멋진 모습을 유지하고 있어도 영적 상황에서 바라보면 예수 그리스도가 없는 자는 생명이 없고 사탄의 권세 하에 있는 것이기 때문에 사탄의 통치가 역사하고 있는 상황이다. 사탄의 부하들이 창검을 들고 그를 지켜주고 있는 상황이고, 복음을 들고 가는 우리에게는 하나님의 군대가 창검을 들고 우리를 에워싼 상태에서 전투를 시작하는 것이다. 여기에서 승리하면 그 사람을 얻어서 주님 품 안으로 인도해 들이는 것이고, 여기에서 패하면 그 사람을 놓치는 것이다.

나는 말을 하고, 그는 듣는 것이지만, 보이지 않는 세계에서는 영적 피를 흘리며 공격하고 방어하는 전투가 벌어지는 상황이다.

그래서 우리는 복음 사역을 위해 다리를 놓아주는 구제 사역과, 어떠한 상황에서라도 예수 그리스도의 이름을 분명하게 제시하고 죄를 언급하고 회개를 요청하며 그리스도를 주님으로 영접하도록 이끄는 직접 복음 사역은 구별해야만 한다. 전략적 차원에서 이 둘은 하나여야만 하지만 전투 영역에 있어서의 구별은 존재해야만 한다. 동전의 앞뒤와 같고, 손의 바닥과 등과 같다. 양면을 가진 하나의 동전과 같이 같으면서도 동시에 다름이 존재한다.

이미 하나님을 믿은 성도들의 행위를 강조한 야고보서에서는 "하나님 아버지 앞에서 정결하고 더러움이 없는 경건은 곧 고아와 과부를 그 환난 중에 돌보고 또 자기를 지켜 세속에 물들지 아니하는 그것이니라"(약 1:27)고 했다. 이 말씀이 그렇다고 이런 구제에 대한 강조의 말씀이 "다른 이로써는 구원을 받을 수 없나니 천하 사람 중에 구원을 받을만한 다른 이름을 우리에게 주신 일이 없음이라"고 분명하게 선포하고 있는 사도행전 4장 12절의 말씀을 넘어설 수 있는 것은 아니다. 하지만 요즈음의 흐르는 분위기를 살펴보면 이 두 가지의 종류를 혼동하고 있는 모습이 관찰된다.

두 가지를 혼동하는 모습으로 설명하자면 어느 한쪽에만 올인(all in)하는 것을 의미한다. 예수 그리스도만 전하면 되는 것이지 그들이 어떻게 살 건 어떠한 모습으로 삶을 영위하건 상관없다는 식의 태도를 의미한다. 극단적이다. 왜 복음이 필요한가를 이해하지 못하는 한 극단이다. 이 땅 위에서 사는 우리 인간에게 왜 복음이 있어야 하고, 복음을 통해 무엇이 변화되고 회복되어야 하는가에 대한 이해가 부족한 극단이다. 왜냐하면 죄의 회개, 회개를 통한 관계의 변화, 관계의 변화를 통한 삶의 질의 변화, 같은 부류의 사람들의 도움을 통한 점프할 수 있는 과정 등등에 있어서 이 두 가지는 하나로 보아야 하기 때문이다.

그러나 이 두 가지가 조화를 이루기는 쉽지만은 않다. 어느 한 분야에만 집중하는 전문인들의 자기 분야에 대한 강조만 있는 것이 원인이다. 성숙한 그리스도인들의 참여일 경우에는 더불어 진행이 자연스러운 귀결이다. 하지만 그렇지 못할 때가 더 많은 것 역시 죄성의 영향과 죄로부터의 온전한 자유와 회복을 누리지 못하는 사람들의 어설픈 사역의 참여 때문이다. 또한 우리가 살고 있는 현 세대의 변화 역시 한 몫을 감당한다. 하나님을 처음 믿으면서 감격을 누려본 사람들은 어둠 가운데서 살던 고통과 좌절과 어려움을 너무나도 잘 알고 기억하고 있기 때문에, 한 사람이 주님을 구주로 영접하고 새 생명을 얻고 하늘에 소망을 두고 사는 하늘나라 백성으로 거듭나는 것에 열광할 수밖에 없다. 교회의 사역에 있어서 가장 기쁜 일이 과연 무엇일까? 교회의 건물을 으리으리하게 지어놓고 바라보는 목표 달성의 희열이 어둠에서 한 생명을 빛으로 인도하는 감격보다 더 커서야 되겠는가? 좀 더 큰 건물 지어놓고, 좋은 시스템 구축하여 이미 다른 교회 다니는 사람들을 모셔와 넓은 예배당을 가득 채운 모습에 감격하고 감동하는 것이, 한 생명 한 생명의 구원을 위해 자기 아들까지 이 땅에 보내 십자가상에서 모진 고난을 겪고 피 흘려 돌아가시게 한 하나님 아버지의 마음을 얼마나 이해하는 것일까?

모든 교회가 다 그렇다는 것은 물론 아니다. 하지만 금방 언급한 수준의 교회들은 가끔 교회의 본질을 잊곤 한다. 나는 선교사로서 교회가 선교사를 환영하고, 교인들이 선교사를 위하여 기도하고 열심히 협력하기도 하는 것에 크게 감사를 한다. 그럼에도 불구하고 가끔은 안타까운 마음을 버릴 수 없다. 그 이유는 복음에 대한 열정과 감격에 대한 '식상'이다. 식상(食傷)이라는 것은 먹는 것을 통해 상함을 얻는다는 뜻도 있지만, 지속적으로 같은 소재의 반복을 통해 질리고 물린다는 뜻을 갖기도 한다.[11] 이제는 선교에 참여하는 교인을 감동시키는 것은 어지간한 특별한 상황이 아니고서는 힘든 일이 되었다. 엄청난 인내를 갖고 기도하면서 한 영혼을 겨우겨우 아주아주 힘들게 주님 앞으로 이끌었다는 선교 보고를 통해 감동받을 교인은 이제 많지 않다. 여러 원인이 중간에 작용해 왔겠지만 현실은 그렇다는 말이다.

이제는 어둠 가운데서 배회하던 한 영혼이 복음을 통해 새 생명을 얻고 주님의 품 안에 안기는 간증보다 오히려 아프리카의 못 사는 나라 어린이들의 사진에 더 가슴 아파하고, 그러한 아이들을 입양하는 데 더 큰 의미를 갖고 기꺼이 그들을 위해 선교비보다 더 큰 돈을 사용하는 현실이다. 결코 나

---

11) https://ko.dict.naver.com/#/search?query=%EC%8B%9D%EC%83%81%ED%95%98%EB%8B%A4&range=all

쁘다고 말하는 것이 아니다. 우리 한국 전쟁 시절에도 많은 나라의 구호 손길 덕분에 많은 전쟁 고아가 어려움에서 벗어난 것 등을 생각할 때, 이미 앞에서 언급하였듯이 동전의 양면과 같고, 손의 바닥과 등처럼 함께 가야만 하는 중요한 것들이다. 하지만 영혼에 초점이 고정되지 않은 시선으로 참여하는 구제 사역이 과연 하나님께서 기뻐하시는 일일까?

복음의 전파를 위해 다리 놓는 사람들은 참으로 귀하고 귀한 사람들이다. 하지만 이러한 자들은 복음 전파를 통해 얻게 되는 새 생명에 대한 환희와 희열도 경험하기 어렵다. 오히려 하나님의 '하'자도, 예수님의 '예'자도 언급하지 못하면서 그들의 마음이 복음을 위해 열릴 때까지 고군분투하는 이들이다. 오래전 중국의 어느 한 지역에서 북한 비자를 신청해 놓고 기다리는 서양 사람들의 아침 기도회를 인도한 적이 있다. 호주에서 오신 어느 한 여인은 자신의 눈이 파랗고 머리가 까맣지 못한 것이 원망스럽다고 하시면서 눈을 브라운색으로 바꾸고 머리를 까맣게 하여 북한에 복음을 전하고 싶다고 말하던 그 갈망하는 눈동자를 잊을 수 없다. 결국 이분은 북한에 들어가 보지 못하고 고국으로 돌아가셨다. 그분이 나에게 말하기를 한 번 백두산 천지에 갔다 길을 잃어버린 척하고 북한으로 넘어갈까 하고 자신의 계획을 언급하기도 했다. 물론 그 일은 일어나지 않았지만 시간이 적지 않게 흐른 이 시점에서도 그분의 복음에 대한 열정은 나의 가슴을 뜨겁게 도전하고 있다. 복음의 전파를 목적에 두고 지금도 세계 곳곳에서 애타는 가슴으로 도전하면서 다리를 놓는 이들을 생각하면 마음껏 복음 사역을 감당해 온 사람으로서 고개가 숙여진다.

구제와 복음에 대해서는 아무래도 다른 지면을 통해 좀 더 마음껏 써야겠다는 결심으로 이 정도에서 접어야 할 것 같다.

어쨌든 느헤미야는 개인적으로 하나님을 믿는 하나님의 사람으로서의 '격'

을 제대로 유지하려고 애를 썼던 사람이다. 동시에 그는 여호와 하나님을 믿는 자로서의 품격을 상실한 자들에 대해 지도자로서 엄정하게 대처하는 모습도 보였다. 당시에 살던 유대인에게 있어 안식일은 십계명에 기록된 문자 그대로 지키던 아주 중요한 원칙이었다. 예수 그리스도의 부활하신 날을 기점으로 주일을 지키는 오늘의 주일 개념과는 아주 다른 의미를 지니고 있었다. 오늘을 사는 그리스도인이 이 당시 유대인들과 같은 개념으로 주일을 지키려고 한다면 율법주의자라고 공격하지만, 이 당시에는 예수 그리스도가 정식으로 오시기 전이었고, 율법 자체가 차지하는 비중 역시 현 시대와는 비교할 수 없을 정도로 엄중했었다.

　이러한 시대에도 법을 어기고 사익을 추구하는 사람들은 여전히 존재했다. 느헤미야 13장 14-22절의 말씀 가운데 이러한 사람들의 존재를 설명하고 있다. 여러 사람이 안식일에 술을 만드는 작업을 하였고, 동시에 그러한 물건들을 가지고 성안으로 들어가 판매하였다. 그리고 어쩌면 이러한 물건을 성 밖에서 만들어 성안으로 가지고 들어와서 파는 일을 유다의 귀족들이 협력을 해 준 것이라고, 17절 이하의 내용을 갖고 추측할 수 있다. "내가 유다 모든 귀인들을 꾸짖어 그들에게 이르기를 너희가 어찌 이 악을 행하여 안식일을 범하느냐"(13:17).

　느헤미야는 그저 꼬투리를 잡아 자신이 통치하는 일에 이용하고자 이러한 지적을 하고 책망한 것이 아니었다. 요즈음 비꼬는 표현으로 사용되는 소위 '지적질'을 하고 '책망질'을 함으로 자신의 지위를 공고히 하고자 하는 그러한 지저분한 목적으로 한 것이 아니었다. 그는 마음을 모아 하나님을 섬기지 못한 일 중의 하나로 하나님이 설정하시고 지키도록 요청하신 안식일을 마음을 다하여 지키지 못함으로 이스라엘이라는 나라가 어려움을 겪게 된 것이라고 이해하고 있었다. 18절 이하를 보면 "너희 조상들이 이같이 행하지 아니 하였느냐 그래서 우리 하나님이 이 모든 재앙을 우리와 이 성읍에 내리신 것이 아니냐 그럼에도 불구하고 너희가 안식일을 범하여 진노가 이스라엘에게 더욱 심하게 임하도록 하는도다"라는 해석을 갖고 책망하고 있다. 즉 그의 책망의 근거는 이스라엘에 대한 염려가 중심이었다.

  사람들 눈에만 띄지 않으면 무슨 일을 해도 상관없다는 식의 사람들의 종교성은 언제나 종교를 가장 추한 기복 신앙으로 전락시킨다. 하나님께서 하나님을 믿는 자들에게 주신 계명 중 두 번째 계명에 하나님인 것처럼 착각하고 섬길 만한 어떠한 형상도 만들지 말라고 하신 이유가 무엇일까? 사람들은 늘 눈에 보이는 어떤 것인가를 대상으로 만들어 그것을 하나님으로 여기든 아니면 하나님으로부터 주어지는 축복으로 여기든 뭔가 형상화하려는 도전을 끝없이 해 왔다. 형상화의 문제점은 형상화된 그 원래 본질이 사라지는 데에 있는 것이다. 동남아를 여행하다 보면 우상을 만드는 곳이 참 많이 있는 것을 보게 된다. 재미있는 것은 사람이 디자인하고 제작하여 만드는 하나의 조각품이 색을 입히고 어떤 의미를 집어넣어 파는 순간 어느 한 곳에 놓여 신처럼 취급을 받는다는 것이다. 우주 만물을 창조하신 하나님에 대해 많고도 많은 글과 표현으로 전 성경에 상세히 기록되어 있어도 하나님을 어떠한 그림으로 도저히 표현할 수 없거늘, 어찌 어떠한 형상으로 만들어 이분이 하나님이시라고 말을 할 수 있겠는가? 그러한 시도조차 참 어리석은 시도가 아닐 수 없다.

  하나님께서 왜 안식일을 주셨으며, 왜 율법을 주셨는가에 대한 충분한 이해 없이 이러한 원칙과 규칙을 형상화하기 시작하면서부터 원래의 의미와 목적은 자연스럽게 상실되는 것이다. 이미 앞에서도 언급하였듯이 안식일의 목적은 하나님이 쉬시기 위함에 있는 것이 아니다. 6일간 시끄럽게 기도하는 내용을 듣고 처리하는 데 지쳐서 이제 하루는 쉬어야겠다고 하나님께서 뒤로 빠지면서 안식일을 요구하셨던 것이 아니다. 안식일은 하나님께서 사랑하시고 아끼시는 사람을 위해 제정하신 것이다. 그 시간에 하나님께서 자신이 만드신 사람들이 하나님 앞에 나아와 예배하고 하나님과 교제하는 시간을 갖기를 원하시는 것이다.

그런데 그렇게 요청한 귀한 시간에 사람들이 모여서 또 누가 옳고 누가 틀렸고 하면서 싸운다. 하나님의 입장에서 보면 진짜 인간의 저속한 표현으로 미치고 팔짝 뛸 모습이다. 어찌 보면 죄성을 가진 인간에게 있어서 피할 수 없는 문제들이 아닌가 생각을 해 본다. 오죽하면 하나님께서 이사야서 1장에서 피를 토하듯 "너희의 무수한 재물이 내게 무엇이 유익하뇨 나는 숫양의 번제와 살진 짐승의 기름에 배불렀고 나는 수송아지나 어린 양이나 숫염소의 피를 기뻐하지 아니하노라 너희가 내 앞에 보이러 오니 이것을 누가 너희에게 요구하였느냐 내 마당만 밟을 뿐이니라 헛된 제물을 다시 가져오지 말라"(사 1:11-13)고 말씀하셨을까? 또 "너희가 손을 펼 때에 내가 내 눈을 가리고 너희가 많이 기도할지라도 내가 듣지 아니하리니 이는 너희의 손에 피가 가득함이라"(사 1:15)는 하나님의 거부는 무엇을 의미하는 것일까? 본질을 상실한 종교적 어떠한 행위든 하나님은 거부하신다. 복으로 형상화되었든, 종교적 의식으로 형상화되었든 본질이 부정된 종교는 그냥 종교일 뿐이다.

이스라엘이 단순하게 안식일을 안 지켰기 때문에 하나님께서 망하게 하셔서 남의 나라에 포로로 잡혀가 70년을 보내게 하셨을까? 느헤미야의 의도는 남이 보면 조심하고, 남이 안 보면 조심하지 않는 가식적 종교 행위를 유지하는 유대교 지도자들에 대한 분노의 표출로 나는 이해한다. 종교를 이용해 뒷거래함으로 물질을 얻어내려는 유다의 부자들의 모습이 그의 눈에 비쳤기 때문이었다. 겉으로는 자신들의 명예를 생각하고 체면을 생각하면서 거룩한 사람처럼 행동하면서도, 자신들의 사적 이익이 걸린 문제에 대해서는 하나님보다 자신들을 앞세우며 눈에만 띄지 않으면 된다는 식의 행위가 느헤미야의 눈에 들어온 것이었다.

한 나라를 통치하던 리더로서 자신의 리더십 위상만 생각하였다면, 그는 이러한 자들과 어느 정도 타협하면서 큰 문제를 만들 필요 없다는 식으로 대충 눈감아주며 넘어갈 수도 있었을 것이다. 누가 뭐라 하겠는가? 그러나 그는 역사를 이해하고 있던 사람이었다. 역사를 자신의 유익을 위해 끼어 맞추기 식으로 해석하는 어리석음을 범하지 않았던 현명한 지도자였다. 그래서 그는 타협을 택하지 않고 문제에 직면하기로 하였다. 그의 머릿속에는 여호와 하나님을 믿는 자들로서의 품격을 생각하고 있었을 것이다. 그리고 그가 믿고 섬기던 여호와 하나님의 신격 역시 그의 가슴 중심에 담고 있었다. 그래서 그는 그들을 강력하게 꾸짖고 대처 방안까지 분명하게 제시하였다. 13장 19-21절의 내용이 그것이다.

"안식일 전 예루살렘 성문이 어두워갈 때에 내가 성문을 닫고 안식일이 지나기 전에는 열지 말라 하고 나를 따르는 종자 몇을 성문마다 세워 안식일에는 아무 짐도 들어오지 못하게 하였으므로 장사꾼들과 각양 물건 파는 자들이 한두 번 예루살렘 성 밖에서 자므로 내가 그들에게 경계하여 이르기를 너희가 어찌하여 성 밑에서 자느냐 다시 이같이 하면 내가 잡으리라 하였더니 그후부터는 안식일에 그들이 다시 오지 아니하였느니라."

그리고 다시 한번 레위 사람들에게 그들의 직분에 대한 엄중함을 22절에서 강조한다. "내가 또 레위 사람들에게 몸을 정결하게 하고 와서 성문을 지켜서 안식일을 거룩하게 하라"고 요청한다. 성안으로 들어오려는 사람들과 성안으로 들어오게 하는 권한을 가진 사람들 간의 뒷돈 거래를 막겠다는 의지였다. 단순한 종교적 문제가 아닌 경제의 문제와 연관된 일이었다. 그래서 그 후의 보복이 더 무서울 수도 있는 처리 방법이다. 돈 만큼 무서운 힘은 없는 것 같다. 오죽하면 돈이 일만 악의 근원이라고 말씀하셨을까? 그래서 돈줄의 차단은 살인도 불러올 수 있는 무서운 처사라고 할 수 있고, 느헤미야는 이러한 위험을 감수하는 대처를 택한 것이다. 그래서 그는 이어서 "내 하나님이여 나를 위하여 이 일도 기억하시옵고 주의 크신 은혜대로 나를 아끼시옵소서"(22절)라는 절규를 마지막에 하였던 것으로 나는 짐작한다.

하나님을 섬기는 사람들은 하나님의 신격을 존중하는 인격과 신앙의 품격을 유지하여야 한다. 하나님이 중히 여기는 것을 우리도 중히 여기고, 하나님이 내려다보는 것을 우리의 눈에 아무리 높아 보여도 하나님의 입장에서 내려다 보는 용기를 가져야 한다. 여기에 우리의 격이 있고 우리의 품위가 있는 것이다. 하나님이 내려다보는 세상의 권세 앞에서 타협하고 굽신거리는 모습은 그리스도인으로서의 품위를 포기하는 것과 유사하다. 크게 다르지 않다.

지나간 세월 동안 한국의 정계와 재계에 영향력을 행사하였던 지도자들 중에 적지 않은 자들이 그리스도인이었다. 아마도 어쩌면 지금 한국의 국회 안에 국민을 대변한다는 국회의원 배지를 달고 있는 자들 중에 적지 않은 자들이 그리스도인일 것이라 생각한다. 그 중에 **'가나안'** 교인들[12]이 얼마나 있는지 알 길은 없지만, 그래도 그중에 단 몇이라도 느헤미야의 마음을 갖고 정치에 임하고, 규모 있는 기업을 이끄는 자들이 있었더라면 지금쯤 좀 더 하나님의 주권이 미치는 영역이 넓혀지지 않았을까 하는 아쉬움이 크다. 교회의 목사나 선교지에 있는 선교사들의 범주는 사실 매우 제한적이다. 교회로 부름받은 목사들은 교회 안에서 하는 일이 훨씬 더 많다. 선교사들에게는 선교지가 활동할 수 있는 영역이다.

---

12) 요즈음 교회에 출석하지 않는 교인을 표시하는 속어. 교회에 '안나가'를 거꾸로 발음하여 '가나안'이라 부르는 현대의 기독교 속어이다.

어쩌면 아브라함 카이퍼 역시 이러한 제한적 활동 범위를 인지하고 정치로 입문했을 것이다. 그가 크게 외치던 '영역 주권(Sphere Sovereignty)'에 대해 나는 십분 동의한다. 세상에 존재하는 1인치의 공간이라도 하나님의 주권이 미치지 않는 영역은 없다는 주장을 그는 목소리 높여 외쳤다. 그러면서 그가 살던 도시 전체의 성역화 운동을 전개했었다. 물론 그가 살던 나라와 당시의 문화와 종교적 현황 등과 오늘을 사는 우리 사회의 여러 조건과는 엄연히 많은 차이가 있는 것은 부인할 수 없는 사실이다. 그럼에도 불구하고 그 원리는 오늘을 살며 나름대로 지도자의 자리에 있는 모든 그리스도인이 머릿속에 담고 고민해볼 만한 것이라고 나는 생각한다. 이 세상을 창조하신 하나님을 믿고, 그 하나님이 여전히 이 세상을 통치하고 계시다는 사실을 진정으로 믿는다면, 그러한 고민을 하는 것이 우리들의 격에 맞는 고민이 아닐까 생각한다.

우리의 주머니가 두둑하든 그렇지 않든, 우리를 둘러싸고 있는 여러 환경과 여건이 우리를 여유 있게 만들고 있든 아니면 다급하게 하든, 우리 그리스도인은 특히 그리스도의 공동체 안에서 어떠한 형태로든 지도자의 자리에 있는 사람들은 이 격과 품위를 유지하면서 살도록 노력해야 할 것이다.

6

여섯 번째 지도 원리 LEADERSHIP MANUAL

신중한 지도자

"내 하나님이 내 마음을 감화하사"의 시간까지 그는 인내를 갖고 움직이지 않았다. 정치인이지만 그리스도인으로서의 정치인이었던 느헤미야의 이 모습은 하나님의 사람으로서 어떠한 분야에 한 역할을 감당해야 하는 모든 이들에게 아주 중요한 모델을 제시하고 있다. 아주 바쁘고 숨 막히는 와중에 3일의 시간을 보내며 하나님의 인도하심을 기다리는 모습은 아무리 우리가 1분 1초마다 빠르게 변화되는 시대에 살고 있다 하더라도 중요한 교훈으로 받아들여 우리의 리더십에 적용하며 살아야 한다는 원리를 제시하고 있다.

충분한 검토, 신중한 관찰과 조사와 정리 그리고 일을 진행(2:11-20)

그토록 그리워하던 예루살렘에 도착했다. 예루살렘에 가는 길이 쉬웠던 것은 아니었다. 느헤미야라는 사람이 예루살렘 성을 회복하기 위해 간다는 소식을 듣고 방해하려는 나라와 무리들이 적지 않게 있을 것이라고 예상한 느헤미야는 왕에게 요청하여 바벨론의 왕이 직접 써서 준 조서를 손에 들고 움직였다. 혼자서 민첩하게 움직인 것이 아니라 건축에 필요한 목재까지 잔뜩 들고 행진하듯 온 길이었기 때문에 긴장하면서 움직였을 것이다. 오는 길 내내 아마도 그는 여러 가지 생각과 계획을 세우며 왔을 것이다. 그러니 쉬운 길을 온 것이 아니었다.

　이렇게 온 길이니 느헤미야는 도착하자마자 당장 사람들을 만나 현지 상황의 구체적 내용도 듣고, 상황을 파악하여 일을 진행하는 것이 정상적인 순서였을 것이다. 하지만 그는 3일간 아무것도 하지 않았다. 아무리 급하고 바쁜 일이라도 그는 대사(大事)를 그르치는 실수를 범하지 않고자 신중에 신중을 기하는 모습을 보였다. 2장 11절에 "내가 예루살렘에 이르러 머무른 지 사흘 만에"라는 내용을 보면, 3일이라는 시간의 흐름을 알 수 있다. 그리고 2장 12절에 나오는 "내 하나님께서 내 마음에 주신 것을"이라는 말씀을 통해 기다림의 목적 또는 시간의 지체에 대한 설명을 이해하게 된다. 어쩌면 한 마디로 '기다림'의 시간을 갖는 지도자의 모습이라고 표현할 수 있을 것 같다.

　나는 생각하면서 동시에 몸을 움직이는 사람 중의 하나다. 가만히 앉아 생각하다가도 그 생각 속으로 내 몸이 따라 들어간다. 생각이 정리도 되기 전에 몸이 움직이는 것이니 참 급한 성격임에 틀림없다. 그런데 감사하게도 나의 아내는 생각의 정리가 완전하게 끝나기 전에는 절대 몸을 움직이지 않는다. 돌다리도 두들겨 건넌다는 유비와도 같은 성향의 사람이다. 그래서 성질 급한 나로서는 뒷다리를 잡히는 느낌이 들어 불만스러울 때도 간혹 있지만 오히려 발생할 수 있는 실수를 줄이는 역할의 도움을 아내를 통해 받는다.

　그렇다고 느리게 행동하는 모습을 높게 평가하고자 함은 당연히 아니다. 느릿느릿해서 마땅히 서둘러 처리해야 하는 일까지 제대로 처리하지 못하는 것은 게으름으로 분류되는 것이지 신중함으로 이해될 수 있는 것이 아니다. 일반적인 개념으로 보면 처리해야 하는 일에 대한 반응이나 움직임은 신속할수록 좋다. 서둘러 처리해야 할 일을 질질 끌고 세월아 네월아 하면서 뒤로 미루는 것은 어느 사회에서도 인정받거나 신뢰받을 수 없다. 성실과 신뢰와 연결이 되기 때문이다. 또한 느림이나 게으름에 근거한 것은 아니지만 필요 이상의 신중함으로 인해 진행해야 할 일들이 진행되지 못하거나, 촌각을 다투는 타이밍을 놓칠 수 있는 치명적인 약점으로 작용할 때도 있다. 때로는 신중함이라기보다는 이렇게 할까 아니면 저렇게 할까를 고민하는 시간이 길어지는 우유부단의 모습으로 평가될 수 있다는 말이다.

중국 속담에 '칠상팔하(七上八下)'라는 말이 있다. 요즈음 중국에서는 정치적으로 67세는 계속해서 일할 수 있는 자격이 주어질 수 있고(七上), 68세가 되면 은퇴(八下)하게 한다는 해석으로 사용되기도 하는데, 원래 이 성어와 연관된 내용은 어떤 일을 결정하는 데 있어 저울질하는 모습이다. 무슨 일을 하든 칠상팔하의 저울질은 없을 수 없으나 장시간의 저울질은 우유부단으로 받아들여질 수밖에 없다는 것이다. 7을 놓으면 올라가고 8을 놓으면 내려가니 7.5가 적당한 숫자가 될 수 있겠지만, 이 말의 뜻은 '할까 말까?' 고민하면서 시간을 보내는 모습이라는 뜻이다. 나 역시도 중국인과 무슨 일을 진행하는 중에 "어떻게 결정했나요?"라는 질문을 받을 때 자주 사용하는 말 중 하나가 바로 이 성어이다. "미안해요. 나는 아직도 칠상팔하 중이에요." 다시 말해 아직도 할까 말까 어떻게 결정할까에 대해 고민 중이라는 의미이다. 그래서 자칫 잘못하면 너무 지나치게 신중한 모습이 마치 자신감의 결여 또는 확정을 빨리 짓지 못하는 우유부단의 모습으로 비침으로 자신뿐만 아니라 주위 사람 모두를 힘들게 하고 힘을 빠지게 만드는 주범이 되기도 한다.

물론 아무리 생각해도, 성급한 일 처리로 인해 일을 그르치는 것보다는 답답해도 차라리 우유부단하게 그리고 느리게 일 처리하는 것이 안전할 수는 있으리라 생각이 든다. 차라리 답답한 것이 나으리라! 하지만 다른 한쪽으로 생각해 보면, 느린 것인지 게으른 것인지 구별이 안 될 정도로 동작이 느려 일 자체가 진행되지 않고 멈추어 있는 상태라면, 그리고 이것일까 저것일까 매일 반복되는 결정의 연장 가운데 아무것도 진행되지 않고 주어진 기회조차 잃어버린다고 생각해 보면 성질 급한 나로서는 오히려 실수하더라도 빨리 일을 진행하는 것이 더 나을 수도 있겠다는 생각이 든다.

양쪽 모두 장단점이 있기 때문에 흑과 백으로 나누어 논리를 전개할 필요는 없지만, 느헤미야가 보여주고 있는 하나님의 뜻과 하나님의 인도하심을 기다리며 인내를 동반한 신중한 모습은 오늘을 사는 우리 모두가 따를 만한 귀한 롤 모델이 아닐까 생각한다.

그렇게 꿈에도 그리던 본향에 도착한 후 "내가 예루살렘에 이르러 머무른 지 사흘 만에 내 하나님께서 … 내 마음에 주신 것을"이라고 2장 11절과 12절 앞부분에 기록하였듯이, 그는 3일간 움직이지 않았다. 어쩌면 큰일을 앞두고 금식을 하였을 가능성도 배제할 수 없다. 이미 1장 4절에서 큰 아픔을 느낄 때 "수일 동안 슬퍼하며 하늘의 하나님 앞에 금식하며 기도하여"라고 금식하면서 기도하였던 모습을 볼 때 어쩌면 그는 예루살렘에 도착하자마자 기자 회견을 열고 사람들을 불러 자신의 존재감을 드러내는 행위보다는 조용히 하나님과의 시간을 가지며 하나님께서 어떻게 인도하실지를 지켜보는 시간을 가졌던 것으로 보인다. "내 하나님께서 내 마음에 주신 것을" 아무에게도 말하지 아니하고 그는 인내를 갖고 움직이지를 않았다. 정치인이지만 그리스도인으로서의 정치인이었던 느헤미야의 이 모습은 하나님의 사람으로서 어떠한 분야에 한 역할을 감당해야 하는 모든 이에게 아주 중요한 모델을 제시하고 있다. 아주 바쁘고 숨 막히는 와중에 3일의 시간을 보내며 하나님의 인도하심을 기다리는 모습은 아무리 우리가 1분 1초마다 빠르게 변화되는 시대에 살고 있다 하더라도 중요한 교훈으로 받아들여 우리의 리더십에 적용하며 살아야 한다는 원리를 제시하고 있다. 어찌 보면 당연한 것이기도 한 이 원리를 뭐 그리 대단한 것처럼 말을 하는가? 그래도 한 번 숨을 들이마시고 생각해 보는 시간을 가져보자.

나는 대학 1학년 때 인격적으로 주님을 영접하였다. 처음 하나님을 경험하면서 그리스도인이 되었을 때는 하나님 외에는 아무것도 보이지 않았다. 마치 돌아온 탕자에게 잔치를 배설하며 대대적으로 환영하였던 탕자의 아버지와 같이 우리 주님은 탕자의 삶에서 돌아온 나를 아주 크게 환대해 주셨다. 3대째 그리스도인이었지만 허구한 날 술 마시고 담배 피우고 길거리에서 오가는 사람들에게 시비나 걸던 내가 예수님을 만난 것도 기적이었지만, 그 후에 경험한 것들을 생각하면 우리 주님이 돌아온 탕자에 대해 얼마나 기뻐하셨는지 이해가 된다.

지금도 기억나는 것이 있다. 그때가 1976년이었으니 한국 젊은이가 손에 들고 놀만 한 것은 아무것도 없을 때였다. 새벽에 깨기 위해 자명종 하나를 구입하는 것도 마음을 먹어야 했던 시절이었으니. 1976년 6월에 정식으로 주님을 나의 구주로 영접한 이후 나의 가슴은 뜨거웠으나 어떻게 신앙생활을 해야 하는지는 잘 모르고 있었다. 당시 내가 출석하던 교회의 청년 대학부 지도 전도사 역시 신학생으로 그저 뜨겁기만 했고, 성령의 은사에 대한 말은 많이 했지만 구체적으로 신앙생활을 어떻게 해야 하는지에 대해서는 그 분으로부터 별로 들은 기억이 없다.

그런 나에게 하나님이 새벽 기도를 가르쳐 주셨다. 물론 새벽 기도가 있었던 것은 알고 있었지만 그것이 나와 무슨 상관이 있는지는 그렇게 뜨겁게 주님을 영접하고 나서도 잘 몰랐다. 어느 날 새벽에 잠자고 있는 나를 누군가 흔들어 깨우는 것이었다. "성철아 성철아 일어나라!" 그래서 나는 눈을 떴다. 누군가 문을 열고 나가는 모습이 보였다. 그래서 나는 일어나 어머니에게 가서 나를 깨우셨는가 물었다. 어머님은 주무시다 깬 모습으로 "아니!"라고 대답하셨다. 시간을 보니 새벽 5시였다. 그때 문득 "새벽 기도나 가 볼까?" 하는 마음이 들었다. 그래서 준비하고 걸어서 5시 30분에 시작하는 새벽 기도회에 참석하기 시작했다. 이것이 내가 의지를 갖고 참석했던 첫 번째의 새벽 기도였다. 그 시간이 얼마나 달콤했던지! 그 후로 매일 똑같은 일이 똑같은 모습으로 반복해서 일어났다. 매일매일 누군가가 나를 깨워주었고, 나는 일어나 새벽 기도회에 참석했다. 그러다 보니 학교 공부가 끝나고 집에 돌아가기 전에도 먼저 교회에 들러 기도하고 집에 가고, 매주 금요일마다 철야 기도회에도 빠지지 않고 참석하는 하나님의 열성분자가 되었다.

그때는 하나님의 감화를 경험하지 않고 무슨 일을 시작하는 것 자체를 생각할 수 없었다. 매 순간 하나님과 대화하고, 배가 조금만 불편해도 바로 배에 손을 얹고 기도하고, 무슨 조그마한 일이 생겨도 주님과 상의하는 것을 당연한 것으로 여기던 시절이었다.

이런 첫사랑의 시간이 평생 변함없이 갈 수만 있다면 얼마나 완벽할까? 하지만 이 글을 읽는 독자들도 이미 다 경험한 내용이겠지만, 이러한 하나님 중심의 삶이 첫사랑의 시절처럼 계속 이어질 수 있는 것이 아니다. 사탄이 가장 즐겨 사용하는 매너리즘(Mannerism)이라는 복병이 결코 우리를 그냥 두지 않는다. '반복되는 행위에 대한 습관화'를 매너리즘의 정의라고 할 수 있지 않을까? 반복적으로 이루어지는 기도와 성경공부, 가르침과 전도에 대한 습관화! 참 무서운 말이다. 특히 지도자의 자리에 앉은 사람들에게 다가오는 매너리즘이야말로 무서운 마음으로 심각하게 경계해야만 할 적이다. 교회의 지도자만을 언급하는 것이 아니다. 모든 분야에 있어서 리더십에 있는 사람 모두에게 해당되는 사항이다. 특히 교회와 더불어 사회의 모든 분야에 종사하는 크리스천 리더십에 있는 사람들에게 있어서는 더욱 그러하다.

무슨 일을 하든 하나님의 영광을 위하여 하겠다고 마음먹고 참여할 때만 해도 뜨거운 열정 가운데 기도하면서, 한 가지 한 가지를 대할 때마다 하나님과 상의하면서 일들을 처리한다. 하지만 오랜 시간 외형적으로 볼 때 유사한 신앙 행위 즉 매일 기도하고, 말씀보고, 전도하려고 애쓰고, 하나님의 일에 참여하는 등의 비슷한 모습의 신앙생활이 반복되고, 동시에 하나님의 이름으로 진행되는 여러 종류의 선한 일들을 지속해서 참여하다 보면 자신도 모르게 서서히 신앙에 대한 습관적 행위로 들어가기 시작한다. 그리스도의 십자가를 생각하기만 해도 흘러내리는 눈물을 막을 길이 없었던 그때가 언제인지 기억조차 할 수 없고, 오히려 매일같이 그리스도의 십자가를 입버릇처럼 언급하고 가르치면서도 눈물샘이 바싹 말라붙은 모습으로 전락해가는 자신을 발견하게 된다.[13]

포로 2세대 또는 3세대의 사람으로 바벨론에서 태어나 교육을 받고 성장한 느헤미야였다. 엄청난 인종 차별과 무시당하는 서러움을 견디면서도 그 사회의 중추적 인물로 성장한 느헤미야였다. 비록 그 사회에서 무시할 수 없는 위치에까지 올라간 사람이지만 자신의 신앙을 지키면서 그 자리까지 갔던 의지의 사람이었다. 이방신을 섬기는 나라에서 그들의 입장에서는 전혀 다른 신, 즉 여호와 하나님을 섬기면서 왕을 옆에서 모시는 중신의 자리까지 올라간 과정을 상상해 보라! 단순하게 중생을 체험한 신앙인의 수준으로는 꿈도 꾸지 못할 일이니 바벨론 사람의 입장에서는 무서운 사람으로 보일 수도 있고 우리 그리스도인의 관점에서 보면 집요하면서도 의지로 가득한 사람이라고 평가할 수 있을 것이다. 하나님에 대한 확실한 체험을 하지 않은 상태에서 과연 자신의 신앙을 지키면서, 어쩌면 고집스럽게라고 표현하는

---

13) 임성철, 생명의 말씀사 《사역자 매뉴얼》 152-164쪽에서 비교적 상세하게 매너리즘에 대해 분석하고 설명해 주고 있다.

것이 맞을 정도로 느헤미야는 이방인의 사회 속에 들어가 자신이 할 일을 해내면서 위로 승진하고 있었던 것이다. 철저한 유대 교육 역시 큰 몫을 했겠지만 그 바탕 위에 하나님께서 그에게 주신 소명이나 하나님 나라에 대한 나름대로의 비전이 확실하게 있지 않았을까 하는 생각을 지울 수는 없다.

요즈음과 같이 대중문화에 모든 것이 오픈된 사회에서 사는 젊은이들은 어쩌면 느헤미야보다 더 독하지 않고서는 하나님을 중심으로 하는 신앙을 지키기 어려운 시대에 살고 있다. 우상을 영어로 idol이라고 한다. 독특한 모습으로 노래를 부르거나 춤을 추거나 연기를 하면서 사람들에게 자신들을 각인시키려고 노력하다 어느 날 많은 사람으로부터 인정을 받기 시작하면 젊은 사람들의 아이돌이 된다. 그들을 향한 환호와 싸인 공세와 비판을 하든 칭찬을 하든 수도 없이 많은 사람의 홈페이지 방문 등 외적 모습을 바라보며 많은 젊은이는 그들과 같이 세상으로부터 인정받고자 하는 욕망에 사로잡힌다. 이 아이돌 문화는 종교를 뛰어넘는다. 뚜렷한 가치관을 갖고 있는 사람들 외에 적당한 가치관 정도의 벽은 아무렇지도 않게 훌쩍 뛰어 넘어간다. 부모들을 통해 주어진 인생관 정도야 별 것 아니다. 종교도, 인생관도, 세계관도, 가치관도 제치고 물밀듯이 또는 순식간에 들어오는 미디어의 공격에 맞서 자신을 지켜내고자 애를 쓰는 젊은 사람들을 찾기 어려운 세대에 우리는 살고 있다. 이러한 문화를 경험해 보지 못한 사람들과의 갈등 역시 있을 것이고, 같은 문화권 안에서도 이러한 문화를 받아들이는 정도에 따라 나누어질 수도 있을 것이다. 어쨌든 현 시대를 사는 젊은이들 중에 자신의 기독교 신앙을 잘 지켜내며, 그 신앙의 본질에 맞는 삶을 살고자 애를 쓰는 사람이 있다면, 그는 느헤미야와 동일하게 독할 정도의 강력한 의지를 소유한 사람일 것이다.

독할 정도의 강력한 의지라는 표현이 부정적인 느낌으로 다가올 수도 있겠지만, 이전이나 지금이나 이러한 의지 없이 똑바로 신앙인의 삶을 유지하는 것은 결코 쉽지 않다. 자신이 힘들게 일하여 경제적으로 우뚝 선 사람이 모든 공을 하나님에게 돌리는 것 역시 보통 의지를 갖고는 해내기 어렵다. 자기를 내세우며 자신이 어떻게 노력하여 이 자리까지 올 수 있었는가는 말하기 쉽지만, 모든 공을 하나님께 돌리는 신앙인의 자세를 유지하는 것은 결코 쉬운 일이 아니다.

하나님의 돈과 나의 돈을 올바로 구별하며 사는 것도 의지가 작용해야 가능하다. "하나님의 것은 하나님에게로, 가이사의 것은 가이사에게로"(마 22:21)라는 원칙도 이해는 쉽게 할 수 있지만 지키려고 하면 고집 없이는 힘들다. 개인적인 이야기라 조심스럽지만 예로 들고자 한다. 우리 가정이 선교지에 머문 지 약 2년 정도 되었을 때, 미국에 계신 어머니가 방문 의사를 표하셨다. 그때 나는 아무리 어머니라 해도 어머니 방문 시에 내가 받는 선교비로 어머니를 모시는 것은 적절하지 않다고 생각했다. 그래서 어머니에게 "어머니, 제 선교비로는 어머니 방문 비용을 사용할 수 없습니다"라고 말씀을 드렸다. 돈이 있는 분이 아니셨다. 미국에서 노인 아파트에 혼자 사시고 계셨다. 어머니는 "알겠다"고 대답하셨다. 그리고 오시자마자 생활비와 방문 비용으로 나에게 2,000불을 내놓으셨다. 나는 당연하게 받아 넣었다. 그리고 어머니가 체류하시는 동안 그 비용으로 어머니를 모셨다. 지금(2020년)으로부터 약 25년 전에 있었던 일이다. 지금도 그때를 돌아보면 나도 독하고 어머니도 독하다는 생각이 든다.

딸 리브가가 결혼을 준비할 때 미국에 계신 어머니가 선교지에 있는 나에게 전화를 하셨다. 그리고 "나는 임목사가 딸 결혼 때문에 죄를 지을까 염려되어 전화하였다"고 말씀하셨다. 당시 나는 약간 당황스런 느낌이 들어 "무슨 말씀이신지요?"라고 여쭈었다. 어머니가 말씀하시길 "딸 결혼 때문에 임

목사가 선교비에 손을 대면 어쩌지 하는 염려 때문에"라고 하시는 것이었다. 그래서 차근차근 상황을 설명해 드렸다. 그제야 "그럼 이제 마음을 놓겠다"라고 말씀하시면서 전화를 끊으셨다. 이 글을 쓰는 지금 어머니의 연세는 만으로 94세이시다. 하지만 지금도 아들이 목사로 선교사로 혹시라도 잘못된 길을 걸으면 어쩌지 하는 눈으로 바라보시며 정확하게 필요한 말씀을 하신다. 60이 넘은 아들이지만 여전히 그러한 눈으로 바라보시는 분이 계심에 감사하지 않을 수 없다. 돈에 있어서는 공과 사를 명확하게 구별하시는 어머니시다. 진리 외에 타협이 없으시다.

하나님에 대한 확실한 경험과 말씀에 근거한 분명한 원칙이 없는 사람은 적어도 하나님 나라의 중대사를 맡아 책임 지고 완성하는 일에 있어서는 부적격자이다. 그리스도인이라고 표명하면서 정치의 일선에 나선 사람 중에 이러한 부류의 사람들이 적지 않다. 명분상 장로이고 집사이지만 얼굴이 두꺼워야 해낼 수 있다는 일반 정치인의 그늘에서 크게 벗어나지 못하는 경우를 자주 접한다. 그리스도인이라는 중요한 명분을 앞세우라는 의미가 아니라 그리스도를 구주로 고백하는 삶의 모습과 철학을 간직하고 그것을 고집스럽게 지키고자 애쓰는 모습을 멀리서나마 느껴보기가 쉽지 않다. 독한 크리스천 정치인이나 사회적 리더십을 찾아보기가 어렵다. 어쩌면 철저하게 자신의 신앙을 감추어야만 살아남을 수 있는 사회적 현상이 되어버린 현실을 무시할 수 없어 차라리 숨기고 감추고 사는 길을 택하고, 자신의 커리어만을 위해 일을 하는 사람이 더 많을 수도 있으리라. 판단하고 저울질하여 끌어내리고자 이 말을 하는 것은 아니니 염려하지 않아도 될 것이다.

느헤미야의 삶과 일터의 현장을 가만히 살펴보면, 그는 정치인으로서 끊임없이 마주 대해야만 하는 결정의 순간이나 그러한 순간을 제공하는 어려운 현실을 직면할 때마다 철저하게 하나님과의 관계 속에서 일들을 결정하기로 한 원칙을 유지하는 모습이 관찰된다. 힘들고 어렵고 고통스러우면 금식하며 기도하고, 아무리 훌륭한 떡이 주어지는 상황이라도 하나님과의 대화를 통해서 받아야 할 것인지 받으면 안 될 것인지를 구분하고 분변하며, 아무리 다급한 일이라도 하나님의 인도하심을 확인하지 않고서는 움직이지 않는 원칙을 철저하게 준수해 나가는 모습을 볼 수 있다.

그는 그렇게 그리워하던 조국에 돌아온 후에, 그리고 당장이라도 일을 시작해야만 하는 다급한 상황 가운데서, 동시에 즉시 일을 시작할 수 있는 작업적 능력을 부여받은 상태에서도, 그는 하나님의 인도하심을 기다리는 길고도 긴 3일의 시간을 갖는다. 우선 그는 신중함을 먼저 선택한다. 하나님의 인도하심에 따라 "내가 아무에게도 말하지 아니하고 밤에 일어나 몇몇 사람과 함께 나갈새 내가 탄 짐승 외에는 다른 짐승이 없더라 그 밤에 골짜기 문으로 나가서 용정으로 분문에 이르는 동안에 보니 예루살렘 성벽이 다 무너졌고 성문은 불탔더라 앞으로 나아가 샘문과 왕의 못에 이르러서는 탄 짐승이 지나갈 곳이 없는지라 그 밤에 시내를 따라 올라가서 성벽을 살펴본 후에 돌아서 골짜기 문으로 들어와 돌아왔으나 방백들은 내가 어디 갔었으며 무엇을 하였는지 알지 못하였고 나도 그 일을 유다 사람들에게나 제사장들에게나 귀족들에게나 방백들에게나 그 외에 일하는 자들에게 알리지 아니하다가"(2:12-16)라는 내용과 같이 은밀히 상황을 살펴보면서 하나하나 분석하였다.

그리스도인으로서 하나님의 인도하심을 기다릴 줄 알았고, 하나님의 인도하심에 따라 사람의 요란한 방법 대신 은밀히 그리고 차분하고 정확하게 사태 파악을 하면서 나의 할 일이 무엇일까를 생각해 내는 신중한 지도자의 귀감을 오늘을 사는 우리 지도자들에게 제시한다.

나를 드러내고, 나의 계획을 이루고자 하면 마음이 다급해진다. 그러나 우리 모두는 부족하고 연약하여도 하나님 나라의 일을 도모하기 위해 부름 받아 현재의 자리에 서 있는 것임을 잊어서는 안 된다. 하나님 나라의 일이라면 마땅히 하나님이 중심이 되어야 한다. 하나님이 중심이라면 하나님의 의도 파악이 최우선이다. 하나님의 의도를 파악하지 않고 나의 의도로 일을 진행하면 겉으로는 일이 잘되는 것처럼 보일 수 있겠지만 실제적으로는 하나님이 원하시지 않는 일일 수도 있다. 그러므로 신중해야 한다. 참고, 기다리면서 모두에게 유익을 가져다주는 하나님의 뜻을 이해하고, 하나님 나라의 일을 위해 예비하신 하나님의 방법을 듣고 움직여도 늦지 않기 때문이다. 기다림과 신중함! 리더십에서 잊어서는 안 될 귀중한 덕목이다.

7

일곱 번째 지도 원리 LEADERSHIP MANUAL

지혜와 분별력을 소유한 파워 리더

"차라리 새끼 빼앗긴 암곰을 만날지언정 미련한 일을 행하는 미련한 자를 만나지 말 것이니라" (잠 17:12).
멋있고, 세련되고, 말은 청산유수인데 실제로는 미련한 자이다. 그런데 그런 사람이 지도자의 자리에 앉아서 대중을 이끌고 있다면 새끼를 잃고 눈이 뒤집혀 포효하는 암곰보다 더 무서운 일이 아닐까?

"지혜가 있어 보이는 사람이야!" "분별력이 있어 보이는 사람이야!" 말만 들어도 기분이 좋다. 그리고 믿음이 간다. 반면에 지혜가 없는 사람, 분별력이 없어 보이는 사람은 언제나 무슨 일을 해도 불안해 보인다. 그래서 그런 자와 무슨 일을 하려면 마음이 놓이지 않아 불편하고 힘들다.

휴~! 60년을 넘게 살면서 이런저런 사람들을 만나 경험하다 보니 지혜도 분별력도 없어 보이는 사람을 만나면 나도 모르게 조심스럽게 고개를 돌리게 된다. 함께 하는 만큼 내가 다치고, 어떤 경로를 통해서라도 더불어 무슨 일을 이루어내기가 어려운 가능성이 보이기 때문이다. 아무리 성격이 좋고, 남을 비판하지 않고, 성실하게 보여도 성격의 쓰이는 방향과 성실함의 방향을 이끌어주는 지혜가 부족하면 별생각 없이 친교를 하는 것 외에 다른 어떤 일을 함께하기에는 힘이 드는 것은 사실이다.

잠언의 말씀은 지혜가 없는 미련한 자에 대해 더 이상 다른 표현을 찾기 어려울 정도로 묘사하고 있다. "차라리 새끼 빼앗긴 암곰을 만날지언정 미련한 일을 행하는 미련한 자를 만나지 말 것이니라"(잠 17:12). 나는 이 말씀을 대할 때마다 우리 하나님이 어쩌면 이렇게 적절하게 표현하셨는지 참 놀랍다는 생각마저 든다. 새끼를 빼앗긴 엄마 곰의 상태를 생각해 보라! 특히 원래가 사나운 붉은 곰의 분노를 상상해 보면 근처에 서 있기만 해도 무시무시한 화를 입을 정도로 폭발적인 몸부림이 사방팔방 전후좌우를 가리지 않고 나올 것이다. 그런데 하나님은 미련한 자를 향하여 이렇게 무시무시하게 흥분한 새끼 잃은 엄마 곰보다 더 위험하다고 말씀하신다. 와우! 지혜와 분별력이 없는 자가 새끼를 잃고 극도로 흥분된 엄마 곰보다 더 무서울 수 있다는 말씀인가?

지혜와 분별력이 없는 미련한 자들의 이마에 '나는 미련한 사람이오'라고 쓰여 있지 않다. 어쩌면 겉으로는 아주 멋진 신사 숙녀의 모습을 유지하고 있을 수 있다. 어쩌면 매우 정직하고 착한 사람의 모습을 갖고 있을 수도 있다. 어쩌면 대단히 성실한 일꾼의 모습을 유지하며 살아가는 사람일 수도 있다. 어쩌면 늘 연약한 사람의 편에 서 있는 인생 변호사와 같은 모습을 갖고 있을 수도 있다.

자기 자신만 책임지고, 주위 사람들과 적당히 어울려 살아가는 사람이라면 내면에 잠재한 미련함이 드러나지 않고 평생을 살다 떠날 수도 있다고 본다. 문제는 이러한 사람들이 지도자라는 무거운 자리에 앉아, 수도 없이 많은 사람에게 치명적인 상처를 입히는 결정을 내릴 수 있는 가능성에 있다. 실제로 고대에서 현대에 이르기까지 세계의 역사와 더불어 우리 대한민국의 역사 가운데 결코 이러한 자리에 앉아서는 안 될 미련한 인물들이 '신념'의 이름으로, '비전'의 이름으로, '백성을 향한 사랑'이라는 이름으로 새끼 잃은 암곰보다 더 무시무시한 일들을 행한 사건들이 있었었다. 일일이 열거하기에는 너무도 많은 예가 실존한다.

위에서 언급하였듯이 지도자라는 직분과 거기에 따르는 책임과 기능을 연결하여 '지혜'와 '분별력' 또는 '판단력'에 대해 생각할 때 이런 소중한 보물이 차지하는 비중은 말로 표현할 수 없이 무겁고도 중하다.

서야 할지 앉아야 할지 판단을 못하고 본능에 따라 판단하고 움직이는 어떤 지도자들

어떤 지도자는 자신이 서 있는 자리가 어떠한 자리인지, 주어진 책무가 무엇인지, 해서는 안 될 일과 꼭 해야만 하는 일 등에 대해 제대로 이해하지 못한 상태에서 지위만 유지하는 측은한 모습을 갖고 있다. 심지어는 서 있어야 하는 것인지, 앉아 있어야 하는 것인지, 누워서 다리를 펴고 쉬어도 되는 것인지조차 구별이 안 되는 딱한 지도자도 있다.

또 다른 유형의 어떤 지도자는 지도자라는 자리에 앉아 있음에도 불구하고 그 앉아 있는 자리가 어떤 자리인지도 분명히 이해하지 못한 상태에서 어정쩡하게 불편한 모습으로 자리를 지키고 있는 경우도 있다. 마치 어쩌다 자신도 모르는 사이에 마음의 준비도 없는 상태에서 그 자리에 있게 된 것처럼 보인다. 그래서 스스로도 자신은 지도자가 아니라고 생각한다. 겸손도 아니고, 수줍음도 아니고, 미덕도 아니다. 이미 지도자의 자리가 주어진 상태이기 때문에 다른 어느 누군가가 그 자리를 대신할 수도 없다. 자칫 잘못하면 직무유기라는 결과마저 가져올 수 있는 지도자 같지 않은 지도자이다.

지혜를 구할 동기도 따르지 않고, 분별력을 필요로 하지 않을 수도 있는 어정쩡한 지도자이다.

　진짜 심각한 문제를 가진 사람은 자신을 잘 모르는 상태에서 지도자라는 자리만 탐 내는 사람이다. 자신은 지도자의 그릇은 아니라고 여기면서도 지도자의 외모만을 갖추어 지도자의 옷을 입어보고자 애를 쓰는 모습을 갖는 자이다. 물론 이러한 경우는 외적으로 볼 때 남들이 인정해 줄 만한 어떤 큼직한 직분이라고 여겨지는 직책을 의미하는 것이다. 이러한 자들은 직분에 맞는 지혜를 구하며 한 걸음 한 걸음씩 자기 자신을 직분에 맞추어 나가기보다는 오히려 직분을 자기 자신에게 맞추는 길을 쉽게 택한다. 그래서 오히려 하늘과 주위에서 들려주는 지혜를 거부한다. 지혜가 주어지면 그 자리에서 요구하는 것들에 자신을 맞추어야 한다는 것을 알기 때문에 그리고 결국에는 그 자리에서 한 걸음 떨어져야 한다는 것을 알고 있기 때문에, 악한 마음으로 지혜와 분별력과 선한 판단력을 멀리 밀어놓는다. 마치 사도 바울이 "사람들이 이에서 벗어나 헛된 말에 빠져 율법의 선생이 되려 하나 자기가 말하는 것이나 자기가 확증하는 것도 깨닫지 못하는도다"(딤전 1:6-7)라고 지적한 것과 같은 모습을 갖는다.

　지혜를 구할 준비가 된 자들은 오히려 "내 형제들아 너희는 선생 된 우리가 더 큰 심판을 받을 줄 알고 선생이 많이 되지 말라"(약 3:1)는 야고보의 경고에 귀를 기울인다. 무슨 뜻일까? 어쩌면 야고보가 이 글을 기록할 당시에도 '선생'이라는 호칭에 따르는 '명예'와 '존중' 때문에 서로 선생이라는 호칭을 받으려고 무리수를 두는 자들이 제법 있었던 것이 아닐까 생각된다. 사실 선생이라는 호칭을 싫어하는 사람은 없을 것이다. 하지만 선생이라는 호칭 속에 '지도자'라는 개념이 포함되어 있다는 사실은 쉽게 간과하는 것 같다. 단순하게 먼저 태어난 자의 의미를 갖는 선생(先生)이 아니다. 아마도 먼저 태어났으니 모든 일을 먼저 경험했을 것이고, 경험하는 가운데 먼저 깨달음을 갖고 있을 것이라 생각하여 존경하는 의미로 호칭하는 것으로 이해한다.

중국에서는 오히려 선생이라는 호칭이 일반적으로 아주 다르게 사용된다. 아주 오래전에는 선생이라는 호칭을 진짜 존경하거나 배우기를 원하는 사람에게 쓰곤 하였다. 《삼국지》라는 소설을 영화로 만든 것을 본 적이 있다. 제갈공명으로 잘 알려진 제갈량을 주위 사람들이 호칭하며 부르기를 "제갈량 선생님(诸葛亮先生)"이라고 하던 장면을 기억한다. 하지만 지금은 중국에서 자기가 존경하고 배움을 얻고자 하는 사람에게는 오히려 노사(老师) 또는 사부(师父)라는 호칭을 쓴다. 야고보서 3장 1절에 나오는 선생을 중국어 성경에서는 '师父'라는 호칭으로 번역하였다. 영어 성경에서는 teacher 또는 master라는 단어로 설명하거나 번역을 하였다.

어쨌든 이렇게 호칭으로라도 남으로부터 존경을 받고, 배움을 주는 자의 자리에 서게 되면 그만큼 책임이 커진다는 것을 말하는 것이고, 책임이 큰 만큼 만일 무슨 문제가 있을 경우에는 책임에 해당되는 심판도 함께 따른다는 것을 언급하는 내용이다. 그 말의 뜻은 남을 가르치고, 남을 인도하는 지도자의 길이 겉으로 보기에는 영광스러워 보이고, 명예롭게 보이겠지만, 그만큼 힘들면서도 책임이 요구되는 길이기에 함부로 대할 수도 없고, 마음대로 올라서고자 욕심을 낼 수 있는 자리가 아님을 강조하는 것이다. 하늘로부터 주어진 지혜와 분별력이 있는 사람이라면 이 말의 뜻을 이미 알고 있을 것이고, 이 무거운 의미를 알기에 하늘을 향해 지혜와 분별력을 구하면서 주어진 리더의 무거운 자리를 감당하고자 애를 쓸 것이다.

소명을 통해 세워진 지도자는
지혜와 분별력을 자연스럽게 구한다

이쯤에서 지혜를 필요로 하는 지도자와 연관하여 '소명'과 소명에 걸맞은 '자격' 갖춤에 대해 생각해 보고자 한다. 돈을 벌다 보니 사업가가 되는 사람이 있고, 사업의 비전을 갖고 용트림을 하는 가운데 사업가가 되는 사람이 있다. 학생들을 가르치는 선생이 되고자 하는 꿈을 갖고 차분하게 준비하면서 선생이 되는 사람이 있고, 어쩌다 사범대학으로 진학해서 공부하다 보니 학위를 얻게 되어 선생이나 교수가 되는 사람도 적지 않을 것이다.

결혼하였으니 남편도 되고 아내도 되고, 부부로 살다 보니 아기를 낳아 키우는 엄마 아빠가 되는 경우도 허다하다. 하지만 결혼하기 전부터 결혼 후의 일들을 계획하고 기도하면서 남편과 아내의 역할이나, 부부의 관계, 자녀 교육 등에 대해 계획하고 준비하고, 결혼한 후 기도하는 가운데 엄마 아빠가 되고 자녀들의 지도자로서의 역할을 감당하고자 애를 쓰는 엄마 아빠 역시 적지 않을 것이다.

날아가던 새가 쳐놓은 그물에 제 발로 걸려드는 일이 얼마나 있겠으며, 사과나무에서 잘 익은 사과가 내 입속으로 뚝 떨어지는 경우가 얼마나 되겠는가? 이와 유사하게 노력도, 준비도 전혀 없는 상태에서 어느 날 갑자기 많은 사람을 이끄는 지도자의 자리에 앉게 되는 일은 거의 일어나기 어려운 일이다. 그럼에도 불구하고 어쩌다 아주 우연히 지도자라는 위치를 부여받게 되는 상황을 맞이하게 된다면, 생각지 못했던 하나님의 부르심이 있음을 빨리 깨닫고 하나님 앞에 무릎을 꿇고 그 자리를 감당할 수 있는 지혜와 분별력을 구해야 할 것이다.

아무 생각 없이 살던 모세에게 어느 날 갑자기 이스라엘 민족을 이끄는 지도자의 자리가 주어졌을까? 우리가 잘 알고 있듯이 모세가 지도자의 자리로 들어가는 소명의 사건이 있었다. 떨기 나무에서 주어진 부름의 시간이었다. "이제 내가 너를 바로에게 보내어 너에게 내 백성 이스라엘 자손을 애굽에서 인도하여 내게 하리라"는 하나님의 음성은 바로 지도자가 될 것에 대한 소명이었다. 이러한 소명에 대하여 모세는 하나님의 여러 차례의 설득에도 불구하고 "오 주여 보낼 만한 자를 보내소서"라고 버티며 끈질기게 거절한다. 하나님은 결국 "모세를 향하여 노"(출 4:14)하시고 모세의 형 아론을 제안하면서 그의 마지막 요청까지 들어주시며 그를 지도자의 자리로 끌고 가셨다.

지도자의 자리에 대한 중요성과 경중에 있어 다소 차이는 있겠으나 어떤 형태로든지 **부름**은 있어야 한다. 왜냐하면 하나님 나라의 일을 맡기는 일이기 때문에 최종 결정권자이신 하나님의 부름은 당연한 조건이다. 일을 맡기시는 분의 부름 없이 보기에 좋거나 명예를 얻을 만한 개인의 욕구와 목표를 위해 리더십의 자리를 향해 올라가고자 하는 욕망의 힘은 하나님 나라에서는 안 될 패망의 힘으로 작용하게 될 가능성이 아주 높다. 사적 목표의 성취를 우선으로 할 경우에는 그 목표 안에 담겨있는 명예나 성취감이 중심에 있으므로 "누구든지 얻고자 하는 자는 잃을 것"이라는 성경의 기본 진리가 적용될 때 결국은 모든 것을 잃어버리는 결과를 초래할 수도 있다.

명예의 욕심이 있는 곳에 지혜에 대한 간구가 있기 어렵다. 분별력과 판단력에 대한 뜨거운 요청 역시 있을 리가 없다. 얻고자 하는 자가 얻어내게 되고, 남을 밟고 올라가는 자가 이기는 세상의 원리가 상대적 원칙에 기인된 것이라고 할 때 결국 성경 말씀에서 말하는 절대적 원리와는 상반된 길을 가게 되는 것이다. 또 성경 말씀의 원리가 하나님이 말씀하신 변할 수 없는 진리의 말씀이라는 전제 조건을 우리가 믿는다면, 상대적 원칙을 따르는 기독교 안에서의 지도자들의 끝은 절대적 원칙의 결론으로 매듭지는 것이 당연할 것이다. 간단히 말해 명예의 욕심이 있는 자는 결코 선하고 아름다운 결과를 얻어낼 수 없다는 것이다.

힘 있어 보이는 사람보다
하나님만 의지하도록 단련받는 리더

기독교의 진리는 "사방으로 우겨쌈을 당하여도 싸이지 아니하며, 답답한 일을 당하여도 낙심하지 아니하며, 박해를 받아도 버린 바 되지 아니하며, 거꾸러뜨림을 당하여도 망하지 아니하고"(고후 4:8-9)라는 말씀과 같은 형태로 진행되는 것이다. 무슨 말인가? 상대적 원칙으로 살고, 지도자의 길을 가려면 사방으로 우겨쌈을 당할 때 함께 치고받고 하면서 우겨쌈을 풀어나가는 것이다. 답답한 일을 당할 때 그 답답하게 만드는 일들을 해결하고자 몸부림을 치는 것이다. 박해를 하면 함께 박해하고, 거꾸러뜨림을 당하면 역시 나를 거꾸러뜨리려는 그 사람을 향해 달려가 있는 힘껏 상대방을 거꾸러뜨리고자 애쓰는 것이 이 세상에서 가르치는 상대성 원리이다. 세상에서 그렇게 살지 못하는 사람을 나약한 사람, 바보 같은 사람이라고 말한다.

하지만 기독교의 진리는 한심할 정도로 그 반대이다. 다른 예가 많이 있겠지만 나는 중국 교회의 역사를 예로 들지 않을 수 없다. 중국 교회 역사를 살펴보면, 19세기에 들어 적지 않은 서양 선교사들이 중국에 들어와 포교활동을 전개했다. 전국 각지에서 여러 모양으로 많은 선교사가 활동하고 있던 중에 일종의 반기독교 운동이라 할 수 있는 의화단 사건[14]을 통해 현존했

---

14) 청나라 말기인 1900년 중국 산동성(山東省)에서 일어난 반기독교 폭동을 계기로 화북(華北) 일대에 퍼진 반제국주의 농민투쟁. 북청사변(北淸事變)·단비(團匪)의 난이라고도 한다. 이것을 통해 적지 않은 서양 선교사들이 목숨을 잃었다.

던 교회를 비롯해 교회 지도자들과 선교사들이 크게 어려움을 겪은 시기가 있었다.

그렇게 중국 선교 초기 시대에(공산화 이전) 복음을 위해 적지 않은 선교사들이 중국에서 이 모양 저 모양으로 복음 전파 사역에 참여하고 있을 때, 그들을 통해 하나님을 알게 된 중국의 기독교인들은 서양에서 온 선교사들을 저들의 지도자로 받아들였고, 하나님 다음 가는 사람이라 하면 섭섭할 정도로 저들에게 미치는 영향력은 막강했다. 자녀가 아프다거나 혹 가족 간에 문제가 생겼을 때도 하나님께 기도하기보다 먼저 눈에 보이는 선교사에게 달려와 답을 찾고, 필요한 도움을 받으려 했다. 이러한 분위기가 지속되는 가운데 1949년 10월에 중화인민공화국 정부가 정식으로 수립되었다. 공산주의 사상을 기반으로 시작된 정부였다. 무신론을 중요한 이념으로 생각하는 사상의 정부였기 때문에 서양 종교라는 인식을 지우기 어려운 기독교는 즉시 탄압의 대상이 되었다.

이것은 나의 개인적 견해이지만, 당시의 기독교 탄압은 하나님께서 장차 인구 10억 이상의 중국을 쓰시기 위한 수순 가운데 주어진 단련의 시간으로 이해한다. 하나님보다 사람을 더 의지하게 되는 수준의 영성을 유지하는 신앙인들에게 기대할 수 있는 것은 별로 없다고 판단하셨을 것이라고 믿는다. 그래서 1966년에서 1976년까지의 혹독한 '문화대혁명'이라는 도구를 사용하셨다. 실제로 이 대혁명의 전후 5년에서 10년을 더하여 계산하면 적어도 20년 이상의 혹독한 시간이 중국 안에 살고 있던 기독교인들에게 주어졌다. 그리고 중국 안에는 단 한 명의 외국인 선교사도 남기지 않고 철저하게 철수시키셨다. 하나님의 나라를 운영해 나가시는 방법은 우리 인간의 이성으로 따라갈 수 없을 때가 더 많은 것 같다. 그렇게 믿고 따르던 선교사들이 하나도 남지 않고 자진 철수 또는 추방의 형태로 모두 떠나게 되었다.

1992년으로 기억이 되는데, 1년에 한 차례 주어지는 study leave[15]를 이용하여 미시시피 잭슨에 소재한 리폼드 신학교에서 '아시아 선교 역사'라는 과목을 Th.M의 한 과정으로 참석하여 공부했던 적이 있다. 강사는 미국인 선교사로 한국에서 선교하셨던 마패 선교사의 아들 사무엘 마패 목사님이셨다. 그에 의하면 얼마 전 103세를 일기로 천국에 가신 방지일 목사님이 산동에서 추방되셨던 해가 1957년인데, 그분이 중국에서 선교하셨던 선교사들 중에 공식적으로 마지막 추방된 외국 선교사였다고 한다.

이렇게 모든 선교사가 철수된 상황에서 신앙을 지키고자 애를 쓰던 중국 신자들은 하나님 외에는 어느 누구도 의지할 수 없는 상황으로 몰리게 되었다. 특히 선교사의 동역자로 일하던 지도자급의 사역자들에게는 더욱 그러하였다. 나는 바로 이러한 상황을 묘사한 성경 구절이 "심히 큰 능력은 하나님께 있고 우리에게 있지 아니함을 알게 하려 함이라"(고후 4:7)라고 서슴지 않고 인용한다.

하나님께 모든 능력이 있다는 지식은 갖고 있었으나 어려울 때마다 눈에 보이는 사람에게 가서 어려움을 나누고, 문제의 해결책을 들려주던 해결사들이 다 철수한 상황의 마지막 자락에서 저들은 두 손을 높이 들고 "심히 큰 능력은 하나님께만 있고 우리에게는 있지 아니합니다!"라는 고백을 외칠 수밖에 없었다.

그들은 때리면 맞고, 감옥에 집어넣으면 들어가 살았고, 온갖 핍박을 가하면 그냥 그 핍박을 받으면서 인내하였다. 때리는데 피하고, 감옥에 넣었는데 도망쳐 나가는 상대적 원리를 포기하였다. 한 알의 밀알이 땅에 떨어져 죽지 않으면 새로운 싹이 나올 수 없다는 성경의 절대적 원리를 그들이 깨닫게 되었다. 살고자 하는 자는 죽을 것이요, 죽고자 하는 자는 살리라. 5리를 가자

---

15) 교회에 유익한 공부를 위해 잠시 교회를 떠나는 제도.

하면 10리를 가고, 겉옷을 벗어 달라 하면 속옷도 벗어주라는 하나님의 절대적 가르침을 저들이 실행하게 되었던 것이다. 그러한 상황 속에서 왕명도 목사나 송상제 목사 등과 같은 위대한 리더들이 배출되었다. 그들의 위대한 리더십 안에는 세속적인 상대성 원리에 입각된 지도자상을 찾아볼 수 없다. 어떤 목사님은 다른 동지들은 여전히 감옥에 있는데 자신만 풀려난 것이 미안해서 감옥 옆에 머물러 살면서 매주 예수님의 고난을 생각하며 1주일에 이틀은 식사하고 나머지 5일은 금식하며 살다 돌아가신 분도 계셨다. 송상제 목사님은 미국에서 유학을 마치고 배를 타고 돌아오는 바다 위에 미국에서 받은 학위를 던져 버리고 목회자의 길로 들어가신 것으로 유명하다. 이러한 위대한 리더들을 유산으로 갖고 있는 교회가 바로 중국 교회이다.

하나님 나라를 섬기는 지도자들은 하나님의 부름에 근거하여 출발한다. 가장 기초적인 단계이다. 그리고 지도자로 세움을 받아가는 과정 중에 홀로 서기의 연단을 경험하게 된다. 처음에는 이런저런 사람의 도움을 통해 성장의 과정을 거치기도 하지만, 이러한 과정 가운데서도 스스로 하늘의 도움을 받아내는 하나님과의 직통 관계가 수립되어야 한다. 그렇지 못하면 때로는 하나님께서 극한 방법을 동원하시기도 한다. 세상에서 통하는 상대적 원리를 따르며 지도자의 길을 걷는 것이 아니라, 어떤 어려움이나 손해가 온다고 하더라도 하나님이 세워 놓으신 절대적 원리를 따라 지키며 나가는 지도자의 모습을 하나님은 원하고 계신다. 이러한 자들이 마땅히 구하게 되는 것이 하늘로부터 오는 지혜이고, 이러한 자들에게 따라오는 것 중의 하나가 바로 위로부터 주어지는 분별력이 아닐까 생각해 본다. 바로 이런 하늘로부터 오는 지혜와 분별력이 결국엔 선한 영향력을 행사하는 지도자의 역량으로 나타날 수밖에 없는 것이다.

느헤미야의 경우를 살펴보자.

실과 허를 구별해 내는
지혜에 근거한 분별력

빨간색 옷은 적군이고, 파란색 옷은 아군이라는 명확한 피아(彼我)가 구별되는 곳에서 적과 아군의 구별에 무슨 지혜와 무슨 분별력이 필요하겠는가? 아담을 유혹했던 뱀의 모양을 한 사탄이 지금도 뱀의 모양으로 우리에게 다가와 유혹하거나 공격하는 것이라면 그 역시 무슨 지혜나 분별력이 필요하겠는가? 하지만 이익과 손해가 발생하는 여러 정치적 계산이 오가는 삶의 터전 안에서 교묘한 모습으로 위장된 적군과 어리버리한 아군을 구별해 내는 것은 결코 쉬운 일이 아니다.

손익 계산에 익숙한 현대를 사는 우리는 더욱 그러하다. 적을 적이라고 말할 때 감당해야 하는 손실을 염두에 둘 수밖에 없어 두려워서 적을 적이라고 부르지 못하는 경우가 허다하다. 동시에 연약해 보이는 아군을 아군이라 부를 때 감당해야 하는 손해와 희생 때문에 아군을 아군이라 부르지 못하고 오히려 적군과 손을 잡는 행위가 얼마나 많이 있는가? 물론 이 세상에 살면서 갖추어야 하는 처세술을 완전히 무시하고 살다가 무슨 일을 당할지 모르는 시대에 살고 있지만, 그렇다고 해서 하나님 나라라는 대전제 하에 있는 지도자로서 적과 아군을 구별하지 못하거나 일부러 묵인하며 신앙생활을 영위하는 지도자가 있다면 매우 어리석고 분별력 없는 무력한 지도자일 것이다.

"지피지기(知彼知己)면 백전불태(百戰不殆)"라는 말이 있다.[16] 한국에서는 많

---

16) 孫子兵法·謀攻篇에 나오는 내용으로 知彼知己, 百戰不殆; 不知彼而知己, 一勝一負; 不知彼不知己, 每戰必敗 즉, 상대를 알고 나를 알면 100번을 싸워도 위태롭지 않고, 나는 아는데 상대를 모르면 한 번 이기고 한 번 지는 싸움을 하게 되고, 나도 모르고 적도 모르면 100번 싸워 다 진다는 《손자병법》의 내용이다.

이들 백전백승이라고 말을 하는데, 원래의 《손자병법》에는 백전불태라고 기록되어 있다. 적어도 적을 알고 나를 알면 싸움에서 위태로움은 면할 수 있다는 의미이다. 나와 맞서는 상대가 누구인지를 알고 있는 것이 그만큼 중요하다는 의미를 갖는 말이다. 축구를 하건, 농구를 하건, 편을 나누어 하는 모든 스포츠 게임에서는 피차간에 겨루는 상대가 명확하게 구분된다. 유니폼 색깔에서 이미 명확하게 구분된다. 상대방이 공격해 들어오면 우리 측은 그냥 무조건 방어하는 것이다. 이미 우리를 무너뜨려야만 승리할 수 있다고 믿고 들어오는 상대편이기 때문에 생각할 여지도 없이 막아야 하고, 우리를 무너뜨리려는 모든 계획을 차단해야만 하는 것이다.

가끔 양 팀이 비슷한 색깔의 유니폼을 입고 게임을 하는 경우가 있다. 이럴 경우에는 보는 사람도 그리고 실제로 게임하는 선수도 헷갈릴 수 있게 마련이다. 그래서 이럴 경우에는 심판이 잘 중재하여 유니폼의 색깔을 다시 바꾸도록 한 연후에 게임을 진행하도록 한다. 피차간 마주 대하는 상대팀 간에 구별이 명확하지 못할 경우에는 게임 자체에 어려움이 있을 수 있다는 말이다.

하나님 나라에 속한 지도자는 개인의 이익을 위해 적을 적이라 하지 못하거나, 아군을 아군이라고 말하지 못하면 아주 곤란하다. 그래서 기독교 지도자는 개인의 손익 계산을 우선하면 건강한 지도자의 모습을 유지하기가 어렵다. 돈이 있든 없든, 명예와 권력이 따르든 따르지 않든, 적이면 적이라고 말해야 하고, 아군이면 그냥 아군이라고 말하면 된다. 손익을 따져 손익 계산서 위에서 평가하기 시작하면 선한 싸움이 될 수 없다.

느헤미야는 자신의 적과 아군을 명확하게 구별해 내고 그 근거에 따라 처신했던 지혜롭고 분별력 있던 지도자였다. 느헤미야는 "산발랏과 도비야와 아라비아 사람 게셈과 그 나머지 우리의 원수들"(6:1)이라는 표현을 사용하여 구체적으로 이스라엘의 원수 된 사람들의 이름을 부르고 있다. 설사 적군과 아군을 구별해 내었다 하더라도 적에 대해 '원수'라는 단어를 정식으로 사용하면서 등을 지는 행위는 훨씬 더 어려운 일이 따르겠지만 어려움보다는 원칙을 따랐다.

피아(彼我)의 구별이 명확하게 있었기 때문에 그의 적들이 그를 유혹하여 공격하려고 할 때 그는 자연스럽게 방어할 수 있었다. 1절에서 이미 그들을 적으로, 원수로 규정하였기 때문에, 2절에서 그들이 느헤미야와 "서로 만나자 하니 실상은 나를 해하고자 함"이라는 분별을 할 수 있었다. 여기서 중요한 단어는 **"실상은"**이라는 단어이다. 그들(산발랏과 게셈, 6:2)이 보낸 사람은 과연 누구일까? 아무것도 모르는 소위 '촌놈' 수준의 심부름꾼을 보냈을까? 아니면 자기 나라 백성을 보냈을까?

충분히 추측할 수 있는 것은 그들과 내통하고 있는 유대의 지도자급 사람 중 하나였을 것이다. 이미 70년 동안 똑똑하고, 제법 가진 것이 있다 하는 사람들은 다 포로로 잡혀갔고, 예루살렘에 남아있던 대부분 사람은 보잘것없는 하찮은 사람들이었다. 그리고 이미 그들은 느헤미야가 원수라고 확정 지은 사람들 편에 서서 자신들의 이익을 챙겨오던 무리였을 것임이 틀림없다. 이들은 비록 예루살렘 성벽이 세워지고 중건되고 보수되는 상황을 다 지켜보고 있었지만 그래도 그들의 상식으로 생각할 때 과연 이것이 잘 이루어질까 하는 반신반의 하는 마음을 갖고 있었을 것이다. 혹이라도 잘못되면 다시 그들 편에 서서 자신의 이익을 계속해서 지켜내고 싶었던 사람들이었다. 이들 역시 지도자급에 해당하는 사람들로 간주된다. 자신들의 이익을 위해서는 물불 가리지 않는 무리들, 자신들의 생존을 위해서는 이스라엘이 계속 무너져 있어도 전혀 문제가 되지 않는 무리들 중 누군가가 저 원수들에 의해 선택받아 느헤미야 암살 시도에 앞장서고 있었던 것이다.

이스라엘의 언어와 생활 속의 문화에 익숙한 사람들이었을 것이고, 동시에 이 일을 통해 자신들에게 주어질 이익에 대한 계산이 끝난 사람이었으니 얼마나 듣기 좋은 말로 느헤미야를 설득하였을까? 안 봐도 뻔하지 않은가? "느헤미야 총독이시여, 이미 일을 하실 만큼 하셨는데, 저들도 이제는 더 이상 총독께서 하시는 일을 방해해 보았자 아무 소용이 없다는 것을 깨달았습니다. 그래서 총독과 만나 평화의 대화를 하기 원해서 저를 보냈습니다. 오노 평지 한 촌에서 만나 함께 식사도 하고 차도 마시면서 평화 협상을 하는 것이 어떨까요?" 아마도 이런 달콤한 말로 느헤미야를 설득하였을 것이다.

상대가 누구인지를 명확하게 알고 이해하면 대처가 용이하다

하지만 이미 그들을 대화하거나 협상할 대상이 아닌 '원수'로 확정 지은 느헤미야에게는 협상과 평화를 위한 회담 제의로 보이지 않았다. 그래서 그는 스스로 "실상은 나를 해하고자 함이었더라"와 같은 결론을 내렸던 것이다. 그럼에도 불구하고 그는 겉으로 '원수들아!'라는 표현을 사용하지는 않았다. 확실히 그는 정치를 이해하는 사람이었다. 선한 정치적 목적을 위해 내적으로는 이미 '원수'라는 결론을 내렸으나 그들을 자극하는 화법은 사용하지 않았다. 그는 "내가 이제 큰 역사를 하니 내려가지 못하겠노라 어찌하여 역사를 중지하게 하고 너희에게로 내려가겠느냐"(6:3)라고 답을 해 주었다. 아주 정중하면서도 단호한 어투였다. 그리고 자신의 감정을 표현하지 않고 하는 일의 중대성을 핑계로 그 제안을 거절하였다. 이 중대한 일을 진행하고 있는 자신이 잠시라도 자리를 비울 수 없다는 표현이었다. 정확한 판단과 신중한 표현 그러면서도 단호한 대처가 엿보인다.

6장 4절을 보면 "그들이 네 번이나 이같이 내게 사람을 보내되 나는 꼭 같이 대답하였더니"라고 기록되어 있다. 네 번이나 사람을 보내어 느헤미야를 회유하여 함정에 빠뜨리려고 시도하였다. 심부름 오는 유대인들 역시 이들의 작전에 부합되게 느헤미야를 함정에 빠뜨려 끌고 오지 않으면 어떠한 해가 자신에게 돌아올지를 알고 있었기 때문에 어쩌면 좀 더 달콤한 말로 어떻게 해서든지 느헤미야를 그들이 원하는 장소로 나오게 하려고 힘을 썼으리라는 것은 보지 않아도 추측할 수 있다. 매번 올 때마다 작전을 바꾸어 느헤미야를 설득하려고 애를 썼을 것이다. 하지만 느헤미야가 무너지지 않을 수 있었던 이유는 그들을 '적'으로 '원수'로 이미 결정한 상태였기 때문이다. 긴가민가 하는 상태였었더라면 어쩌면 느헤미야는 세 번째 네 번째 정도에서는 "이들이 진짜로 나를 원하는가?" 하는 생각을 갖고 넘어갈 수도 있었을 것이다. 하지만 느헤미야는 이미 규정된 적은 하나님의 나라를 해하려고 하는 적일 뿐이라는 원리를 유지하고 있었다.

많은 사람이, 특히 지도자들이 "아닌 것은 아니다"라는 판단에 대한 유보를 내리는 경우가 많다. 아닌 것은 아니다라는 판단의 기준이 무엇인가에 따라 흔들릴 수는 있다. 만일 판단의 기준이 나의 주관적 판단에 근거할 경우에는 나의 주관적 생각에 영향을 미치는 무엇인가에 의해 바뀔 수 있다. 그러나 객관적인 기준을 들고 있을 경우에는 바뀌기가 어렵다. 하나님의 말씀이 "아니다!"라고 말씀하고 있을 때는 아무리 세상의 요구와 정서와 흐름이 "맞다!"고 주장하여도 "아닌 것은 아닙니다"라고 말을 할 수 있어야 한다. 어떠한 감성이나 느낌, 논리적 지식을 가지고 아닌 것을 옳다고 설득한다 해도 아닌 것은 아니라고 할 수 있는 객관적 하나님의 말씀에 근거한 지혜와 분별력이 '**판단**'의 밑받침으로 작용한다면, 그러한 결정을 지속적으로 유지하는 데에 힘을 실어줄 것이다.

감성이나 느낌을 통한 판단보다
사실에 입각한 판단

결국 다섯 번째에는 서신을 보내어 그들의 속마음을 내비친다. 내용인즉슨 일종의 협박이었다. 느헤미야가 하는 일이 느헤미야를 파견한 왕을 배신하고 모반하는 일이라는 내용이었다. "너와 유다 사람들이 모반하려 하여 성벽을 건축한다 하나니 네가 그 말과 같이 왕이 되려 하는도다 또 네가 선지자를 세워 예루살렘에서 너를 들어 선전하기를 유다에 왕이 있다 하게 하였으니 지금 이 말이 왕에게 들릴지라"(6:6-7). 느헤미야가 현재 참여하고 있는 일의 근본을 흔들며 도전하는 모함의 말이었다. 왜냐하면 느헤미야가 당시에 가장 두려워할 대상은 자신을 이곳으로 파견한 바벨론의 왕이었기 때문이다. 그 왕의 이름을 언급하면서 느헤미야를 흔들어 대는 것이다. 하나님의 나라의 중요한 사역에 참여하는 사람들을 흔들어 대기로 결정한 사탄 역시 쉽게 물러나는 대상이 아니다. 계속 흔들어 대는 것이다. 강약 조절을 하면서 가장 약한 부분이 어딘가를 연구하면서 흔들고 때리며 무릎 꿇리는 것이다. 우리의 감성이 약하면 그 감성을 집중적으로 공격한다. 이 시대에 사는 적지 않은 사람들이 감정과 느낌에 연약하여 사탄으로부터 집중 공격을 받으면 넘어지는 모습을 자주 보게 된다.

사무엘상 15장에 보면, 사무엘이 사울에게 "지금 가서 아말렉을 쳐서 그들의 모든 소유를 남기지 말고 진멸하되 남녀와 소아와 젖 먹는 아이와 우양과 낙타와 나귀를 죽이라"는 하나님의 명령을 전한다. 하지만 사울 왕은 "양과 소의 가장 좋은 것 또는 기름진 것과 어린 양과 좋은 것을 남기고 진멸하기를 즐겨 아니하고 가치 없고 하찮은 것은 진멸"하였다. 어쩌면 우리 대부분은 사울의 입장에 서기가 쉽다. 하나님이 너무 잔인한 요청을 하신다고 생각하면서 하나님에게 제사 드리기 위함이라는 명분을 갖고 사울처럼 좋은 것들은 남겨두면서 진멸하기를 원하지 않을 수 있다. 자신의 감성과 느낌의 바탕 위에서 판단하여 하나님의 말씀을 과감하게 거역하는 일들이 실제로 오늘날 얼마나 많이 일어나고 있는가?

하와가 사탄의 질문인 "하나님이 참으로 너희에게 동산 모든 나무의 열매를 먹지 말라 하시더냐?"에 대해 "그렇다. 절대로 먹으면 안 되고, 먹을 경우에는 진짜 죽게 될 것이라고 하셨다. 말도 꺼내지 마라!"라고 했다면 사탄은 꼬리를 내리고 도망쳤을 것이다. 하지만 사탄은 이미 알고 있었다. 사람이 99% 만족할 상황에서 1%의 자유 상실에 대해 불만스러움을 갖고 있다는 것을. 동산 전체의 모든 열매를 먹을 수 있지만 오직 한 나무에 있는 것만 먹지 말라고 하셨음에도 불구하고, 하나님의 말씀을 직접 듣지 못하고 아담을 통해 간접적으로 들었던 하와는 왜 저것은 먹으면 안 되나 하는 생각을 계속해서 갖고 있었을 것이다. 나의 추측이라기보다 이미 사탄이 그 생각을 알고 공격에 착수하였을 것이 분명했다고 보기 때문이다. 그러한 상황에서 사탄의 유혹이 포함된 질문에 아담은 "죽을지도 몰라"라는 애매한 대답을 했다. 하나님의 객관적 말씀에 자기의 주관적인 생각이 들어가 있었던 것이다. 그 말을 듣자 즉시 사탄은 "너희가 결코 죽지 아니하리라!"라고 여자를 부추겼던 것이다.

사람에게 주어진 감성과 느낌은 하나님이 사람에게 주신 최고의 선물 중의 하나라고 생각한다. 미묘한 감성과 느낌은 다른 어떤 피조물도 가질 수 없는 것이고, 즐길 수 없는 놀라운 축복이다. 하지만 감성과 느낌이 하나님의 객관적 말씀 위로 올라가 설 수는 없다. 하나님의 말씀이 "아니다!"라고 하시면 나의 감정과 나의 느낌에서 오는 확신이 "그렇다!"라고 아무리 강력하게 마음을 흔들어도 "아닌 것은 아니다!"라는 결론 외에 다른 어느 것도 용납될 수 없다. 설사 그렇게 감성을 따라 움직였더라도 그것을 정당화하려고 애를 쓰는 것은 무의미한 노력일 뿐이다. 그냥 "잘못했습니다. 제가 죄를 지었습니다. 용서하여 주옵소서!"라고 말하면 되는 것이다. 내가 이러이러해서 그렇게 한 것이니 나는 죄가 없다고 고집스럽게 변명을 하는 것은 하나님의 말씀이 틀렸다는 것을 주장하는 것이기 때문에, 하나님이 살아 계시다고 진짜 믿는다면 '하나님께서 과연 기뻐하실까?'라는 질문과 함께 인정할 것은 그대로 인정하면 될 일이다.

사람들은 연약하기 때문에 언제든지 흔들릴 수 있다. 하지만 적어도 리더의 자리에 있는 사람들은 속은 흔들릴지언정 겉으로 드러낼 대처의 원칙은 하나님의 말씀에 근거하여야 한다는 것이다. 그렇게 하나님의 객관적 말씀에 근거하여 사물을 바라보고, 사건을 바라보고, 유혹을 견디어 내려고 애쓰는 모습 그 자체가 하늘로부터 주어지는 지혜이고, 그 지혜의 바탕 위에 서 있는 분별력이다. 그 지혜를 붙잡고 하나님께 원수이면 나에게도 원수이고, 하나님을 대적하는 자들은 나에게도 대적자임을 인정하고 방어도 하고 공격도 하는 것이다. 다른 선택은 없다는 판단 속에 배수의 진을 치고 싸움을 준비하는 자세가 지혜로운 지도자가 지켜야 할 원리이다.

피곤하고 지쳐도 지혜를 구하는 리더는
오직 가야 할 길만을 택하여 걷는다

느헤미야는 끝까지 냉정하게 그들의 회유에 대적한다. 느헤미야는 자신이 존중하고, 자신이 신경 써야만 하는 왕의 이름을 들먹이며 자신을 회유하는 대상에 대해 "내가 사람을 보내어 그에게 이르기를 네가 말한 바 이런 일은 없는 일이요 네 마음에서 지어낸 것이라"(6:8)는 말로 대처한다. 그는 이미 그들의 속마음을 파악한 상태였기 때문에 대처에 크게 어려워하지 않는 모습이었다. "그들이 다 우리를 두렵게 하고자 하여 말하기를 그들의 손이 피곤하여 역사를 중지하고 이루지 못하리라 함이라." 그리고 이렇게 대처한 상황에서 하나님께 간절히 기도하는 마지막 내용은 "이제 내 손을 힘있게 하옵소서! Strengthen my hands!"(6:9)였다.

연약하고 대적할 만한 적들과 싸워도 싸움이라는 것 자체가 사람을 힘들고 피곤하게 만든다. 더구나 대립 관계가 유지되는 상태의 대적은 마음속의 갈등과 긴장의 유지로 인해 적지 않게 힘들 수 있다. 그런데 느헤미야에게 도전하던 이 무리들은 만만한 상대가 아니었다. 쉽게 대적할 만한 수준이 아니었다. 저들은 짧지 않은 기간 동안 앗수르와 바벨론에 의해 이미 무너진 이스라엘을 가지고 놀던 강력한 힘을 가진 나라요 군대였다. 이러한 대항하기 어렵고 버거운 적들과 팽팽하게 줄다리기를 하면서 강하게 대적하였으니 느헤미야도 사람인지라 두려움이 있었을 것이고, 주위에서 자기만 바라보며 의지하는 사람들의 기대에 찬 시선에도 적잖은 부담이 있었을 것이다. 비록 겉으로는 당당하게 맞서는 모습을 유지했었겠지만 속은 두려운 마음으로 가득 차 있지 않았을까?

이러한 상황에서 느헤미야는 하나님께 다시 한번 힘과 지혜와 분별력을 달라는 기도를 하였다. 늘 하는 기도이지만 그래도 큰 싸움을 끝낸 후 하나님을 바라보며 "주여! 이제 저들의 집요한 공격을 주께서 주신 지혜로 넘어갔나이다. 저도 힘이 듭니다. 나에게 힘을 주소서!"라고 느헤미야는 하나님에게 외치듯이 부르짖듯이 간구하였다. 늘 하나님의 지혜를 구하고, 그 지혜를 의지하며 좌우 눈치를 보며 줄타기를 하며 이리저리 흔들리는 바람에 나는 겨와 같이 굴지 않고 똑바로 외길을 걸어오던 느헤미야로서는 당연히 구해야 했던 내용이다. "주여! 힘들게 넘어갔나이다. 저도 힘이 듭니다. 나에게 계속해서 힘을 주시고 주님의 지혜를 주시어 감당하게 하소서!"

사실 우리 그리스도인은 사람들과 싸우면서 조금씩 변해가는 모습을 갖곤 한다. 처음 하나님을 알았을 때는 이 세상의 모든 것을 품을 듯한 모습으로 기도하고 찬송하고 전도를 하다가, 교회 생활을 통해 그리고 험한 세상 속에서 그리스도인으로 이 일 저 일을 겪어 나가면서 오히려 이전보다 더 심한 싸움닭의 모습으로 바뀌어 가곤 한다. 싸움닭의 모양새는 목 주위의 깃털을 바싹 추켜세우고 싸움을 붙이면 전략도 없이 무조건 싸우다 안 될 것 같으면 그냥 등을 뒤로 돌리고 포기한 듯 내빼는 것이다. 본능적인 싸움꾼처럼 보인다. 그래서 예쁜 모습은 아니다. 하나님을 알기 전에는 오히려 누가 나를 때리면 같이 때리고, 누가 나를 속이면 나도 같이 속이면서도 크게 마음의 불편함을 느끼지 않으면서 살았기 때문에 싸움에 대한 이론의 정립조차 없이 그냥 상대하며 살아왔다.

그런데 어느 날 하나님을 믿고, 예수 그리스도를 나의 주님으로 영접하면서 중생의 체험을 하고 난 이후에는 똑같이 사람들과 부딪히는 상황에서도 해야 할 것과 해서는 안 될 것에 대한 명백한 원칙이 주어진 상태이기 때문에 죄의식이 좀 더 주어지고, 그 죄의식으로 인한 수도 없이 많은 갈등의 시간을 경험하는 과정에서 나름대로의 이론들이 형성되는 것으로 보인다. 비록 하나님의 말씀이 분명하게 해야 할 것과 해서는 안 될 것을 명시하였지만, 특별한 상황에서는 예외의 행동을 해도 큰 문제가 없지 않을까 등등 나름대로 정당화하고 나름대로 합리화하면서 크게 짓는 죄를 피하면서 어느 정도 합법적으로, 그리고 죄의식에서 피해 나갈 수 있는 싸움질을 배우게 된다. 그래서 어쩌면 믿기 전보다 좀 더 가증스럽고 흉악스러운 싸움꾼으로 변해가는 듯한 느낌을 갖는다.

느헤미야와 같이 정석으로 대적하여 싸우게 되면 대적에 대한 규정도 하나님의 말씀에 근거한 대적이므로 그 상대가 재력이나 권력이나 인물이나 대중의 인기가 어떠하든 상관없이 그냥 하늘로부터 주어지는 지혜와, 지혜에 근거한 분별력과 판단의 힘에 의지하여 싸워야 할 때 싸우고, 피해야 할 때 피하면서, 주어지는 지혜를 의지하며 싸우는 것에 문제가 없다. 그리고 이미 규정된 상대라 어떠한 미소와 전략과 회유도 그냥 물리치면 되기 때문에, 내가 쓰러지고 죽게 되더라도 타협 없이 끝까지 싸우면 되는 것이다. 그리고 지치고 힘들면 싸우게 된 배경의 전부가 하나님이기 때문에 당연히 하나님에게 도움을 요청하고 힘의 공급을 요청하는 것이 자연스러운 것이 될 수 있다. 하지만 자기의 계산을 앞세워 대적의 구별을 제대로 하지 못하고, 자신의 유익에 따라 싸움의 강약을 조절하면서 싸울 경우에는 피아(彼我)의 구별도 없고, 하나님 나라에 대한 희생이나 헌신의 마음이 미약하기 때문에 느헤미야의 기도 같은 기도를 하기가 어렵게 된다.

자신의 유익을 위해 하나님의 이름을 걸고 싸우던 사람이 지쳤다고 하나님께 손을 내민다고 하나님께서 그 손을 잡아주실까? 반면에 느헤미야와 같이 자신의 손익 계산을 전혀 하지 않고 싸워야만 하는 싸움이니 오직 주님만 의지하며, 주님의 지혜만을 구하면서 싸우고 또 싸우다 지친 손을 하나님에게 뻗친다면 우리 주님께서 그냥 소홀히 넘어가실까? 이러한 기도야

말로 힘있는 기도이고, 하나님께서 그냥 넘어가실 수 없는 기도가 아닐까? 오늘을 사는 우리의 삶 속에서 이렇게 하나님의 입장에 서서 힘들고 어렵더라도 피아를 정확하게 구별하며, 싸워야 할 때와 피해야 할 때를 구별하는 지혜와 분별력을 갖추고, 대적해 오는 원수들과 싸우는 모습을 유지하는 신실한 그리고 지혜로운 지도자가 되어야 할 것이다.

여덟 번째 지도 원리 LEADERSHIP MANUAL

파워 방향 제시자

모두가 허탈해지고, 남을 원망하며 불평하고, 불가능하다는 말을 입버릇처럼 하며, 할 수 있는 일조차 팔짱을 끼고 주저앉게 만드는 무력한 상황에서, 리더십의 용기 있는 비전 제시는 캄캄한 동굴 안을 순식간에 환하게 만들어 주는 등불이요, 목이 말라 침도 삼킬 수 없는 상황에 하늘로부터 떨어지는 단비와도 같은 것이다.

차분하게 하나님의 인도하심을 기다리면서도 할 일을 계획하고, 움직여야 할 기회가 주어지면 적극적으로 민첩하게 움직이고, 독수리 눈으로 모든 상황을 면밀하게 관찰하며, 지치고 맥이 빠진 백성에게 도전하여 어떻게 하면 이 귀한 회복의 일에 참여시킬 수 있을까를 연구하는 느헤미야의 모습을 그려본다. 그의 외모는 아마도 푸근한 인상은 아닐 것이다. 걸핏하면 금식하고, 이스라엘의 회복이라는 무거운 짐을 두 어깨에 힘들게 지고 나가면서도 하나님과 씨름하면서 살았던 정치인 느헤미야의 모습, 정말 한 번 만나 뵙고 싶은 분이다. 언젠가 천국에 가면 꼭 만나고 싶은 분들이 참 많지만, 내가 의지를 갖고 찾을 수 있는 것이 천국에서 허락된다면 꼭 한번 뵙고 싶은 분이 바로 느헤미야이다. 아마도 전형적 유대인의 매부리코에, 자기관리가 잘

된 적당히 마른 체형에, 초점 없이 흔들리거나, 무엇이 유익할까 계산하며 뱅글뱅글 굴리는 눈이 아닌 초점이 분명하고 예리하면서도 하나님으로부터 받은 인내와 온유함의 눈빛을 소유한 모습이 상상으로 다가온다.

느헤미야의 신중함을 유지하는 모습은 "방백들은 내가 어디 갔었으며 무엇을 하였는지 알지 못하였고 나도 그 일을 유다 사람들에게나 제사장들에게나 귀족들에게나 방백들에게나 그 외에 일하는 자들에게 알리지 아니하다가"(2:16)의 내용에서 찾아볼 수 있다. 그리고 2장 17절 앞부분에서는 "후에 그들에게 이르기를"이라고 하였다. 앞의 "알리지 아니하다가"와 뒤의 "후에 그들에게 이르기를"의 내용 사이에 시간적 간격이 얼마나 나는지 본문을 통해서는 정확하게 알 수 없다. 아주 긴 시간은 아니겠지만 어느 정도 할 말을 정리했던 시간이 있지 않았나 짐작할 수 있다. 그렇게 준비된 상태에서 그는 입을 열어 중요한 리더들을 향해 설득을 시작한다.

그는 "우리"라는 단어를 사용한다. 지금 "우리가 당한 곤경은"이라는 말로 시작함으로 먼 타향에서 살다 온 느헤미야 본인은 물론 현재 예루살렘에 살면서 어려움을 겪고 있는 예루살렘 유대인을 한데 엮어 공감대를 형성하고자 "우리"라는 어휘로 표현하였다. 어찌 보면 "너희가 당하고 있는 곤경에 대해"라고 말을 할 수도 있었을 것이다. 하지만 그는 '우리'라는 단어를 사용함으로 청중과 자신을 하나로 묶는 노력을 한 것이다.

내가 미국에서 어린 학생들을 대상으로 청소년 사역할 때를 가만히 돌이켜 보면, 나는 자주 'you'라는 단어를 사용했던 것 같다. 미국에서 태어났거나 아주 어릴 때 미국에 온 자녀들과 내가 동일하다는 생각이 들지 않았기 때문일 것이다. 내가 26살에 미국에 갔고, 미국에 가기 전에 미국에 사는 사람들을 아주 부러워하며 살았거나, 미국에서 진행되는 여러 일에 대해 관심이 많았거나 했던 사람이 아니었기 때문에, 어쩌면 미국에서 태어나 자라고 있는 어린 학생들과 동일한 문화를 공유하고 있다는 생각이 들지 않았던 것은 자연스러웠을 것이다. 그러니 교회의 주일학교에서 성경을 가르치고 설교할 때 '너희(you)'라는 표현이 아무 생각 없이 나올 수 있었던 것 같다.

하지만 내가 중국에 살면서는 아주 자주 '우리'라는 표현을 해왔다. 중국 내의 현지인 단체의 설립자요, 지도자인 나로서는 어쩌면 당연한 표현일 수 있다. 앞에서도 이미 언급한 내용이지만, 실제로 나의 어머니는 중국에서 태어나셨다. 외할아버지와 외할머니가 러시아 선교사로 계시다가 러시아 혁명 때 추방당하면서 중국의 동북 지역에 자리를 잡고 마을을 형성하여 촌장도 지내고 교회의 목회도 하시는 중에 어머니가 태어나셨다고 한다. 나의 어머니가 중국에서 출생하셨고, 중국에서 고등학교까지 다니셨으니 그냥 그대로 계셨더라면 어머니는 아마 조선족 중국인으로 중국에 사셨을 것이다. 그러니 나와 중국이 무관하다고 할 수는 없다. 설사 아무 연관이 없다 하더라도 30대의 젊은 나이에 온 가족을 이끌고 중국에 들어와 살면서 중국인 중심의 선교 단체를 세우고, 저들과 더불어 온갖 일을 하고, 함께 울고 함께 웃으면서 중국의 복음화를 위해 살고 있던 내가 중국인을 향해 '너희' 중국인이라고 말할 수 있는 것은 더더욱 아니라고 본다. 그래서 나는 중국인에게 설교하거나 가르치거나 할 때 "우리 중국인"이라는 말을 아무렇지도 않게 사용한다. 듣는 자나 말하는 자가 동일한 조건 속에 있음을 인정하는 말이기 때문이다.

어쩌면 예루살렘에 살고 있던 유대인들은 바벨론에서 녹을 먹으며 살았던 느헤미야의 '우리'라는 표현에 반감을 가질 수도 있었을 것이다. 어느 곳에든지 네가티브는 언제든지 있게 마련이니까. 하지만 느헤미야가 누구인가? 1장 2절에서도 이미 소개되었듯이 "내 형제들 가운데 하나인 하나니가 두어 사람과 함께 유다에서 내게 이르렀기로 내가 그 사로잡힘을 면하고 남아있는 유다와 예루살렘 사람들의 형편을 물은즉"의 내용과 같이 그는 지속적으로 고국의 상황에 관심을 갖고 오가는 사람들을 통해 구체적 형세를 파악하고 있었던 것이다. 고국에 남아있는 사람들의 아픔이 바로 자신의 아픔이었고, 고국에서 어려워하고 있는 저들의 어려움을 바로 자신의 어려움으로 받아들였던 사람이다.

또한 예루살렘에 도착한 이후에 그는 하나님의 응답을 기다리면서 현재 처한 상황을 면밀하게 돌아보며 분석하였다. 추상적인 느낌을 갖고 대화하는 것이 아니라 상세한 객관적 자료를 들고 모두가 해야 할 일을 도전하고 있었다. 하지만 첫 번째로 저들 앞에 서서 자신의 생각을 언급하는 자리였기 때문에 꽤 부담스러웠을 것이다.

먼저 그는 당장 모두가 처한 어려움에 대해 피력하였다. 자신이 이미 다 돌아보면서 나름대로 분석한 내용에 근거하여 "우리가 당한 곤경은 너희도 보고 있는 바라 예루살렘이 황폐하고 성문이 불탔으니"(2:17)라고 밝혔다. 이 내용은 무심코 넘겨버릴 수 있는 연설문의 서론 정도로 취급할 수 있기도 하지만 의미적으로는 중요한 내용을 담고 있다.

느헤미야는 총리로 파견을 받은 자이다. 참모가 아닌 한 국가의 지휘관으로 임명받은 자였다. 하급 지휘자들이나 참모들의 보고를 통해 결정을 내리는 자리에 임명받았지만, 그는 모든 상황을 파악하고 있어야만 하는 자리에 있다는 상황을 정확하게 인지하고 있었다. 총사령관으로 임명받았지만 군단장들과 사단장들과 연대장들과 대대장들에게 어떻게 할 일을 부여해야 하는지를 명확하게 알고 있었던 지도자였다. 그래서 그는 바벨론을 떠나기 전에 자신이 무엇을 챙겨가야 하는지를 분석하고, 어려운 여건이었지만 왕과 대화하여 모든 것을 받아들이고 그 먼 길을 왔었다. 당시의 상황에서 주어진 직급의 위치와 체면을 따질 상황은 분명 아니었을 것이다. 그 역시 그러한 것에 유념하지 않고 완수해야만 하는 하나님 나라의 일에만 집중하였다. 왕과 직접 대면하여 왕으로부터 받을 수 있는 것은 받아야만 된다고 생각했을 때는 직급을 받은 자로서의 위상을 유지하며, 거기에 맞는 예의를 지키며, 상황에 맞는 말을 하면서 조국에 최대한 유리함을 가져올 수 있도록 행동하였지만, 힘들고 어려운 상황에 있는 백성을 대할 때는 현실에 맞는 태도를 유지하면서 일들을 처리한 지혜로운 리더의 면모를 보여 주었다.

먼저 그는 "우리가 당한 곤경은"이라는 말을 하면서 곤경에 처한 현 상황을 경험하는 대상 속에 분명히 자신도 포함시켰다. 그리고 "너희도 보고 있는 바라"는 확언의 내용으로 듣는 자들의 동의를 얻어내고자 하는 웅변을 하였다. 행동으로 옮겨 나가야만 하는 대상이 바로 저들이었기 때문이다. 그리고 당장 수치를 겪고 있는 대상이 바로 저들이었기 때문에 그는 "여러분이 직접 지켜본 바 예루살렘이 황폐하고 성문이 불타면서 계속해서 수치를 당하고 있는데 이제 예루살렘 성을 중건하여 다시는 수치를 받지 맙시다"라고 저들에게 도전하였다. 비록 실제 연설한 내용과 비교할 때 지극히 함축된 내용으로 정리해서 성경에 기록되었지만 실제의 상황을 머리에 그리며 이 내용을 보면, 현재와 같이 참으로 어렵고 비참한 현실에서 우리가 무엇을 어떻게 해야 할 것인가에 대해 강력한 도전을 웅변의 모습으로 표현하고 있는 것이 느껴진다.

지도자들을 대상으로 하는 느헤미야의 첫 번째 연설은 세 가지 내용이다. 첫째는 이스라엘 백성이 당하고 있는 곤경에 관한 내용이다. 둘째는 더 이상 이러한 수치를 계속해서 당하고 있을 수는 없다는 내용이다. 셋째는 느헤미야가 여기까지 오게 된 배경에 구체적으로 함께 하신 하나님의 손길에 대한 간증이다.

크리스천 리더십에게 있어 비전 제시는 매우 중요하다. 특히 거의 아무것도 없는 무에서 유를 만들어내야만 하는 상황에서의 비전 제시는 말로 표현할 수 없을 정도로 중요하다. 모두가 암울한 가운데 희망이 보이지 않고, 모두가 허탈하여 주저앉아 있을 때 비전을 제시할 수 있는 리더십의 부재는 모두를 어둠 속에 가두어 버린다. 이러한 상황에서는 남녀노소 할 것 없이 모두 허탈해지고, 남을 원망하며 불평하고, 불가능하다는 말을 입버릇처럼 하며, 할 수 있는 일조차 팔짱을 끼고 주저앉은 상태의 무력함을 갖게 만든다. 이러한 상황에서 리더십의 용기 있는 비전 제시는 캄캄한 동굴 안을 순식간에 환하게 만들어 주는 등불이요, 목이 말라 침도 삼킬 수 없는 상황에 하늘로부터 떨어지는 단비와도 같은 것이다.

남유다와 북이스라엘이 앗수르와 바벨론에 의해 함께 패망하는 아픔을 경험하였다. 또한 실력이 있고 나름대로 인정을 받던 지식층과 정부 관리들은 모두 포로로 끌려가게 되었다. 그렇게 70년이라는 길고도 긴 세월이 흐른 후에 여러 차례에 걸쳐 포로로 갔던 사람들이 조국으로 돌아오기 시작하였다. 하지만 꿈을 안고 돌아온 조국의 상황은 그들이 기대하던 이전의 영광은 사라진 지 오래고, 꿈도 소망도 없고, 무력하고, 선민으로서의 자존감도 많이 떨어졌고, 염치마저 없어져 여호와를 알지 못하는 이방 나라들과 타협하고, 유전무죄 무전유죄의 못된 현상을 자연스럽게 받아들인 연약한 나라로 전락해 있었다. 주위 나라들로부터 이리 채이고 저리 채임을 당하면서 우습게 여김받으며, 늘 조롱당하면서도 이러한 삶이 당연한 양 여겨버리는 비참한 상황에 처해 있었다. 이미 70년이라는 기나긴 포로 생활을 경험한 포로 1세대 또는 2세대의 대부분은 회복에 대해 불가능 또는 가능성을 말하는 논조에 부정적인 논리로 대응하는 불평불만으로 가득 차 있었을 것이다. 따라서 어떠한 논리로도 설득하고, 도전하고, 방향을 강력하게 제시하기에는 근본적으로 쉽지 않은 상황에 처해 있었을 가능성이 아주 높다.

이러한 상황에서 느헤미야가 제시한 첫 번째 설득 논리는 '**현실의 강한 긍정**'이었다. "그렇다. 당신들이 하는 말들은 다 맞다. 우리가 이미 다 알고 있듯이 우리의 현실은 지극히 부정적이다. 고통스럽다. 우리 모두는 심각한 곤경에 처해 있다. 역사를 통해서도, 현실 속에서도 우리의 현 상황은 아주 아주 부정적이고 회복하기에 지극히 어려운 상황이다. 그래서 우리 모두가 예외 없이 어렵고 힘들다!" 그는 현재 처한 실제적 상황을 부정하면서 허무맹랑한 비전을 제시하는 길을 택하지 않았다. 오히려 그는 현실의 비참한 상황을 강하게 인정하면서 현실의 고통스러운 환경에 사는 모두의 입장을 긍정적으로 받아들이면서 말을 시작한다. 이미 모두가 알고 있고, 느끼고 있고, 인정하고 있는 현실의 곤경을 적나라하게 인정하면서 저들을 향한 설득을 시작했다.

느헤미야가 활동하던 시대에 이미 잘 정리된 상담 심리학 교재가 있었을 리 만무하지만 하나님의 의지를 파악하려고 애를 쓰면서 우선적으로 설득과 비전 제시의 상황에서 하늘로부터 주어진 지혜에 따라 한 마디 한 마디를 조심스럽게 던지고 있다.

먹을 것이 없어 허기진 배를 움켜잡고 쪼그려 앉아 있는 사람들에게 현실에 대한 불만을 자극적으로 일으키거나, 아니면 말도 안 되는 위로의 말로 저들에게 환상을 심어주려는 노력은 해결책도 아니고 유익함도 아니다. 공부를 잘하고 싶지만 잘 안 되는 학생들에게 환경 탓을 조성하거나 열심히 공부하지 않으면 장래에 큰 어려움을 겪게 될 것이라는 정도의 말만 해서는 근본적 해결책이 되지 않는다. 자녀의 문제로 삶을 포기하고 싶을 정도의 고통을 겪고 있는 사람들에게 어떠한 말로 위로가 가능할까? 부부간의 심각한 갈등이나, 말로 표현하기도 어려운 재정 상황의 위기 등에 처한 사람들 앞에서 과연 어떠한 말로 운을 떼어 도움 주는 것이 가장 효율적일까?

느헤미야 총리는 처음부터 긍정으로 끌고 들어가는 방법을 택하지 않고, 현실에 대한 적나라한 모습 그대로를 먼저 인정하는 길을 택하였다. "그렇다! 우리는 지난 세월 동안 형편없이 살아왔다. 주위의 모든 나라가 우리를 우습게 보고, 우리가 이전에 하찮게 여기던 저 이방인들이 우리를 대무시하고 있다. 사실이다. 지나간 70년의 세월을 생각해 보라! 우리는 하나님의 축복으로 솔로몬의 영광을 누렸었다. 주위의 여러 나라가 조공을 들고 우리에게 와서 무릎을 꿇었던 시대도 분명히 있었다. 그러나 우리가 하나님의 법도를 존중하지 않고, 우리 멋대로 살면서 하나님 앞에 죄를 쌓아 올리며 살다가 결국 하나님의 준엄한 심판을 받게 되었다. 그리고 지금 우리는 우리의 잘못으로 인해 발생한 대가를 지불하고 있다. 지금의 우리는 비참하고 어렵다. 이 모든 현실을 우리는 다 엄중한 사실로 인정하고 받아들여야 한다." 이렇게 느헤미야 총리의 가슴을 찢어내는 현실의 인정은 말하는 자와 듣는 자들을 하나로 만들었다.

그렇게 현실을 강하게 인정한 후 느헤미야는 **'두 번째의 도전'**을 한다. "그러면 이대로가 좋다는 말인가?" 현실이 이러함을 정직하게 인정한 후에 다음 단계로 청중을 이끌고 들어간다. 중국어 성경은 이 부분을 "래파(来吧)"로 번역하였다. 한국말로 이 말의 뉘앙스를 표현하자면 "자! 자! 이제 뒤는 그만 보고 앞을 생각해 봅시다"라고 의미를 붙여 해석할 수 있다. NIV, KJV에서도 "come"이라고 번역하였다. 이것을 "오라"는 단순 의미로 해석할 성질이 아니다. "앞의 내용은 틀린 내용은 아니니 사실로 인정하고, **자!** 이제 다음 단계로 넘어갑시다"라는 일종의 문장 전환의 의미로 이해해야 할 것이다.

지도자에게 있어서 이전의 삶을 정리하고 새로운 방향으로 나가도록 도전하는 비전 제시는 말로 표현할 수 없을 정도로 중요하다. 힘든 자들이 그대로 힘든 모습으로 살도록 하고, 구덩이에 빠진 자들을 바라보며 잘 살라고 말하면서 아무 도움을 주지 않는 사람은 지도자가 아니라 방관자이다. 적어도 그리스도를 믿는 사람들을 위해 존재하는 지도자라면 그 위치에 상관없이 이들을 향해 손을 내밀어야 하는 것이 마땅하다. 구체적인 방법은 그 상황에 가장 잘 맞는 방법이어야 하겠지만, 분명한 것은 손을 내밀어 붙잡고 방향을 틀어 가야 할 곳으로 이끌고 나가야 한다는 것이다.

악한 부류의 언변이 있는 사람들은 상대방의 연약한 상황을 교묘하게 이용하기도 한다. 상대방의 약점이 나의 힘을 기를 수 있는 것이라 생각하여 돕는 것 같이 또는 관심 있는 것 같이 말과 행동을 하면서 그들로 하여금 그대로 또는 더 깊은 수렁으로 빠져들게 한다. 정치적 성향이 강하면서 이기적인 사람들이 자주 하는 악한 모습이다. 이러한 사람들에게 주어지는 리더십의 자리는 개인을 위해서도, 타인을 위해서도 해롭다. 예수님이 유다에게 "차라리 태어나지 아니하였더라면 제게 좋을 뻔하였느니라"(마 26:24)고 말씀하신 것처럼, 남의 앞에 서서 남을 이용하여 자신의 주가를 올리려는 노력을 시도하는 지도자는 차라리 그러한 무거운 자리에 애당초 앉지 않는 것이 맞는 선택이 아닐까? 이러한 부류의 사람은 느헤미야의 모델이 눈에 잘 들어오지도 않겠고, 어쩌면 참 어리석게 보일 수도 있을 것이다. 그럼에도 불구하고 우리는 선한 모델을 선하게 보며 스스로 극복해 나가는 길을 택하여야만 할 것이다.

어려운 일을 반복적으로, 긴 시간 동안 경험한 사람들이 쉽게 택할 수 있는 길은 자포자기이다. 아무리 해도 안 된다는 포기의 삶이다. 포기의 삶은 운명론으로 이어질 수 있다. 이러한 사람들을 향해 안타까운 마음으로 도움을 주지는 못할망정 소위 흙수저니 은수저니 금수저니 하면서 대한민국의 젊은이들을 운명론으로 묶어서 짝을 지어주는 행위는 필자인 나로서는 용납하기 어려운 행위로 보인다.

대한민국에서 기자라는 직업은 제법 괜찮다 할 수 있는 직업군 중의 하나이다. 그들에게는 현대를 살아가는 데에 있어 적지 않은 영향력을 갖고 있는 소위 '언론'이라는 힘이 있다. 영향력을 힘으로 갖고 있다는 말은 사회에 행사하는 역할이 그만큼 중요하다는 뜻도 내포하고 있다. 이들의 말과 글 한마디 한마디가 듣고 보는 자들의 생각도 바꿀 수 있을 정도로 힘이 있다고 하면 너무 지나친 강조일까? 나 역시 글을 쓰는 사람으로 이러한 영향력을 늘 간직하며 한 문장 한 문장 적어나가기 때문에 지나친 강조라 생각하지는 않는다.

기자의 영향력을 긍정적으로 행사한다면 힘들고 어려운 사람들에게 희망과 견뎌 나갈 힘을 얹어줄 수도 있다. 물론 모든 일을 사실 확인에 근거하여 쓰고 말하는 것이 기본 사항이기 때문에 지나친 과장을 사용하여 긍정적 문구를 만들 필요는 없지만, 어쨌든 긍정적으로 방향을 잡으면 그만큼 선한 방향으로 영향력을 행사할 수 있는 것은 사실이다. 그런데 문제는 선한 방향, 긍정적인 글이나 말이 자극적이지 않기 때문에 독자들의 시선을 잡아당길 매력이 없다는 데 있다. 그러다 보니 가끔은 많은 사람이 갖고 있는 공통적인 어려움이나 아픔을 교묘하게 이용하여 부정적인 한 수를 두어 사회 전체를 자극하여 성공(?)하는 악을 이루어내는 일도 하곤 한다. 지난 수년간 대한민국이라는 큰 공동체 안에 대단히 해로운 일이 이러한 시도를 통해 일어났다. 그것은 한 나라의 백성들을 '금수저' '은수저' '동수저' '흙수저' 등으로 나누어 놓은 결코 이롭지 않은 분류의 논리였다.

경제적으로 가난한 가정에서 태어난 사람이 어디 한두 명이겠는가? 부모나 친척 중에 고위 관직에 있어 출세길에 도움을 받으며 사는 사람은 과연 얼마나 되겠는가? 다들 나름대로 현재의 어려움을 극복하려고 힘들고 어렵게 하루하루의 삶을 유지해 나가는 한국의 젊은이들에게 말도 안 되는 '수저론(論)'을 통해 운명적 정체성(identity)을 심어준 해악은 결코 작은 것이 아니다. 비참한 인생에 처한 자들에게 그들이 갖고 있는 필력으로 소망을 불어넣어 주지는 못할망정 오히려 흙수저를 입에 물고 태어난 인생인 양 스스로 소망 없는 수저라는 낙인을 찍어 불평과 불만으로 가득하게 만들어버린 저들의 해악은 어떻게 사함을 받을 수 있을까? 그러한 악한 영향력을 행사하는 필력을 소유한 그 사람들은 차라리 그러한 자리에 들어가지 않는 것이 훨씬 더 나을 뻔했을 것이다. 동시에 그러한 글의 휘두름에 그리스도인의 주체성마저 휘둘림을 당해 강단에서조차 저들과 동일한 어법으로 성도들에게 운명적 수저론으로 낙인을 찍어주는 데 일조해온 말씀 전파자들 역시 동일한 부류의 사람들이다.

"영접하는 자 곧 그 이름을 믿는 자들에게는 하나님의 자녀가 되는 권세를 주셨나니 이는 혈통으로나 육정으로나 사람의 뜻으로 나지 아니하고 오직 하나님께로부터 난 자들이니라"는 요한복음1장 12-13절의 선포가 무색할 정도이다. 적어도 하나님을 믿는 자들에게 주어진 가치관과 인생관 위에 서서 세상을 바라보면 도저히 이러한 수저론은 받아들일 수 있는 성질의 것이 못 된다.

느헤미야는 좌절의 늪에 빠져 희망을 거의 상실한 자들을 향하여 철저하게 운명론을 배제한 상태에서 그들이 절절하게 느끼고 있는 현실의 답답함과 어려움에 대해 인정을 한다. 그리고 그는 곧장 "그럼에도 불구하고"의 도전을 한다. 비록 그렇다 할지라도 우리가 이렇게 앉아 있어서야 되겠는가? "자! Come on! Let's stand up and let's go!"라고 말하면서 그들의 손을 잡아 일으키고 있다. 힘들다고 함께 벽에 기대앉아 있으면서 하나님께서 맡긴 일을 감당할 수는 없다. 같이 힘들어도, 같이 어려워도, 같이 절망에 빠져 일어날 기력이 없더라도 떨치고 일어나 앉아 있는 자들의 손을 잡아 일으키는 자가 결국은 진정한 리더가 되는 것이다. 그러한 자를 하나님은 사용하시는 것이다.

세 번째의 도전은 이러한 상황에 처한 지금 우리가 유일하게 의지해야 할 대상이 누구인가를 명확하게 제시하기 위한 **'설득력 있는 간증과 강력한 방향의 제시'**이다. 그는 자신부터 이곳에 올 수 있는 사람이 아님을 분명히 한다. 결코 가능한 상황이 아니었지만 하나님께서 왕의 마음을 움직여주셔서 이곳까지 이러한 모습으로 오게 된 것이라는 간증을 웅변적으로 하였다. "내가 지금 여기에 서 있는 것도 불가능한 일이 현실화된 것임을 알아야 한다. 하나님의 계획과 섭리가 없이는 도저히 불가능한 일을 하나님께서는 이미 시작하셨다. 지금 현재의 상황에서 우리가 예루살렘을 다시 재건하려는 계획도 역시 도저히 가능해 보이는 것은 아니지만 하나님의 손이 우리와 함께 하시면 마땅히 이루어질 것임을 나는 믿는다. 이것은 우연이 아니라 하나님께서 하라고 하시는 일이니 될 것임을 믿어야만 한다!" 그렇게 좌절하여 앉아 있는 백성들을 향하여 도전하였을 때 2장 18절을 보면 "그들의 말이 일어나 건축하자 하고 모두 힘을 내어 이 선한 일을 하려 하매"와 같은 반응이 강력하게 나오기 시작한다. 느헤미야의 설득력 있는 비전 제시를 통해 그들이 스스로 외치며 "일어나 건축하자!"고 움직이기 시작한 것이다.

하나님이 공적으로 사용하시기 위하여 세운 사람들이 주님으로부터 받게 되는 것 중의 하나가 바로 이러한 **강력**하고 긍정적이고 건설적인 비전 제시 능력이다. 강력하다는 의미는 그들이 들으면서 스스로 마음을 움직여 행동으로 옮겨 나가게 되는 것을 의미하며, **긍정**적이란 하나님 나라의 관점에서 바라볼 때, 하나님의 계획과 하나님의 움직이시는 손길과 일을 이루어 나가시는 하나님의 행보에 대한 긍정적 자세와 관점을 의미하는 것이며, **건설**적이란 결과적으로 모두에게 유익을 제공하는 것을 의미한다. 단순하게 강력한 도전만을 제시하여 많은 사람을 이끌어내는 웅변을 통하여 실제로 사람들을 움직이게는 하지만 결과적으로 건설적이지 못할 수도 있고, 하나님의 손과 하나님의 진행하시는 동선이 보이기보다는 오히려 자신의 모습만 드러내고, 자신의 이름만 높이고, 자신에게 가장 큰 유익을 가지고 오는 결과를 초래하는 경우는 이에 해당하지 않는다.

혼자만 스스로 잘 돌보고, 혼자만 하나님과의 관계를 잘하려고 애를 쓰고, 주위 사람들에게 해를 끼치지도 않고 동시에 주위 사람들이 특별하게 도움을 요청하지 않는 한 참견하거나 간섭하지 않는 것을 미덕으로 여기는 사람들의 신앙 모습 역시 함부로 평가할 성질은 아니다. 그렇게 큰일 일으키지 않고, 조용조용히 삶을 이어가는 사람들 한 사람 한 사람 모두 귀중한 사람들이다. 그러나 성경에서 하나님께서 사용하시는 사람들 중에 이러한 모습의 사람은 찾기 어렵다.

하나님께서 사용하시는 사람들은 어쩌면 '오지랖이 넓다'라고 빈정거림을 당하는 부류의 사람들일 가능성이 높다. 물론 나의 만족도를 높이기 위해 넓은 오지랖으로 이곳저곳 쏠면서 다니는 사람을 의미하는 것은 아니다. 나는 하고 싶지 않아도, 나는 진짜 피곤해서 안 하고 싶지만 하나님 나라의 시각에서 바라볼 때 꼭 해야만 될 것이라는 판단 하에 피곤함을 무릅쓰고, 고단함을 견디며, 나와 가정에 주어지는 손실을 감수하면서 주어진 일에 최선의 노력을 기울이는 사람들을 결국 하나님은 사용하시는 것이 아닐까?

가끔 일터에서 바라보면 사람과의 만남에 흥분하는 부류를 보게 된다. 편한 사람들과 만나기를 좋아하고, 만나서 하고 싶은 일들을 하고, 서로에게 상처 주는 것을 삼가며, 점잖게 서로의 만남을 즐기는 사람들을 본다. 함께 해도 나쁠 것이 없고, 만나는 시간 동안 불편함이 없어 싫을 것이 없다. 하지만 이런 사람들과 계속해서 만남을 유지하다 보면 '좋음'이라는 감정은 늘 유지되는데, 하나님 나라를 위한 '도전'을 위해 일어나는 긴장과 피로와 극복하고자 하는 몸부림을 보기가 쉽지 않다. 나도 더불어 휩쓸리는 느낌을 받는다. 하나님 나라를 위해 무엇인가 도움이 될 수 있겠다는 기대에 대한 흥분과, 일을 이루어내기 위해 주어지는 무수한 도전과, 순간순간 마주해야 하는 여러 문제에 대한 긴장과, 극복해 나가면서 일을 이룬 후에 주어지는 희열이 약하다. 모세의 삶에서, 다윗의 삶에서, 바울의 삶에서 이러한 기분 좋고 마음을 편하게 하는 만남은 찾아보기 힘들다. 왕자로 태어났어도, 왕으로 등극하였어도, 로마 시민권을 갖고 있는 유대인이라는 특권을 갖고 있어도, 하나님 나라의 사업을 위해 부름받은 모든 사람은 수도 없이 다가오는 도전과 각양각색의 문제를 극복해 나가는 팽팽한 긴장을 즐기며 살게끔 되어있다.

사업으로 성공한 사람 중에도 이러한 삶을 피하며 성공했다고 말할 사람이 있을까? 정치로 성공한 사람 중에 당연하게 주어지는 이와 같은 국면을 넘어보지 않은 사람이 어디에 있을까? 사업을 위해 못할 것이 어디 있으며, 정치적 성공을 위해서라면 넘지 못할 산이 어디에 있을까? 그런데 하나님의 나라를 위해서는 왜 그렇게 약해지는 것일까? 생존권이 보장되지 않고, 명예가 보장되지 않고, 물질의 손실이 나기 때문에 그러는 것인가? 인내하며, 어려움을 극복하며, 오르고 올라 넘어야만 할 험산 준령이 없는 영역이 어디에 있을까?

자신이 있는 현재의 위치에 머물러 있기만 해도 이미 성공한 사람이라는 소리를 들으면서 편하게 살 수 있는 자리가 확보된 느헤미야가 무엇 때문에 험한 길을 따라 위험을 무릅쓰고 먼 거리까지 와서 또다시 하루가 멀다 하고 다가오는 무서운 도전을 끊임없이 받으며 패배에 물들고 지쳐있는 사람들을 데리고 힘든 험로를 택해야만 했을까? 심지어는 받아야 할 월급이나 대가도 받지 않으면서 왜 굳이 이러한 일을 해야만 했을까? 오지랖이 너무 넓어서 그랬던가?

이러한 마음으로 힘들고 어려운 일에, 그러면서도 하나님께서 원하시는 하나님의 선한 일에 참여하는 일꾼에게 하나님께서는 사람들을 소명하여 함께 이 일을 이끌어 갈 수 있는 비전제시 능력을 허락하셨다. 나의 이름을 위해서, 나의 성공을 위해서, 나의 만족도를 위해서 험난한 길을 택한 것이 아니다. 방황하는 하나님의 백성들을 위해서, 이루어야만 하는 하나님의 일들의 성취를 위해서 헌신하는 그런 일꾼, 하나님께서는 친히 그가 사용하실 사람을 선택하셨고, 또 그가 선택하신 일꾼에게 깊은 늪에 빠져 있는 사람들을 붙잡고 앞을 향해 걸어갈 수 있도록 일으켜 세우는 설득력과 비전을 제시할 수 있는 능력을 부여하셨던 것이다.

물론 우리는 질문할 수 있다. 아무나 할 수 있는 것인가? 우리는 느헤미야도 아니고 잠시의 외침을 통해 엄청난 수의 사람들이 듣고 회개하고 세례를 받도록 이끌었던 명설교가 베드로도 아니다. 그러나 하나님께서 우리를 하나님의 중요한 일을 해내야 하는 분야의 리더로 세우셨다면, 우리는 하나님이 주시는 능력을 의지하여 함께 하는 자들을 격려하며, 인도해야 할 대상들을 위해 기도하면서, 철저하게 준비된 전략으로 비전을 제시하며, 그들을 도전하고 함께 나가야 할 것이다. 이것이야말로 맡겨진 자들에게 주어진 귀한 책무임을 기억하여야 한다.

흔들어대는 사탄의 집요한 공격 vs 대응 전략

〈파워 방향 제시〉라는 제목의 이 장을 '방향 제시'의 능력으로만 마무리하는 것은 50% 정도만 다루고 문을 닫는 것 같아 아무래도 파워 있게 방향 제시를 할 수 있는 설득력 있는 지도자의 '삶'을 언급하면서 나머지 50%를 다루어야 하지 않을까 생각된다. 아무리 하나님의 음성에 귀를 기울이며, 하나님의 인도하심을 바라보며 신중하게 일을 처리하더라도, 또한 하나님 앞에서 때를 기다리며 설득력 넘치는 내용으로 비전을 제시하면서 큰일을 도모하더라도, 나를 목표로 삼아 집요하게 파고 들어오는 적들의 공격은 피할 길이 없다. 마치 종교개혁자 마틴 루터가 "새들이 내 머리 위로 날아다니는 것을 어떻게 막을 수 있겠는가?"라고 말을 했듯이, 하나님이 세우신 사람들에게 늘 따라다니는 사탄의 공격은 피할 수 있는 성질의 것이 아니다.

여기에서 적들이란 단순하게 나를 반대하는 어느 사람이나 집단을 의미하는 것이 아니라 좀 더 영적인 차원에서 그리고 하나님 나라의 관점에서 이 '적'이라는 존재를 생각해 보고자 한다. 하나님이 친히 필요에 의해 맡겨 주신 사역이 하나님 나라를 더욱 강성하게 하는 길이라는 사실을 알고 있는 사탄의 세력을 의미한다. 눈에는 보이지 않지만, 실제로 영적 세계에서 큰 몫을 감당하는 사탄의 조종을 받으며, 실제 상황에서 하나님 나라를 훼방하는 일에 행동 대장으로 사는 사람들을 소위 '적'이라 부르려고 한다. 이들은 눈에 보이는 실체들이기 때문에 눈에 보이지 않는 사탄의 존재보다 실질적인 영향력을 행사한다. 우리 자체가 눈에 보이는 육신의 옷을 입고 있기 때문에 같은 옷을 입고 있는 사람들의 영향을 눈에 보이지 않는 하나님의 영향력보다 더 크게 받게끔 되어있다.

그래서 연약한 심성을 가진 사람들은 이러한 영향력에 흔들리게 마련이다. 아무리 선한 일이고, 하나님 나라 세우는 일을 하기로 작정하였더라도 우리의 눈에 보이면서 동시에 사탄의 조종을 받는 적이 공격하기 시작하면 휘청거릴 수밖에 없는 것이 인간으로서의 그리스도인이다. 아무리 귀한 직분을 수행하는 사람이라 하더라도 피할 길이 없다. 특히 오감을 통해 흔들어대는 사탄의 위력은 참으로 거부하기 어렵다. 이성을 통해 들어오는 공격, 물질을 통해 흔들어대는 유혹, 사람들로부터 인정받고 싶은 명예의 욕심, 목표 지향적 기질을 가진 사람들이 지속적으로 추구하는 성취 욕구 등등, 하나님께서 하나님 나라를 위해 비전을 심어주고 사용하려고 작정한 사람들은 이러한 오감의 공격 대상 1호로 늘 괴롭힘을 당하게 마련이다.

느헤미야 역시 예외는 아니었다. 그 또한 인간인지라 늘 이러한 흔들림에 고민하고 힘들어하면서 힘들게 한 걸음 한 걸음 태풍을 거슬러 항해하는 배와 같이 꾸역꾸역 앞을 향해 나아갔던 하나님의 사람이었다. 느헤미야의 성품은 느헤미야서를 통해 살펴보면 아주 강한 모습으로 상상된다. 신약의 바울 사도와도 같은 강성이 엿보인다. 인물을 보고 초상화를 그린 것인지 상상하면서 그린 것인지 확실치는 않아도, 느헤미야와 바울을 묘사한 인물화는 호탕한 성품을 지닌 훈훈한 남성의 모습이기보다는 고집스러우면서도 강한 성품을 반영하고 있을 것이다. 그럼에도 불구하고 육신을 입은 사람들이라 적들의 공격에 얼마든지 흔들릴 수 있었을 것이다.

이웃에 있는 이스라엘이라는 나라가 다시 강성해지는 것을 조금도 원치 않던 호론 사람 산발랏과 암몬 사람 도비야, 그리고 아라비아 사람, 아스돗 사람들의 지도자들 역시 사탄의 조종을 받아 성실하게 맡겨진 임무를 수행하던 사람들이었다. 먼저 그들은 분노하였다. 4장 1절을 보면 "산발랏이 우리가 성을 건축한다 함을 듣고 크게 분노하여"라고 했다. 비록 바로 뒤에 비웃었다는 말이 있지만, 실제로 이 사람들의 마음 깊은 곳에 있는 감정은 분노였다. 13장에 나오는 내용에 근거하여 생각해 보면, 이들은 단순하게 이웃 국가인 이스라엘이 다시 왕성해지는 것을 싫어하는 정도의 차원에서 그렇게 분노하는 모습을 표현한 것 같지는 않다. 그 이상의 이유가 있었던 것으로 보인다.

13장 4절과 5절을 보면, 하나님 전의 방을 맡은 제사장 엘리아십이 도비야를 위해 성전 안에 방을 만들어 그가 거할 수 있도록 해 주었다. 내면적으로 이스라엘 사람들과 깊은 관계를 형성하면서 그러한 관계 속에서 이스라엘의 피를 쪽쪽 빨아먹는 삶 자체를 즐기면서 살고 있었던 것은 아니었을까 하는 생각마저 든다. 그뿐인가? 13장 28절을 보면, 엘리아십의 증손자가 산발랏의 사위가 되는 일이 발생한다. 대제사장인 엘리아십이 자신의 증손자로 하여금 그렇게도 이스라엘의 회복을 반대하고 훼방하던 산발랏의 사위가 되는 것을 허용한 것이다.

도비야와 산발랏을 비롯한 주위 나라의 지도자들이 어쩌면 단순하게 이스라엘의 땅을 침범하여 국가적 차원에서의 약탈만 한 것이 아니라 이미 생활 속 깊은 곳까지 파고 들어가 피차간에 얽히고설킨 관계를 유지하고 있었던 상황이 아니었나 하는 추측이 가능하다. 나라와 나라의 관계에 있어서도, 개인의 욕망에 있어서도 이스라엘은 하나의 연약한 나라로 지난 70년 이상의 세월을 그렇게 지내고 있었던 것이다. 이렇게 그들이 원하면 얼마든지 이득을 취할 수 있는 이미 망가진 나라라고 여겨진 이스라엘, 이 나라가 가지고 있는 모든 것을 계속해서 이용하면서 즐길 수 있었는데, 어느 날 느헤미야라는 사람이 가장 강력한 나라 바벨론 왕의 칙서를 들고 와서 이스라엘을 다시 이전의 왕성한 나라로 회복시키겠다고 하는 모습은 그들을 충분히 자극하고도 남음이 있었을 것이다. 자신의 욕망을 충족시킬 것들이 없어지는 것뿐만 아니라 과거의 화려했던 이스라엘로 돌아갈 수도 있을 것이라는 사실에 대한 두려움 역시 있었다.

이러한 모습은 하나님 나라의 일을 진행하고, 하나님 나라의 회복과 부흥을 추진하는 성역(聖役)에 있어 늘 상존하는 실제 상황이다. 먼저는 선한 하나님 나라의 부흥 자체를 싫어하는 사탄이 늘 어떠한 형태로든지 훼방하기를 원하고 있고, 동시에 사탄에 의해 사용 받는 도구로서 자신을 생각 없이 내주는 부류의 사람들이 있게 마련이다. 하나님으로부터 받은 비전을 들고 하나님께서 맡겨주신 일을 진행하려는 사람들을 가만두지 않는다. 직접적인 공격도 있고 또는 조소를 동반한 주위의 공격 역시 끊임없이 다가온다. "너는 왜 세상을 이다지도 모르는가? 너에게 얼마나 큰 이익이 주어지는 일인데 너는 참으로 천진난만하구나. 다시 한번 잘 생각해 보거라"와 같은 비아냥거리는 모습으로 자존심을 건드린다. 섬기는 일에도, 남을 돕는 일에도, 가르치는 일에도, 전도하는 일에도, 선교에 참여하는 일에도 언제나 예외 없이 흔들어대는 요소들은 있게 마련이다.

하나님 나라를 위한 특별한 비전을 받은 후에 경험한 일은 아니지만, 그래도 나름대로 하나님의 사람으로서 자존감을 갖고 살던 젊은 시절의 경험을 잠시 언급하고자 한다. 필자가 27세쯤 되었을 때 미국에서 조그마한 비즈니스를 했던 적이 있다. 20대의 젊은 나이였지만 나름대로 하나님의 말씀에 따라 진행하려고 애를 썼다. 애를 썼다는 말의 뜻은 추상적인 것만은 아니다. 사업과 관계된 모든 일에 있어 성경적 원칙을 준수하려고 무척이나 애를 쓰며 사업체를 운영하였다. 특히 매달 세금을 내는 일은 정확히 준수하려고 노력하였다. 그 당시 조그마한 비즈니스를 하면서 그렇게 세금을 제대로 내는 사람은 별로 없었나 보다. 어느 날 아주 가까운 친척 어른이 오셔서 한 바퀴 쭉 둘러 보시더니 "내가 운영하는 사업체와는 비교도 안 되게 조그마한 사업체가 나보다 세금은 더 많이 내는구먼. 돈이 아주 많은 게지?"라고 비꼬면서 얼마나 크게 야단을 치시던지.

　사업이 아주 어려울 때 들어오는 큰 물량의 주문은 어김없이 주일에 해야만 하는 것이었다. 율법주의자는 아니라도 6일을 일하고 하루는 쉰다는 창조의 법칙을 준수하고자 하는 나의 마음을 여지없이 흔들어 대었다. '몇 시간만 시간을 내어 일하면 필요한 만큼의 돈을 벌 수 있는데' 하는 마음 때문에 당장 전화로 답을 주지 못하고 고민하고 갈등하다가 결국 전화를 걸어 해 줄 수 없다고 통보하면서 가졌던 허탈감은 결코 웃으면서 말할 수 있는 것만은 아닌 현실이었다. 하지만 시간이 어느 정도 지난 후에 그 당시를 회상하면 너무나도 감사할 뿐이다. 당시에는 크게 다가오던 물질이었지만 그러한 유혹을 수년에 걸쳐 고집스럽게 넘겼다는 것에 그리스도인으로서의 자부심이 생긴다.

　비록 비전이라고 말하기도 어려운 조그마한 일에도 그리스도인으로서 살아야 한다는 인생관 하나로 인해 주어지는 사탄의 공격이 만만치 않을진대, 소위 하나님께서 하나님의 나라를 위해 주신 비전을 품고 앞으로 나아가는 하나님의 사람들에게 다가오는 공격이 어찌 쉽고 가볍게 넘어갈 성질의 것이겠는가? 쉽게 넘어갈 수 있는 것들은 단연코 없다. 각종 유혹과 공격을 통해 끝없이 흔들어 댈 모습은 어쩌면 상상을 초월하는 것일 수도 있다. 자식을 둔 부모라면 예외 없이 흔들릴 수밖에 없는 자녀들에 대한 공격, 건강의 위협, 재정의 어려움, 명예의 훼손, 중하게 여기는 인간관계의 흔들림 등등 쉽게 극복하기 어려운 것들이다. 그렇게 하나님 나라의 일을 위해 주어진 사명을 완수하지 못하도록 엎어 치고 메치고 하면서 포기하게 만드는 집요한 공격이 기다리고 있을 것이다.

　이럴 때 우리가 취할 방법은 과연 무엇일까? 같이 마주 대하여 싸워야 할 것인가? 명예를 훼손하는 사탄의 도구를 향해 같이 명예를 훼손하는 일을 해야 할까? 엎어 치고 메치는 집요한 공격에 우리도 함께 그들과 씨름하며 들었다 놨다 하면서 나가야 하나? 인간의 성정을 갖고 있는 우리로서 어쩌면 이러한 것이 당연한 방법일 수 있겠지만, 예수님을 비롯한 하나님의 사람들은 그러한 방법을 택하지 않았다. 느헤미야의 경우도 다르지 않았다. 어쩌면 너무 유치해 보이는 것 같은 방법을 택했다. 그는 어떤 방법을 갖고 이러한 공격들을 막아냈을까? 하나님께서 주신 비전이 확실한 것이라면 비전을 성취해 나가는 방법도 하나님의 방법으로 진행해 나가는 것이 마땅한 원리이다. 또한 비전을 방해하는 자들에 대응하는 방법 역시 구호로만이 아니라 실제 일터 속에서 비전을 주신 하나님의 방법으로 해결해 나가는 법을 터득할 필요가 있다. 바로 느헤미야의 모습 속에서 이러한 것을 배울 수 있다. 그는 어떠했는가?

그는 그러한 공격 앞에서 함께 공격하는 방법을 택하지 않고 다소 유치해 보이기는 하나 하나님 앞에 주저앉아 고자질한다. 뭐라고 고자질했는가? "우리 하나님이여 들으시옵소서 우리가 업신여김을 당하나이다 원하건대 그들이 욕하는 것을 자기들의 머리에 돌리사 노략거리가 되어 이방에 사로 잡히게 하시고 주 앞에서 그들의 악을 덮어 두지 마시며 그들의 죄를 도말하지 마옵소서 그들이 건축하는 자 앞에서 주를 노하시게 하였음이니이다"(4:4-5). 눈에 보이지 않는 하나님에게 당장 눈앞에서 발생하고 있는 공격적 상황을 고자질하고 있는 정치 지도자 느헤미야의 모습이 상상이 가는가?

성숙한 그리스도인의 한계가 바로 여기에 있다. 영화에서 볼 수 있는 참고 참다 결국 멋지게 복수하는 주인공의 모습이 아니다. 사탄의 심각한 도전과 공격으로 인해 견디기 어려울 때 눈에 보이지 않는 하나님 앞에 쪼그리고 앉아 "하나님! 저들이 나에게 이렇게 못되게 굴고 있는데, 하나님이 대신 갚아 주세요!"라고 말하는 것이 기껏 할 수 있는 그의 모습이다. 그러니 세상의 인생 철학에 물든 사람들이 바라보는 그리스도인의 모습이 얼마나 유치하고 무력해 보이겠는가? 그들 탓만 할 수 있는 것은 아닐 것이다.

나는 하나님이 주신 비전을 붙잡고 사는 하나님의 사람들의 삶은 비전의 크고 작음과 상관없이, 영향을 주는 대상의 숫자와 관계없이 주어진 모든 범위의 삶 가운데서 먼저는 그리스도인으로, 그리고 동시에 하나님이 뜻하신 바 있으셔서 맡겨주신 일을 부여받은 사람으로, 그리고 맡겨주신 일을 충성되게 감당하기 위해 몸부림치는 모습을 유지해야 한다고 생각한다.

이것을 설명함에 있어 '디그너티(dignity)'라는 단어를 언급하지 않을 수 없다. 이 책의 5장에서 아주 자세하게 다룬 내용이지만 여기에서 다시 한번 언급하고자 한다. 이 단어는 '위엄' 또는 '품위'로 해석할 수 있다. 동물에게는 이러한 '격'의 의미를 갖는 '디그너티'라는 단어를 사용할 수 없다. 인격도 있고, 신격도 있지만 동물격은 없는 것이다. 본능에 의해 움직이기 때문에 위엄이나 품위가 있을 수 없다. 아무리 위엄이 있어 보이는 수사자의 자태가 돋보여도 결국은 타고 난 모습일 뿐이지 '품위'라는 단어를 사용할 수 있는 것은 아니다.

그러나 하나님의 형상에 따라 지음받은 사람들은 동물들과는 다르다. 하나님의 형상을 따라 지음받은 그 자체에 사람으로서 존엄성이 있는 것이고, 주어진 여러 일과 삶의 모습 안에 품위(dignity)라는 것이 포함되어 있다. 물론 사람들이 자신의 느낌에 합당하다고 판단되는 수준에서 자신의 위엄과 권위를 만들어내려는 시도가 있을 수 있겠지만, 스스로의 디그너티는 스스로 만들어 낼 수 있는 것은 아니다. 즉 이것은 개인이 노력하여 지킬 수는 있는 것이지만 실제로는 그 사람의 삶을 바라보는 제삼자에 의해 주어지는 것이고 부여되는 것이다.

교육의 책임을 맡은 사람에게는 교육자로서, 나라의 운영을 책임지는 정치인은 정치인으로서, 경제 활동을 통해 사회에 공헌하는 자들은 사업가로서, 가정을 꾸린 남편은 한 가정의 남편으로서 그리고 아빠로서, 또한 아내와 엄마로서, 운동선수로서, 예술가로서, 어떤 분야의 전문가로서, 생존을 위해 몸부림치는 한 사람으로서, 모든 사람에게는 나름대로의 품위(dignity)라는 것이 주어져 있다.

이러한 관점에서 바라볼 때, 하나님의 일에 참여하도록 비전을 부여받은 하나님의 일꾼에게 '격'이라는 것은 실로 중요한 요소이다. 하나님께서 주시는 비전을 통한 일들 즉 요즘 표현으로 하나님께서 맡겨주신 '사역'이라는 것은 하나님과 사람, 그리고 사람과 사람 사이의 관계 속에서만 존재하는 것이기 때문에 관계 가운데서 부여될 수 있는 품위나 위엄은 대단히 중요한 의미를 갖는다.

동시에 품위(dignity)라는 의미의 단어를 언급함에 있어 '진실성(integrity)'이라는 단어는 불가분의 관계를 갖는다. '인테그러티'라는 단어는 종합적인 성실함 또는 진실함으로 이해될 수 있다. 거짓된 성실이나 성실하지 않은 진실은 진실성(integrity)이라고 표현하지 않는다. 이 진실성(integrity)과 함께 하는 단어가 '일관성'(consistency, 한결같음)이다. 이것은 앞과 뒤가 다르지 않고 한결같은 연관성을 의미한다. 요즈음 한국에서 자주 사용되는 '내로남불'이라는 단어가 바로 이 일관성(consistency)에 해당하는 말이다. 내가 하면 로맨스고 남이 하면 불륜이라는 말은 같은 일을 두고 앞뒤가 다르게 자기의 입장에 서서만 해석하는 것을 의미한다. 다른 단체나 조직이 잘못한 것에 대해서는 정확한 잣대를 들이대면서, 자신의 단체나 자신이 속한 조직의 동일한 잘못에 대해서는 관용의 잣대를 대는 것을 소위 내로남불이라고 한다. 세상의 정치권이나 회사, 법조계에서 행해지는 내로남불의 모습은 어쩌면 이 세상을 살아가는 데에 있어서 이해해주고 넘어갈 수 있는 한 부분이라고 볼 수도 있을 것이다. 실제로 인간의 죄성을 이해하고 나면 어려울 것도 없기 때문이다. 어차피 인간의 전적 타락 이론과 죄성은 함께 가는 것이기 때문이다. 그래서 이 세상을 향하여 진실성(integrity)에 대한 기대나 일관성(consistency)에 대한 기대는 크게 하지 않는다.

하지만 적어도 기독교 안에서는 이것을 중히 여길 수밖에 없다. 하나님의 본질과 하나님의 사람들을 향해 요청하는 본질적 내용이 불가분의 관계를 갖고 있기 때문이다. 하나님이 매사에 진실(integrity)하시고 지금까지 해 오신 모든 일 속에 일관성(consistency)을 유지해 오셨고, 성경에서 소개된 그의 일꾼들이 그러했고, 초대교회부터 지금까지 제대로 하나님의 나라를 섬긴 모든 일꾼이 그렇게 살려고 몸부림을 쳤다. 이것이 유지되는 한 기독교는 세상을 향하여 목소리를 높일 수 있고, 세상은 우리의 말을 들을 수 있다. 물론 선택은 그들이 하는 것이지만.

한동안 가짜 학위, 논문 표절 같은 것으로 인해 기독교에 대한 신용이 일반 사회에서 바닥까지 떨어졌다. 어디에서든 당당하게 보여 줄 수 있는 학위가 아닌 것은 받을 필요가 없다고 학위에 군침을 흘리는 사람들에게 그렇게 말을 해도 여전히 이러한 것의 꽁무니를 따라다니는 사람들이 있는 것은 어찌 된 일일까? 스스로의 품위(dignity)를 포기했다는 말인가? 사람들 앞에서 성실을 말할 때는 나의 삶 속에서 성실을 유지하고자 하는 노력이라는 일관성(consistency)이 따라야 마땅한 것이다.

하나님과 사람 앞에서 일을 맡은 자로서의 품위를 유지하고, 그에 걸맞은 총체적 성실함(integrity)과 생활 속에서 보이는 전후좌우의 일치(consistency)를 유지하는 삶이 꼭 어려운 것만은 아니다. 느헤미야와 같이 여러 복잡한 상황 중에서 하나님 앞에 쪼그려 앉아 "하나님, 어찌해야 할까요? 나를 이렇게 힘들게 하는 이 상황을 하나님, 보고 계신데 도와주세요."라고 말하는 단순하면서도 진지한 모습을 유지하면 되는 것이다. 내가 비전을 부여받은 하나님의 사람으로서 일을 진행하고자 함에 있어서 박사 학위 하나쯤 필요한 것은 아닌가 고민하는 중에 주위의 지인을 통해 공격하는 사탄의 박사 학위를 주겠다는 음성에 넘어가 날름 그 학위를 받아 버리고 나면, 그는 진실성(integrity)도 일관성(consistency)도 단번에 날려버리게 되는 것이다. 왜 그것을 모를까?

언제인가 해외의 어느 졸업식장에 축사를 부탁받아 간 적이 있다. 해외의 고등학교 졸업식장이니 영어로 축사해 달라는 부탁을 받고 갔다. 그곳에서 모 국가에서 오랫동안 소위 선교사로 활동했다는 사람 역시 그 자리에 초청을 받아 왔길래 만남을 갖게 되었다. 그런데 그 선교사라고 하는 사람이 초면에 나에게 꺼낸 말이 "혹시 박사 학위 있으세요? 없으시면 제가 받도록 도와주겠습니다"라는 것이었다. 잠시 나의 귀가 의심스러웠다. 이 사람 무슨 말 하는 거야 초면에? 믿기지 않았다. 어쩌면 그 사람은 학위 장사를 하는 사람이고, 만나는 사람에게 동일한 말을 해 왔기 때문에 이미 감각이 무딘 상태였을 것이다. 하지만 나에게는 충격으로 다가왔다. "이거 웬 물건인가?" 하는 모욕을 주고 싶은 마음이 치솟아 올랐다. 아마 이러한 유혹에 넙죽 넘어가 어설픈 학위 하나 받고 어디 가서 박사 학위 받았다는 말도 꺼내지 못하는 어리석은 인생이 적지는 않을 것이다. 왜들 그러는 것일까?

비전을 받은 자의 삶은 타이틀이나 학위로 증명하는 것이 아니라 비전을 주신 하나님의 길을 묵묵히 따라감으로 증명하는 것이다. 삶이 따르지 않는 비전의 수행은 언급하기도 어렵다. 결코 쉬운 길이 아니기 때문에 "오호라! 나는 곤고한 사람이로다"와 같은 몸부림은 당연하다. 각종 유혹 앞에서 넘어지기도 하고 자빠지기도 하는 고통스러운 갈등 역시 피할 수는 없지만 그럼에도 불구하고 "하나님! 보고 계시지요? 제발 도와주세요. 힘이 듭니다"

와 같은 정직한 커뮤니케이션만큼은 최선을 다해 유지하여야만 할 것이다.

　삶이 따르지 않아도 잠시의 파워 비전 제시는 먹혀들 수 있다. 물론 아무리 훌륭한 그리스도인의 삶을 살아내도 분명한 논조로 비전을 제시할 수 있는 논리와 언변이 없다면 이것 역시 어려운 일이다. 지도자의 삶만 보고 따를 수 있는 여건과 공간에 제한이 있기 때문이다. 따라서 느헤미야와 같이 하나님을 믿고 섬기며 세상과 타협하지 않고 주신 말씀대로 살아가려고 애쓰는 동시에 하나님이 주신 비전과 나아갈 방향을 섬세하게 설명하고, 논리적으로 제시하며, 파워 있게 설득하고, 힘있게 이끌고 나가는 지도자는 언제든지 필요한 인재이다.

9

아홉 번째 지도 원리 LEADERSHIP MANUAL

공과 사를 구별하며, 옳고 그름을 분명히 하는 자

객관성을 갖는다는 것은 공과 사의 구별을 자연스럽게 포함한다. 어디에서부터 어디까지가 나의 개인적인 일이고, 어디에서부터 어디까지가 한계이고, 어디를 넘어가면 개인의 분야에서 벗어난 공적 범위라는 것을 분별하는 것은 결코 쉽지 않다. 그래서 적어도 지도자가 되려고 하는 사람은 이러한 공사의 구별, 객관적인 안목을 배워야 하고, 모든 일 속에 잘 적용하는 것을 배워야 한다. 타고 난 지도자란 노력하지 않고도 이러한 객관적 안목을 이미 습득한 사람을 의미한다.

"내 아우 하나니와 영문의 관원 하나냐가 함께 예루살렘을 다스리게 하였는데 하나냐는 충성스러운 사람이요 하나님을 경외함이 무리 중에서 뛰어난 자라"(7:2).

인물을 등용할 때
객관적 시각으로 인선하고 적재적소에 배치

못 사는 나라일수록, 그리고 가난한 사람일수록 혈과 육에 제한을 받아 지속적으로 발전해 나갈 수 있는 기회를 놓치곤 한다. 혈연과 지연, 학연에서 벗어나지 못하는 개인이나 사회나 국가는 결코 최고의 정점에 설 수 있는 자격을 부여받을 수 없게끔 되어있다. 고금의 진리이다.

지도자의 자리에 있다 하면서 혈연 깊은 곳에서 허덕이며 진리를 외치는 모습은 가련해 보인다. 소위 학연에 얽혀 있으면서 모두의 리더라고 자칭하는 자들 역시 객관적일 수 없어서 어떠한 권위를 부여해주고 싶은 마음이 가지 않는다. 아무리 진리를 들고 세계관을 들먹이고 가치관을 말하는 선교사라 할지라도 자신이 태어나 자란 지연에 얽힌 언어와 관점과 가치관과 세계관 속에서 떨쳐 나오지 못한 상태에서 전 세계를 객관적으로 바라보시는 하나님에 대해 말하라고 하면, 과연 얼마나 객관적 관점에서 성경적 세계관과 가치관에 대해 말을 할 수 있을까? 기대하기 어려워 보인다.

지금으로부터 2,500년 전의 국가 지도자의 권력과 영향력은 지금 현존하고 있는 나라의 지도자들이 갖는 권한이나 영향력과는 비교할 수 없는 것이었다. 비록 바벨론 왕의 임명하에 이스라엘의 회복기를 다스리는 총리로 왔지만, 이스라엘에 관한 모든 권한이 느헤미야 총독에게 있었던 것은 확실했다. 이러한 시대에 오히려 혈연과 학연과 지연을 통해 얼마든지 자기가 원하는 방향으로 통치하는 것은 크게 이상한 일이 아니었다.

느헤미야는 우선 자신에게 주어진 권력을 갖고 무너졌다 다시 일어서고자 꿈틀거리며 몸부림치는 조국 이스라엘에 가장 필요한 일을 먼저 수행해 낸다. 무너진 예루살렘 성벽을 완성하는 것이었다. 너무나 힘들고 어려운 임무였지만 그는 최선을 다하여 일단 그 일을 수행하여 완성해 낸다. 그 후에 숨을 돌릴 틈도 없이 다음 단계를 놓고 고민하며 결정해 들어갔다. 그가 내린 결론은 영적 회복이었다. 무너진 자존감, 힘들어진 하나님과의 관계를 회복하는 일이었다. 소위 하드웨어의 회복이 끝난 후 하드웨어에 걸맞은 소프트웨어를 제대로 설치하는 일이었다.

그러기 위해서 그는 이미 일단락된 하드웨어의 안전 유지를 할 필요가 있었다. 영적 회복에 들어가기 전 다시 한번 하드웨어를 안전하게 잘 유지하는 작업을 시도하는 것이었다. 그래서 그는 자신이 당시의 상황하에서 그래도 믿고 맡길 수 있는 혈통에게 중요한 직책을 부여한다. 그러면서 동시에 동생과 함께 동등한 지위에서 이 일을 수행할 사람을 임명한다. 사실 그의 동생 하나니는 그냥 하늘에서 낙하산을 타고 내려와 직분을 받은 자는 아닌 것으로 보인다. 1장 2절에서도 그에게 예루살렘 성의 무너진 소식을 전한 자도 하나니였다. 동생 역시 애국 단체에 가입하여 적극적으로 활동을 하던 사람이었을 것이고, 형과 더불어 예루살렘으로 이동하는 일과 적들과 대치하면서 성을 쌓는데 함께 하였던 사람으로 추정된다.

그럼에도 불구하고 느헤미야는 "충성스러운 사람이요 하나님을 경외함이 무리 중에서 뛰어난"(7:2) 하나냐를 동생과 함께 예루살렘을 파수하는 책임을 맡긴다. 이러한 그의 모습은 귀한 리더십의 모범이 된다. 예를 들어 그는 하나니를 최고 책임자로 그리고 하나냐를 다음 책임자로 임명할 수도 있었다. 하시만 그는 어쩌면 자신의 동생 하나니의 연약함을 알고 있었을 것이다. 함께 일을 하면서, 동생이지만, 그리고 충성된 이스라엘의 백성이지만, 그의 혈육을 객관적으로 신중하게 관찰을 유지하였다고 짐작한다. 그래서 그는 일과 관계에 있어서는 충성스러우면서 동시에 많은 사람 중에서도 뛰어나게 하나님을 경외하는 하나냐를 동생과 똑같은 직급으로 임명하였던 것이다.

나는 지도자의 덕목 중에 '객관성 유지'를 매우 중요한 것 중의 하나로 꼽는다. 같은 학교 출신에 대해 사족을 못 쓰는 사람이나, 같은 동네 출신을 우선시하는 지역색, 성만 같아도 가족이다 친척이다 하며 엮어대는 자들, 이런 사람들은 같은 학교의 모임 안에서, 같은 동네 안에서, 같은 성씨들 안에서야 지도자 노릇 좀 할 수 있겠지만, 여러 다름을 감안하여 객관적 입장을 견지하며 일을 해야 하는 상황에서는 적합한 지도자로 보이지 않는다. 그래서 어쩌면 혈연, 학연, 지연 등을 배제하고 객관적 안목을 유지하며, 객관적 입장을 취하는 사람들은 이러한 자들로부터 배척당할 수도 있고, 언제 어디서나 피차간에 객관성에 근거하여 도움을 나눌 수 있는 사람이 없을 경우에는 외롭고 쓸쓸한 리더로 남을 수도 있다. 왜냐하면 아무리 가까운 친구라도 객관적으로 볼 때 잘못된 것이면 잘못된 일이라고 말하게 되어 있으니까.

객관성을 갖는다는 것은 공과 사의 구별을 자연스럽게 포함한다. 어디에서부터 어디까지가 나의 개인적인 일이고, 어디에서부터 어디까지가 한계이고, 어디를 넘어가면 개인의 분야에서 벗어난 공적 범위라는 것을 분별하는 것은 결코 쉽지 않다. 그래서 적어도 지도자가 되려고 하는 사람들은 이러한 공사의 구별, 객관적인 안목을 배워야 하고, 모든 일 속에 잘 적용하는 것을 배워야 한다. 타고 난 지도자란 노력하지 않고도 이러한 객관적 안목을 이미 습득한 사람을 의미한다. 물론 태중에서부터 이것을 배우지는 않았겠지만 어려서부터 이런 기질을 발휘하는 모습을 가끔은 볼 수 있다는 것이 해석하기 어려운 부분이기도 하다.

느헤미야는 이렇게 두 사람에게 전권을 맡긴 후에 그냥 발을 떼지 않았다. 구체적인 일의 내용을 그들에게 설명했다. 영어로 'job description'이 분명했다는 말이다. "내가 그들에게 이르기를 해가 높이 뜨기 전에는 예루살렘 성문을 열지 말고 아직 파수할 때에 곧 문을 닫고 빗장을 지르며 또 예루살렘 주민이 각각 자기가 지키는 곳에서 파수하되 자기 집 맞은 편을 지키게 하라 하였으니 그 성읍은 광대하고 그 주민은 적으며 가옥은 미처 건축하지 못하였음이니라"(7:3-4). 이 내용에 근거하여 보면 아직도 예루살렘 성안에 진행해야 할 일이 많음을 볼 수 있다. 하지만 무엇보다도 중요한 과제가 성문을 지키는 수도 방위대의 역할이었다. 그래서 앞으로 계속해서 진행해야 할 일을 언급하는 동시에 지금의 시점에서 수도 방위대가 어떻게 임무를 잘 수행해야 할지에 대해 상세하게 설명해 주고 있다.

어찌 보면 느헤미야는 철저하게 목표 지향적인 인물임에 틀림이 없다. 어쩌면 동생 하나니 역시 섭섭한 마음을 가질 수 있었을 것이다. 하지만 객관적이면서도 예리하고도 신중한 관찰을 통하여 함께 하는 자들의 장점과 단점을 이미 파악해 놓은 상태였기 때문에 동일한 지위에서 서로 간에 협력하며, 견제하며 일을 수행해나갈 수 있도록 배치가 된 것이었다. 불만이 있을 수 없다.

느헤미야에게 있어 명예나 권세나 부라는 것이 자신이 쫓아가서 얻어낼 수 있는 것이 아니라 하나님에 의해 결정된다는 것은 이미 알고 있는 사실이었을 것이다. 명예를 앞에 두고, 권력을 앞에 두고 쫓아가며 잡으려고 할수록 그것들은 계속해서 앞으로 도망쳐 나가게 된다는 사실을 그는 이미 오랜 경험을 통해 알고 있었을 것이다. 받을만한 사람이라고 생각이 되면 하나님이 주실 것이고, 받을 수 없는 사람이라고 판단하시면 우리가 아무리 노력해도 소용이 없다는 것임을 알고 있었을 것이다. 주시든 안 주시든 모든 것이 하나님께 달린 것이니 하나님께 속한 우리는 하나님께서 맡겨주신 일에만 최선을 다하면 되는 것이라는 마음가짐 역시 갖고 있었을 것이다. 그래서 그는 하나님의 일을 이루어내는 것에 목표를 두고 합당한 사람들을 적재적소에 배치하여 제대로 일을 수행해나가는 데만 초점을 맞추었던 것이다.

느헤미야는 하나님을 믿고 성실하게 따르며 그가 1장에서 기도하였듯이 "하늘의 하나님 여호와 크고 두려우신 하나님이여"(5절)와 같이 늘 하나님의 존재를 의식하였고, 하나님의 실체를 삶 속에서, 삶의 여러 문제 한가운데서 인정하려고 애쓴 사람이었다. 그가 말할 때 크고 두려우신 하나님이면,

실제로 그의 삶 가운데 그는 하나님이 매우 크신 분이시고, 옳고 그름을 분명하게 나누시어 상과 벌이 분명하신, 두려우신 분이라는 사실을 경험하여 알고 있다는 말이다.

이어서 "주를 사랑하고 주의 계명을 지키는 자에게 언약을 지키시며 긍휼을 베푸시는" 분이심을 그는 너무나도 잘 알고 있었다. 그의 삶 가운데서 그것이 개인 생활이든 공적 생활이든, 그는 철저하게 주님의 계획과 인도하심과 섭리하심을 믿고 확신하며 움직였다. 그의 모든 발자취와 움직이는 모든 반경 안에서 우리는 이러한 그의 신앙을 찾아볼 수 있다. 느헤미야는 주님을 사랑하고, 주님이 하라고 하시는 일만을 행한다면, 그다음은 하나님께서 알아서 하시리라는 것을 믿고 있었다. 또한 그러한 자세를 유지하며 사는 자에게는 하나님이 이미 약속하신 언약도 직접 이행하실 것이고, 동시에 필요에 따라 긍휼도 베푸신다는 것을 그는 확신하고 있었다.

이 모든 것이 다 함께 합력된 요소로 결합되어 작동될 때, 지도자는 객관적인 눈을 갖게 되고, 혈연 학연 지연 같은 것에 얽매이지 않는 인재의 선택이 가능해지고, 하나님 나라에 가장 유익이 되는 차원에서의 인적 배치가 이루어질 수 있는 것이다. 이런 지도자를 많이 소유한 사회가 결국 강력한 사회가 아닐까?

옳은 것은 옳은 것이고
틀린 것은 틀린 것(13장)

느헤미야가 잠시 이스라엘을 떠나 바벨론을 방문한 기간에 제사장 엘리아십이 사고를 친다. 이 사고는 제사장 개인의 욕심에 근거한 고의적 사고였다. 자유롭게 열린 마음으로 대하면 대수롭지 않을 수 있겠지만, 하나님의 말씀에 근거하여 보면 심각한 문제를 안고 있는 대형 사고였다.

도비야가 누구인가? 암몬의 지도자로 사사건건 이스라엘을 못살게 구는 데 앞장섰던 못된 적국의 지도자가 아닌가. "암몬 사람 도비야는 곁에 있다가 이르되 그들이 건축하는 돌 성벽은 여우가 올라가도 곧 무너지리라"(4:3)고 업신여기고 비웃던 자가 아니었던가. 그러한 자에게 제사장 엘리아십이 성전 안에 있는 "소제물과 유향과 그릇과 또 레위 사람들과 노래하는 자들과 문지기들에게 십일조로 주는 곡물과 새 포도주와 기름과 또 제사장들에게 주는 거제물을 두는 곳"(13:5)에 한 큰 방을 내주었다.

일반인이 아니라 제사장이 그러한 짓을 하였던 것이다. 이해가 되지 않는 내용이다. 이미 도비야 같이 영향력 있는 적국을 경험한 제사장으로서, 아마 혹이라도 언젠가 포로시대와 유사한 어두운 시기가 오면 도움을 좀 받지 않을까 하는 마음으로 이러한 일을 했을 가능성이 크다. 부인할 수 없는 두려움에 근거한 행위임을 인정한다. 그럼에도 불구하고 성안의 여관을 마련해 놓은 것도 아니고 제사장으로서 자신이 관리하는 성전안에 이러한 일을 했다는 것은 도무지 이해하기 어렵다.

이에 느헤미야는 "도비야의 세간을 그 방 밖으로 다 내어 던지고 명령하여 그 방을 정결하게 하고 하나님의 전의 그릇과 소제물과 유향을 다시 그리로 들여놓았느니라"(13:8-9)와 같이 청결 작업을 행했다.

이것 만이 아니었다. 십의 일조를 받아야 살아갈 수 있는 레위 지파들에게 십의 일조를 주지 않아 레위 지파들이 마땅히 해야 할 일을 하지 못하고 생계를 위해 흩어지는 일이 발생하였다. 이 역시 느헤미야 부재중에 생긴 일이었다.

일반 백성에게서 큰 문제의 근원이 발생하는 경우는 많지 않다. 언제나 지도자급에서 크다고 할 수 있는 문제들이 발생한다. 예레미야서에서 이러한 전조 증상이 보인다. "제사장들은 여호와께서 어디 계시냐 말하지 아니하였으며 율법을 다루는 자들은 나를 알지 못하며 관리들도 나를 반역하며 선지자들은 바알의 이름으로 예언하고 무익한 것들을 따랐느니라"(렘 2:8).

왜 하나님이 그들에게 제사장의 직분을 주었으며, 왜 율법을 가르치는 일을 맡겼으며, 왜 선지자의 직임을 주셨는가에 대해 그들은 완전히 잊고 있었다. 물론 초기에는 그렇지 않았을 것이다. 하지만 시간의 흐름 속에 습관적으로 매너리즘에 깊이 빠지고 동시에 주위의 환경이 하나님을 의지하며 살아봤자 그리 유익이 오지 않는 것을 경험하면서, 더 이상 하나님을 구하지도 않고, 또 하나님을 알려고도 하지 않는 최악의 모습을 예레미야는 적나라하게 묘사하고 있다. 일반 백성이 무너지기 전에 하나님께서 세운 종들이 먼저 무너지면 그 사회는 크게 무너지게끔 되어있다.

깊고 어두운 터널을 지나 이제 회복의 문턱에 서 있는 시점에 잠시 지도자의 부재를 참지 못하고 다시 어두운 곳으로 들어가려고 타협하고, 이전 어둠의 시절에 행했던 이기적 악행을 지도자급들이 서슴지 않고 행하는 모습을 바라본 느헤미야는 다시 한번 개혁의 끈을 잡아당긴다. 앞으로 도전해 올 여러 어려움을 상상하면서도 잘못을 잘못으로 짚고 인내하며 바꾸어나가는 작업을 지속한다.

이에 오죽하면 "내 하나님이여 이 일로 말미암아 나를 기억하옵소서 내 하나님의 전과 그 모든 직무를 위하여 내가 행한 선한 일을 도말하지 마옵소서"(13:14)라는 두려움의 외침을 하나님께 아뢰었을까? 왜 두려움의 외침이냐고? 그럼 이러한 외침이 즐거움과 그저 신나는 믿음의 외침으로 들리는가? 제사장들의 반발도 생각했을 것이고, 힘 있는 민장들의 반란 역시 각오하며 이런 일을 진행했을 것이다. 다수의 횡포로 이어지면 본인의 안전도 장

담할 수 없는 상황으로 보이지 않는가?

13장이 느헤미야의 마지막 장인데, 좀 의아하다. 성벽도 잘 완성하였고, 학사 에스라를 통해 영적 회복 운동도 성공적으로 잘 마쳤다. 그리고 느헤미야 역시 서서히 원래의 자리로 돌아갈 준비를 하고 있던 중이었다. 그런데 마지막 장 치고는 너무 어둡다는 느낌을 지울 수 없다. 어찌 보면 매우 근본적인(fundamental) 부분이 아직도 해결되지 못한 것처럼 보인다. 네 가지의 문제가 마지막 장에서 다루어진다.

첫째는 적국 지도자인 도비야에게 성전의 한 방을 내주어 거하게 한 일이다. 이미 앞에서 다루었다.

둘째는 십일조의 문제였다. 그들이 십일조를 주지 않으면 생존조차 어려운 레위 지파에게 십일조를 주지 않음으로 인해 레위 지파 역시 생존을 위해 자신에게 맡겨진 성직을 떠나 생존하는 데 전념하면서 일어난 문제였다. 어쩌면 포로시대 내내 그랬을 가능성이 크다. 그러다 느헤미야가 총독으로 오니 레위 지파에게 십의 일을 주어 생존할 수 있도록 돕다가 느헤미야가 잠시 자리를 비운 사이에 이제는 다시 돌아오지 않을 수 있을 것으로 생각하고 다시 레위 지파에게 십분의 일을 주지 않는 원래의 생활 궤도로 되돌아갔을 가능성이 크다.

셋째는 안식일의 문제였다. 이 역시 돈과 관계가 있었다. 성 밖에서 포도주와 포도와 무화과 등 여러 물품을 성안으로 들여와 안식일에도 판매를 하였다. 물론 유다 사람들이 다 관여하고 있던 일이고, 이방인 역시 함께하고 있었다. 이에 느헤미야는 "유다의 모든 귀인들을 꾸짖어 그들에게 이르기를 너희가 어찌 이 악을 행하여 안식일을 범하느냐 너희 조상들이 이같이 행하지 아니하였느냐 그래서 우리 하나님이 이 모든 재앙을 우리와 이 성읍에 내리신 것이 아니냐 그럼에도 불구하고 너희가 안식일을 범하여 진노가 이스라엘에게 더욱 심하게 임하도록 하는도다"(13:17-18)라고 강력한 톤으로 그들을 나무랐다. 그리고 형식적으로만 야단친 것이 아니라 실제 상황으로 들어가 안식일 전날 성 밖에서 잠을 자고 안식일에 물건을 가지고 들어오는 자들에게 "내가 그들에게 경계하여 이르기를 너희가 어찌하여 성 밑에서 자느냐 다시 이같이 하면 내가 잡으리라 하였더니 그 후부터는 안식일에 그들이 다시 오지 아니하였느니라"(13:21)고 교정하는 작업을 진행하였다.

넷째는 이방인들과 정략 결혼하는 문제였다. 솔로몬의 예를 들며 느헤미야가 이 문제에 대해 정식으로 언급한다. 단순하게 서로 사랑하는 다른 민족과의 결혼을 반대하는 것이 아니었다. 다른 민족과 결혼하면 상대방이 그대로 가지고 들어오는 그들의 우상과 종교의 규범 등과 타협해야만 했던 시대였기 때문에 그렇게 반대하였던 것이다. 솔로몬과 정략 결혼하였던 타민족의 공주나 귀족의 자녀들이 다 그런 조건에 맞추어 결혼하고 들어온 것이 솔로몬 이후의 영적 세계가 지극히 혼탁해졌던 원인임을 느헤미야는 다시 상기시켜주고 있다. 특히 13장에서 느헤미야가 짚고 넘어가지 않을 수 없었던 사실은, 대제사장 엘리아십의 손자 요야다의 아들 하나가 호론 사람 산발랏의 사위가 되었던 것이다. 참으로 정략적인 결혼의 모습이 아니라 할 수 없는 상황이었다. 결국은 이 자들을 다 떠나게 하는 처리를 하고 만다. 그리고 부르짖어 기도하기를 "내가 이와 같이 그들에게 이방 사람을 떠나게 하여 그들을 깨끗하게 하고 또 제사장과 레위 사람의 반열을 세워 각각 자기의 일을 맡게 하고 또 정한 기한에 나무와 처음 익은 것을 드리게 하였사오니 내 하나님이여 나를 기억하사 복을 주옵소서"(13:30-31)라는 보호 요청을 여호와 하나님께 하였다.

요즈음 한국 사회에서 자주 어느 한쪽을 비꼬면서 사용하는 단어가 있는데, 바로 '꼰대'라는 호칭이다. 변화를 싫어하고, 타협을 싫어하고, 남의 말을 듣지 않는 고집쟁이 같은 느낌을 주는 별로 듣기 좋지 않은 호칭이다. 이 단어가 느헤미야 당시에도 다른 용어로 있을 수 있었겠지. 그리고 아마도 느헤미야를 향해 '꼰대'라는 별명을 적지 않은 이들이 붙이지 않았을까 생각해 본다. 진리를 거부하고, 진리의 근원 되시는 하나님을 배척함으로 주어진 고통스런 70년간의 포로 시대를 겪는 중에도 적지 않은 자들은 계속해서 불의와 타협하고, 그 와중에도 자신의 이익을 챙기는 길이 살길이고 머리를 쓰는 똑똑한 사람이라고 스스로 안위를 하며 살고 있었을 것이다. 이러한 자들의 눈에 여전히 진리만이 살길이라는 믿음으로 진리를 고집하던 요즈음 속된 말로 꼰대 느헤미야! 혹 지금을 사는 우리 중에도 이러한 느헤미야의 모습을 보면서 그렇게 생각하고 있는 사람은 없는지? 어쩌면 오늘날에도 이기적 유다 관원의 생각으로 이러한 정도(正道)를 걸으려는 자들을 향해 '꼰대'라고 외치며 돌팔매질을 할 자들의 수가 적지 않으리라는 생각을 해 본다.

'정반합'이라는 원리가 있다. 정(正)으로 나가다 보면 정에 대해 반(反)이라는 것이 생기게 마련이고, 후에 다시 이 정과 반이 합하여 새로운 타협점이 생기게 되고, 이 타협점이 계속 가게 되면 그것이 다시 정(正)이 되고 여기에 또 다시 반(反)이 생기게 되면서 계속해서 무엇인가 발전해 나간다는 원리이다. 틀린 논리는 아니다. 그런데 여기에서 진리 즉 결코 변할 수 없는 진리를 정(正)으로 규정하게 되면 여기에 대한 반(反)과 합(合)을 과연 논할 수 있는 것인가? 그러면 진리를 정(正)으로 규정하여 결코 반과의 합은 있을 수 없다고 주장하면, 결국 꼰대의 주장으로 몰려야만 하는 것일까?

그렇다면 한번 완전성(Absolutism)과 상대성(Relativism)에 대해 고민해보자. 필자는 현대를 사는 우리의 삶 가운데 완전함을 제지하는 객관적 실체가 있다는 것은 상당한 축복이라고 강조하고 싶다. 사람과 같이 나약한 실체를 완전한 주체로 삼는 것처럼 위험한 일이 어디에 있을까? 그럼에도 불구하고 적지 않은 사람들이 자신을 완전한 존재인 것처럼 착각하면서 말하고 행동한다. 참으로 불안한 일이 아닐 수 없다. 필자는 한국에서 태어나 20여 년을 한국에서 살았다. 그리고 미국에 가서 10여 년을 살았다. 그리고 중국에 가서 중국인과 중국 문화를 즐기며 20년 가까이 살았다. 그리고 중국이라는 영향이 배제되지 않은 상황에서 캄보디아라는 나라에서 지금 거의 십 년째 살고 있다. 이렇게 다양한 나라, 다양한 민족들, 그리고 다양한 문화와 언어를 경험하면서 살아온 사람으로서 한 가지 자신 있게 말할 수 있는 것은 삶의 '상대성'이다. 문화의 상대성, 도덕과 윤리의 상대성, 빈부의 상대성, 사고 구조의 상대성, 옳고 그름에 대한 상대성 등이다. 어느 하나 온전한 것이 없고, 어느 하나 완벽한 것이 없다. 그럼에도 불구하고 나라와 민족과 문화와 언어에서는 자신들의 완벽함을 내세우는 모순을 유지한다. 이것은 죄성을 가진 모든 사람에게서 보이는 특징일 뿐이다.

하나님의 말씀에 완전성(absolutism)을 부여하면 문화와 민족적 가치관과 세계관은 자연스럽게 상대성(relativism)에 들어간다. 그러나 하나님의 말씀이 문화와 문화적 가치와 사고 뒤로 밀려나거나 또는 하부에 놓이면 자연스럽게 상대성의 범주에 들어가게 된다. 그렇게 되면 그때부터 혼란이 시작된다. 사람들은 자신이 갖는 문화와 가치를 절대적인 것으로 두면 참으로 편할 것 같은 착각을 늘 하면서 살지만 사실 그렇게 되면서부터 사회적 혼란은 언제나 일어난다. 성경적 도덕관을 절대적인 기준이 아닌 상대적인 기준으로 밀어내고, 오히려 그 사회의 도덕관을 절대적인 것으로 허락하는 문화권에서 타락의 열매를 맺지 않은 적이 있던가? 온갖 종류의 악한 윤리와 도덕으로 인해 결국은 타락하여 망하지 않았는가? 절대적 가치를 가질 수 없는 것들을 절대적인 것으로 군림시켜 놓고, 절대적 가치를 가진 하나님의 말씀을 상대적인 자리에 떨어뜨리는 것만큼 심각한 범죄는 없다.

이러한 관점에서 다시 한번 느헤미야를 재고해 보면, 그는 결코 꼰대가 아니었다. 진리를 고집스럽게 수호하고자 했던 귀중한 아주 아주 소중한 지도자였다. 진리를 수호한다는 핑계로 어떠한 이익도 챙기지 않았다. 목숨을 노리는 자들이 주위에 늘 있었음에도 불구하고 그는 진리의 수호를 위해 목숨조차 내놓을 각오를 하고 있던 사람이었다. 그래서 자신의 고집으로 잘잘못을 논하던 고집스런 꼰대가 아니라 객관적이며 절대적인 하나님의 말씀에 근거하여 잘못된 것은 잘못된 것이고, 옳은 것은 옳은 것이라고 당당하게 지적하고, 주장하고, 칭찬할 수 있었던 사람이었다. 참된 진리, 온전한 가치를 가진 하나님의 말씀을 변호하고 변증하는 데 몸을 아끼지 아니하였던 진정한 리더였다.

10
열 번째 지도 원리 LEADERSHIP MANUAL

지도자 : 함께 동고동락의 길을 걷는 자 (5:1-5; 5:6-19)

"내가 이 말을 듣고 앉아서 울고 수일 동안 슬퍼하며 … 금식하며"(1:4)
"내가 백성의 부르짖음과 이런 말을 듣고 크게 노하여 … 내가 유다 땅 총독으로 세움을 받은 때 … 나와 내 형제가 총독의 녹을 먹지 아니하였느니라"(5:1-19)
형제들이 아픔을 느낄 때 함께 아픔을 느낄 줄 알고, 그렇게 아픔을 느낄 수 있을 때 그들의 문제를 자기의 문제로 여기게 되고, 그 문제를 효율적으로 풀어주는 것만이 그들에게 유익함이 돌아갈 것이라는 확신이 보일 때까지 고민하며 나가는 동고동락의 리더십

'동고동락'(同苦同乐)은 함께 고생하고 함께 기뻐한다는 뜻을 갖는다. 이상적인 느낌을 주는 표현이다. 힘들고 고통스러운 시간을 서로 의지하고 격려하면서 함께 넘어가고, 기쁨과 즐거움과 의미 있는 시간도 함께 경험한다는 의미를 갖는 것이니 얼마나 하나 되는 느낌을 주는 말인가? 더구나 앞에 서 있는 리더와 그를 따르는 자들이 함께 이러한 시간을 갖는다면 더할 나위 없이 이상적인 모습으로 가슴에 다가온다. 만일 따르는 자들의 입에서 우리 지도자는 우리와 함께 동고동락하는 지도자라는 평가가 나온다면, 그 지도자는 위대한 지도자라고 평가하는 데 인색할 필요가 없을 것이다.

〈모래 위의 발자국(Footprints in the sand)〉이라는 감동적인 시를 읽으며 가슴이 찡해지는 느낌을 받았던 기억이 있을 것이다. 내가 너무 힘들고 어렵게

겨우겨우 하루하루를 넘기며 살아왔는데, 어느 날 뒤를 돌아보니 내가 별로 어렵지 않을 때는 두 사람의 발자국이 있고 아주 어렵고 힘들 때는 한 사람의 발자국만 있었다. 가만히 생각해 보니 내가 고통을 겪을 때에는 하나님이 나를 업고 걸으셨음을 알게 되었다는 내용의 시이다. 읽으면서 가슴이 뜨거워지지 않을 수 없는 내용이다.

왜 우리가 이 시에 감동을 받는가? 우리 하나님이 나의 아픔에 동참해 주신다는 것을 마음으로 느낄 수 있기 때문이 아닌가? 히브리서 2장 17–18절을 보면 "그러므로 그가 범사에 형제들과 같이 되심이 마땅하도다 이는 하나님의 일에 자비하고 신실한 대제사장이 되어 백성의 죄를 속량하려 하심이라 그가 시험을 받아 고난을 당하셨은즉 시험 받는 자들을 능히 도우실 수 있느니라"라고 했으며, 4장 15절에서는 "우리에게 있는 대제사장은 우리의 연약함을 동정하지 못하실 이가 아니요, 모든 일에 우리와 똑같이 시험을 받으신 이로되 죄는 없으시니라"고 했다. 무슨 뜻인가? 하나님께서 독생자 예수 그리스도를 인간의 모습으로 이 땅에 보내신 목적이 사람들이 느끼는 기쁨과 슬픔을 똑같이 느끼며, 하나님의 자녀들이 절망과 고통 중에 있을 때 예수 그리스도로 하여금 그들의 마음을 이해하고 위로하며 함께 극복해 나감으로 하나님의 사랑을 알게 하는 데 있다는 의미이다.

이와 같이 온전하신 우리 하나님의 기본적 사고와 온전하신 예수 그리스도의 완벽한 희생정신은 마땅히 우리 지도자들의 귀감이 되어야만 할 것이다. 하지만 문제는 있다. 바로 완전하신 하나님께서 불완전한 사람들에게 제공하신 완벽한 모델, 예수님의 완전하신 그 모습을 지극히 제한적이고 연약한 인간들이 과연 얼마나 따라갈 수 있는가 하는 점이다.

사람 안에는 여전히 죄성이 있으며, 그 죄성의 영향으로부터 온전하게 자유로울 수 없다. 아무리 선한 의도로 지도자의 자리에 앉았다 할지라도 선한 의도를 가진 지도자의 마음속에 들어 있는 죄성을 온전하게 제거할 수 있는 것도 아니며, 아무리 선한 의도와 기대를 갖고 지도자를 세웠다 하더라도 지도자를 세운 사람들의 마음속에 자리잡고 있는 죄성과 죄성으로부터 주어지는 이기심과 사탄의 끊임없는 영향을 피할 길은 없는 것이다.

《언피니시드 비즈니스(Unfinished Business)》라는 책을 찰스 셀(Charles Sell)이라는 상담학 교수가 썼다. 필자가 신학교를 다닐 때 이분의 강의를 직접 들으며 한 학기를 공부했었다. 이분의 질문은 "Why do I have to control everything around me? Why is the approval and acceptance of others so important? Why can't I give myself permission to relax?" 즉 "왜 나는 내 주위에 있는 모든 것을 통제하려고만 하는가? 왜 다른 사람들의 동의와 수용이 그렇게 나에게 중요한 것이지? 왜 나는 나 자신을 좀 편하게 있도록 가만두지 못하는 것일까?"라는 질문이다. 물론 이러한 범주에 들어있는 사람도 있을 수 있고, 이러한 범주에 들어있지 않다고 생각하는 사람들도 있을 것이다.

이에 대해 셀 교수는 간단하게 과거에 가정으로부터 받은 깊은 상처 때문이라고 대답한다. "The answers lie in defensive behavior we used as children to cope with a home life sometimes terrifying and often unpredictable." 즉 대답은 "우리가 자라면서 너무나도 자주 예측할 수 없는 무시무시한 고통을 겪으면서 자랄 때 은연중에 자리 잡은 방어적 행위이다"라고 설명하였다. 저자인 셀 교수 자신도 자라면서 알코올 중독자인 부모 밑에서 상상하기 힘든 어려운 삶을 살았다고 하였다. 그런데 어느 날 자기가 결혼하여 아버지가 되었는데 어떻게 해야 좋은 아버지의 역할을 감당하는 것인지조차 알 수 없는 사람임을 알게 되었다는 것이다. 어른은 어른인데 어른 역할을 감당하기 어려운 어른이 된 자신의 모습에 충격을 받았다는 것이다. 또한 신학교에서 가르치면서 보니 적지 않은 신학생 중에 자신의 젊은 시절의 모습을 가진 학생들이 있더라는 것이다. 그래서 이분이 내가 다닌 신학교에서 하신 일이 자신과 같이 알코올 중독자 부모 밑에서 자란 학생들과 정기적 모임을 통해 과거로부터 자유로울 수 있도록 도와주는 일을 했다고 하였다.

필자 역시 꽤 동의가 되는 부분이다. 나의 아버지는 법을 전공하셨고, 평생을 법률에 관계된 일을 하셨던 분이시다. 《종교와 법률》이라는 책도 쓰시고, 《수사 실무론》이라는 책도 쓰셨다. 그래서 그런지 하나뿐인 아들인 나에 대해서도 늘 수사의 대상처럼, 혹시 범죄를 행하지 않았나 하는 눈초리를 갖고 나를 키우셨다. 늘 정죄의 대상이었고, 판단의 대상이었던 기억이 있다. 그러다 보니 성장한 나의 입에서 제일 많이 나오는 말은 판단과 정죄와 비판과 책망이었다. 가장 자신 있게 할 수 있는 말이 이러한 것들뿐이었다. 만일 내가 하나님의 무조건적인 은혜를 통해, 그리고 예수 그리스도의 십자가의 보혈을 통해, 구원을 받고 중생하는 체험이 없었더라면 지금의 나의 모습은 결코 찾아볼 수 없었을 것이라는 생각이 든다. 이제는 다른 사람의 연약함이 보여도 왜 그럴까 하는 생각을 하며 이해하려는 마음이 든다. 하지만 이전의 모습에 근거하여 생각해 보면 어림도 없는 일이다. 그래서 나는 하나님의 중생 역사, 믿음 후의 성화 역사를 확실하게 믿는다.

내가 이러한 예화를 드는 이유는 부모의 행위를 통해서 받는 영향과 상처도 이렇게 영향력이 크거늘, 원죄에 기인한 죄성이 미치는 영향의 심대함은 과연 얼마나 클 것인가를 설명하고자 함에 있다. 아무리 선한 의도와 기대를 갖고 선하다고 생각하는 지도자를 세웠어도, 상호 간에 내재하고 있는 죄성으로 인해 원래의 기대와 목적에서부터 벗어나는 경우가 얼마나 많은가? 사도 바울이 "너희가 이같이 어리석으냐 성령으로 시작하였다가 이제는 육체로 마치겠느냐"(갈 3:3) 하는 책망의 내용 역시 이러한 문제를 지적하는 것이 아닐까? 성령으로 시작하였지만 육체로 마칠 수도 있는 결과를 초래할 수 있는 것이 연약한 인간이다.

그래서 동고동락에 대한 대화를 하면서는 굳이 너무 이상적인 방향으로 끌고 갈 필요는 없다고 생각한다. 이 땅 위에서 말할 수 있는 동고동락의 개념을 어디까지로 잡아 이해하고 기대하고 실행해 나갈 수 있을 것인가를 놓고 고민할 필요가 있기 때문이다. 이러한 실제적 고민을 오래전 느헤미야도 했었다. 그 당시나 지금이나 인간의 죄성과 같은 본질적 부분에 있어서는 크게 차이가 없다고 보기 때문이다.

당시의 주된 문제 역시 '사리사욕'이었다. 참 피할 수 없는 주제인 것 같다. 당시 백성들이 겪던 고통은 재정의 문제였고, 먹고 사는 생존의 문제였다. 흉년이 들어 당장 먹어야 할 양식이 없어 굶어 죽어야만 하는 상황이 그들에게 다가왔다. 흉년의 정도가 꽤나 심각했던 것으로 보인다. "우리와 우리 자녀가 많으니 곡식을 얻어 먹고 살아야 하겠다 하고 어떤 사람은 말하기를 우리가 밭과 포도원과 집이라도 저당 잡히고 이 흉년에 곡식을 얻자"(5:2)라고 말할 정도였으니, 그 기아의 심각함이 보인다. 그러한 상황에서도 먹을 양식을 창고에 쌓아 놓고 사는 사람들은 있었나 보다. 물론 같은 조건에서 어느 쪽은 열심히 일해서 창고에 먹을 것을 쌓아 놓고 살고, 어느 한쪽은 대충 일해서 먹을 것이 없다는 뜻이 아니다. 아마도 시스템의 문제였을 것이다. 소위 오늘날 자주 언급되는 권력과 경제의 유착, 즉 정경유착(정치와 경제가 밀접하게 연관되어있다는 뜻)의 문제일 가능성을 배제할 수 없다.

더구나 하나님의 선민이라고 일컫는 유다 사람들 중에서 이러한 어려운 시기에 창고를 열어 백성에게 적당한 방법을 사용하여 나누어 주기는커녕 먹을 것을 구걸하는 같은 동포의 자녀들을 종으로 사는 사악한 행위들을 거침없이 저질렀다. 참 잔인한 모습이다. 자신의 사리사욕을 채우기 위해 동포의 자녀들을 종으로 사서 부리며 부모의 가슴에 대못을 주저하지 않고 박아대었던 저 무리들이 바로 여호와 하나님을 믿는다는 사람들이었던 것이다.

그런데 한 번 묻지 않고 넘어가기에는 불편한 질문이 있다. 이러한 행위가 사회적으로 공공연하게 행해지고 있던 그 당시에 어느 누구도 이러한 문제를 문제로 여기지 않았다고 할 수 있었을까? 질문해 보지 않을 수 없는 문제일 것이다. 느헤미야라는 정치적 지도자가 오기 전에는 이러한 사회적 현상을 모두가 속수무책으로 팔짱을 끼고 방관만 하고 있었을까? 제대로 된 지도자가 없었을까? 필자의 고민이 바로 여기에 있다.

문제가 보이지만 내가 나서야 할 일인가? 내가 나서면 해결이 될까? 저들이 내 말을 들을까? 잘못 말했다가 뼈도 추리지 못하는 일이 생기면 어쩌지? 내가 그나마 저런 권력자들 그리고 저런 부한 자들과 좋은 관계라도 맺고 있으니 우리 식구가 굶지 않고 살 수 있는 것이지, 저런 자들에게 말 한 번 잘못했다가 우리 식구들마저 어려움을 겪으면 어쩌지? 등등등, 이러한 생각에 지배를 받으며 어느 정도의 지도자라는 자리에 서 있으면서도 침묵으로 일관했던 자들이 분명히 있었을 것이라는 데 고민의 핵심이 있다.

나라면 어떻게 했을까? 이 글을 읽는 독자라면 어찌했을까? 느헤미야는 정치인이었다. 그러나 그는 무엇보다 하나님을 두려워하던, 하나님과 모든 문제를 상의하며 정치적 현안들을 처리해 나갔던 정치인이었다. 그랬기 때문에 잘못 건드렸다가는 위험한 일이 자신에게 다가오리라는 것을 알면서도 담대하게 건드리며 근본적 해결을 시도할 수 있었다. 그렇다면 당시에 느헤미야의 눈에 비친 부패가 만연한 사회 가운데에서 이러한 심각한 문제들을 바라보며 고민했던 지도자들이 없었을까? 오늘의 정치 DNA를 놓고 보면 자신의 유익을 위해서는, 자신들의 유리한 판세를 위해서는 무슨 짓인들 못하겠는가 하는 생각이 정치인들을 바라보는 일반인의 시각이다. 이러한 오늘날의 DNA가 그 당시에도 있었겠지? 그때나 지금이나 다 타락한 인간이 살던 세상이었으니 겉모습과 조직의 차이는 있겠으나 그 본연의 모습에는 아마도 큰 차이가 없지 않을까 생각해 본다.

예를 들어보자. 전기를 스스로 발전하는 데 한계가 있어 자국 내의 전기 공급에 늘 어려움이 있어 주변 국가로부터 전기를 수입하여 사용하는 나라가 있다고 하자. 이러한 나라에 전기를 직접 발전할 수 있는 발전소를 지어 주고자 국제 사회에서 지원하려고 하였다. 당연히 자가발전을 하여 국민에게 전기를 공급하여 주는 일은 지극히 감사할 일이므로 정치 지도자들은 감사한 마음으로 이러한 원조를 받는 것이 마땅할 것이다. 하지만 나라와 국민의 이익보다 자신의 사리사욕을 채우는 것에 우선을 둔 탐관오리가 이러한 일을 진행하는 중심에 있다면 말이 달라진다. 전기를 수입하는 과정 가운데 발생하는 적지 않은 이득을 포기해야 하는 기득권의 중심에 있는 관료들은 나라와 국민의 이익보다는 자신의 주머니를 채우는 것을 우선하고자 할 것이다. 그렇게 되면 일반인의 사고로는 도저히 이해할 수 없는 판단과 결정이 이들에 의해 내려질 수 있다.

의료기기를 공급하는 친구에게서 들은 말이다. 병원의 유통 책임자와 만나 대화하면서 자신은 확신에 차서 다른 어느 회사보다 싼 가격으로 제공하겠다고 설명해 주었는데 이상하게도 그 사람의 얼굴에 전혀 고마운 표정이 보이지 않고 오히려 아주 난처한 표정을 짓더라는 것이었다. 처음에는 이해하지 못했었는데 결국 나중에 깨달은 것은 병원이 싼 값에 좋은 제품을 구입하는 것에 관심이 있는 것이 아니라 유통 책임자에게 얼마의 이익이 제공될 것인가에 더 관심이 있어서 그랬다는 사실을 알게 되었다는 것이다.

제삼 세계에 살다 보면 도로의 변화를 자주 보게 된다. 얇게 아스팔트를 깔았다가 패이면 또 깔고, 길 가운데 철로 된 분리대를 놓았다가 얼마 안 가서 없앴다가, 다시 얼마 후에 돌로 만든 분리대를 놓는 등 끊임없는 변화를 보게 된다. 어느 나라에서는 차를 몰고 가면서 끊임없이 뒤로 흙먼지를 날리면서 가는 것이 미안해서 견딜 수 없는 느낌을 갖게 된다. 뒤에서 자전거와 오토바이를 타고 오는 사람들이 고스란히 다 마셔야 하기 때문이다. 필자 스스로도 중얼거리며 "몇십 년 후에 이들이 겪어야 할 폐병은 과연 누구의 책임일까? 나쁜 놈들!"이라는 욕도 해 보았다.

어느 나라에서는 군인 차가 길 한복판에 서서 다른 차들을 지나가지 못하게 하면서 길에 있는 사람과 웃으며 대화하는 모습을 보았다. 나 역시 뒤에 서서 꼼짝하지 못하고 바라보면서 분노의 한숨을 쉬던 기억이 있다. 그래서 물어보았다. 이래도 되는 것인가? 그 나라 현지인 역시 웃으면서 이 나라에서는 저렇게 하는 것을 말릴 길이 없다고. 워낙 저들의 권력이 크기 때문에 아무도 제재할 사람이 없다는 것이다. 이러한 나라에서 진행되는 부패는 안 봐도 뻔한 것이 아니겠는가? 과연 국민이 우선일까? 웃기는 말이다. 국민은 부패한 권력의 이용 대상일 뿐이다.

이런 나라 안에 사는 지도층 중에서 부패 권력의 문제를 느끼는 사람이 없을까? 결코 그렇지 않을 것이다. 그러나 입을 다물고 잠잠히 있을 수밖에 없는 사연들이 있겠지. 잘못 했다가는 큰 봉변을 당할 수 있으니까. 어떻게 비판할 수 있겠는가? 쥐도 새도 모르게 시체로 변할 수도 있는 나라에 사는 양심적 지도자들의 속은 어쩌면 새까맣게 타 있을 수도 있을 것이라는 생각이 든다. 설사 필자라 해도 그러한 나라에 살면서 과연 입이라도 뻥긋할 수 있을까? 어설프게 양심 운운하다 큰일을 당할 수 있다는 것을 알면서 과연 무슨 말을 할 수 있을까?

내 목숨을 유지할 수 있다는 보장, 내 가족이 어려움을 당하지 않을 수 있다는 보장만 되면 무슨 말인들 못할까? 필자는 한국에서 박정희 대통령이 통치하던 시기에 대학을 다녔다. 정부에 대해서는 함부로 입을 열 수 없는 시기였다. 정보부 요원들이 대학 곳곳에서 귀를 쫑긋하고 정부를 비판하는 목소리에 귀를 기울이던 시기였다. 그때 그나마 용감한 지식층 중에는 이러한 정권을 비판하고, 정보부에 끌려가 고초를 겪기도 하고, 감옥에 투옥되어 고생하였다. 말 한마디를 잘못하면 어려움을 겪을 줄 알고도 소수는 외쳤다. 나는 이러한 소수의 용감한 사람들을 존중했다.

하지만 지금은 무슨 말을 해도 문제가 안 된다. '자유'라는 이름하에 자유가 없다고 외쳐도 이전과 같은 무시무시한 고문이나 인권유린은 없다. '자유'라는 보호 아래에서 할 말 못할 말 마음껏 떠들며 그것을 직업처럼 여기며 불편하게 여기는 주위 사람들의 불편함은 아랑곳하지도 않는 사람들이 수두룩하다. 참 비겁해 보이고, 안쓰럽게까지 느껴진다. 이들 중에서 자신의 몸이 고난 당할 것을 알며, 온 가족이 어려움을 겪을 줄 알면서도 저렇게 말하고 행동할 사람이 얼마나 될까? 우습다. 말 한마디 한마디에 책임을 질 수 없는 사람들이 외치는 모든 말을 어디까지 책임지는 말로 받아야 하는 것인지.

느헤미야의 싸움은 가난하고 헐벗은 백성들을 향한 싸움이 아니었다. 그의 싸움은 힘이 있고, 재력이 있고, 영향력이 막강한 부패 권력과의 싸움이었다. 거기에서 그의 위대함을 찾을 수 있다. 먼저, 그는 일반 백성들의 고통스러운 상황을 충분히 이해하려고 그들의 말을 청취한다. 많은 지도자가 문제를 대충 듣고 스스로 판단하고 현실적이지 못한 자기중심의 구상을 제시하면서 문제를 해결해 보려고 노력을 기울인다. 하지만 실제로 고통당하고 있는 일반 백성들을 향해 먼저 귀를 열지 않고, 객관적 시각으로 문제를 들으며 분석하려는 노력을 기울이지 않는 지도자는 백성들의 문제를 실제적으로 도울 의지가 약한 것으로 이해될 수밖에 없다. "빵을 달라!"고 외치는 자들을 바라보며 "다른 먹을 것도 많은데 저들은 왜 굳이 빵만 달라고 하는 거야!"라는 식의 생각으로 굶주리고 있는 백성들을 바라본다면, 이미 문제가 심각한 지도자이다. 즉 자기중심으로 백성을 바라보고, 자기의 관점에서 백성들의 문제를 듣는다는 것이다. 여기에 지도자의 고달픔이 있는 것이다.

〈한 사람 VS 많은 사람들〉이라는 그림이 항상 따라 다니기 때문이다. 각양각색의 사람들을 일일이 상대해야 하는 어려움은 지도자라는 이름을 가진 모두에게 따라 다니는 어려움이다. 자녀들에게도 "한 배에서 나온 자녀들인데 어떻게 이렇게 다를 수가 있지?"라는 말을 자주 사용하지 않는가? 한 부모 밑에도 서로 다른 성격과 행동을 하는 자녀들이 있는 것이 상식적이고 당연한 일인데, 식구도 아닌 다른 여러 종류의 사람들을 상대로 일일이 다 의견을 들으면서 어떤 일을 진행한다는 것은 현실적이지 못한 방식임에는 틀림없다. 그럼에도 불구하고 지도자는 지도하는 대상의 음성을 계속 청취하여 참고해야 할 필요가 있다.

사람 중에는 사실 별별 종류의 사람들이 다 있다. 10여 명이 출석하는 교회의 목사라도 그 목사가 상대해야 할 10여 명 개개인의 인격체는 결코 단순한 인격체들이 아니다. 10개의 다른 목소리를 낼 수 있는 사람들이다. 100명이 모이는 교회 역시 커 보이지는 않아도 그 속으로 들어가면 얼마나 복잡한지 모른다. 다 같이 하나님을 믿고, 하나님을 예배하기 위한 공동의 목표를 가지고 모이는 무리이지만 각자가 생각하는 것과, 기대하는 것과, 요구하는 것들이 어찌 그렇게도 다른 것인지 이해가 안 갈 정도이다. 비록 다양한 종류의 사람들이라 할지라도 하나님을 믿는 사람들의 모임이니 그래도 좀 괜찮은 그룹이라고 여겨두자. 하나님을 알지 못하고 자신의 이익에만 관심을 두고 있는 일반 사람들이 모인 다른 모임들은 어떠할까? 사적 이익을 위해서는 주위의 모든 선한 관계까지도 얼마든지 이용할 수 있는 부류의 사람들로 가득한 모임 속에서의 개개인은 보통내기들이 아니다. 침묵해도 그 침묵 속에 무엇이 있는지 알 길이 없다. 중국 속담에 '구미복검(口蜜腹劍)'이라는 말이 있다. 즉 입에는 꿀이 있는데 배 속에는 검(칼)이 숨겨져 있다는 뜻이다. 겉으로는 웃으면서 온갖 좋은 말을 다 내뱉지만 마음속에는 기회를 노리면서 이 사람을 칠 생각만 하는 것을 표현한 속담이다.

모든 악의 근원에는 '돈'이나 '권력'이나 '명예'가 자리 잡고 있다. 돈에 대한 욕심이 전혀 없는 사람이 탐심으로 인한 악을 행하기는 쉽지 않다. 권력에 조금의 미련도 없는 사람이 권력을 얻어내기 위해 사람들을 다치게 하는 범죄는 행하기 어렵다. 명예는 부드러운 것처럼 보이지만 자신의 이름과 연관된 명예에 대한 욕심이 생기기 시작하면 절제하기 어려운 죄악의 길로 들어설 수도 있다. 이 세 가지의 근원을 두지 않은 잘못들은 일반적으로 말의 실수이거나, 판단 착오 같은 사사로운 문제에 근거를 두기 때문에 사람을 해하고, 친구를 배신하고, 가족을 배신하는 악한 일은 대체로 발생하기 어렵다.

하지만 돈을 사랑함이 일만 악의 근원이라는 하나님의 말씀이 있듯이(딤전 6:10), 돈과 연결된 욕심은 온갖 종류의 죄를 만들어낸다. 권력을 위해서도 돈이 필요하고, 명예를 위해서도 돈은 필요하다. 권력의 욕심이 있어도 결국 돈이 사용되고, 명예의 욕심을 위해서도 돈이 필요하다. 돈이 모든 판단의 중심에 서기 시작하면 그다음에는 정의나 자비나 은혜는 사치스러운 단어로 입력된다. 돈을 조금 빌려주고 이자를 받는데 재미를 붙이면 고리대금 업자로 변하는 것은 순식간이다. 고리(high interest)로 가난한 사람들을 죽이는 것에 아무 문제가 없어진다. 왜? 돈이 중심이니 자비나 아량은 사치스러운 것으로 다가오기 때문이다.

요즈음에 많이 발생하는 보이스 피싱(전화 금융 사기) 같은 범죄를 생각해 보자. 소중하게 모은 재산을 거짓말에 넘어가 순식간에 다 날리고 땅을 치며 통곡하는 저들의 아픈 가슴을 조금이라도 염두에 둔다면 그런 짓을 저지를 수 있을까? 오히려 적지 않은 돈을 말 몇 마디로 후려낸 것에 크게 웃으며 술 한잔을 기울이는 악한 모습을 하고 있을 것이다. 돈을 갈취하여 내며 많은 사람을 울리고 화병으로 죽게 만드는 악행의 근원은 결국 탐심에 있는 것이다.

유다 관리들이 어떻게 돈이 생겼으며, 어떻게 많은 소작농을 거느리게 되었는지는 알 길이 없지만, 확실한 것은 그들의 마음 한가운데는 이미 돈이 중심이 되어있었다는 것이다. 그래서 같은 백성이라 할지라도 저들이 경제적으로 곤란한 상황에 처했을 때 그들을 도와주어야 한다는 생각보다는 이 시점을 돈 벌 수 있는 시기로 받아들이는 범죄를 계획하게 된 것이다. 돈이 중심이 된 사람에게는 어느 것이 옳고 어느 것이 틀린 지에 대한 생각과 견해와 건의는 전혀 먹혀들어 가지 않는다. 돈이 있으면 옳은 것이고, 돈이 없으면 틀린 것이라고 이미 생각하고 있기 때문이다. '유전무죄 무전유죄'가 무슨 뜻인가? 이미 우리는 다 알고 있는 말이 아닌가? 돈이 있으면 죄가 있어도 무죄가 되는 것이고, 돈이 없으면 죄를 짓지 않고서도 유죄 판결을 받을 수 있다는 부패한 사회의 모습을 대표적으로 표현한 말이 아닌가?

느헤미야가 총독으로 있던 당시의 상황은 상상을 초월하는 상황이었다. 그저 단순하게 이곳저곳에서 돈을 빌려 빚이 많아진 상황이 아니었다. "이제 우리 자녀를 종으로 파는도다 우리 딸 중에 벌써 종된 자가 있고"라는 5장 5절의 말씀이 당시의 심각성을 설명해 준다. 먹고 살기 위해 자녀를 종으로 팔아 양식을 받는 상황인데, 이런 상황이 단순하게 자연의 재해로 인해 주어진 것이 아니라 오히려 힘 있고 권력 있는 사람들에 의해 일어났다면 그

심리 상태는 어떠할까? 이러한 상황을 접하게 된 느헤미야는 매우 곤혹스럽고 참담한 심정을 갖게 된다. 이어진 6절의 "이런 말을 듣고 크게 노하였다"는 표현이 바로 그의 심경을 드러내고 있는 것이다.

필자에게 있어 느헤미야의 리더십을 높이 평가하는 내용 중의 하나가 바로 그다음 내용에 나온다. 그는 이런 말을 듣고 매우 '크게 노하였지만 스스로 깊이 생각하면서 여러 방면의 '대처법'을 고민한다. 영어 성경에서는 "then I consulted with myself"라고 번역이 되어있고, 한글 성경에서는 "깊이 생각하고"라고 번역이 되어있다. 중국어 성경에서는 "我心里筹划"로 번역이 되었는데, 이는 '기획하다 또는 깊이 궁리하다'라는 의미를 갖는다. 어지간한 리더들이라면 그냥 정의의 이름을 내세워 단칼로 내리치는 결정을 내렸을 터인데, 느헤미야는 자기 절제에 능한 사람이고, 가장 효율적인 결과를 얻어내기 위해 심혈을 기울일 줄 알았던 지도자였다. 이렇게 절제된 상태에서 그리고 기획된 상태에서의 책망과 교훈은 상대방으로 하여금 인격적 모독을 느끼게 하는 결과를 모면할 수 있게 해준다.

남의 이야기만 듣고도 사람을 죽일듯한 기세로 흥분해 버리는 리더십은 밑바닥에서 헤매는 어리석고 평범한 리더십이다. 그에 반해 느헤미야와 같은 리더십은 어름장 같이 차갑고 냉정해 보이기는 해도 선한 목표를 이루고자 하는 의지가 들어있는 상태이기 때문에 이상적이면서도 훌륭한 리더십으로 인정하지 않을 수 없다. 남의 약점이 조금만 보여도 잔인할 정도로 찍어 내리면서도 정작 본인의 이익은 다 챙기고자 하는 오늘의 정치판과는 비교할 수조차 없는 위대한 리더십의 표상이 아닐까 생각해 본다.

느헤미야가 마음으로 크게 노한 후에 그가 스스로 심사숙고하면서 생각해 낸 해결책이 과연 무엇이었을까? 그저 분노만 내어놓고, 야단만 쳐 놓고 아무 해결점을 제시하지 못한다면 정치하는 사람에게는 백해무익할 것이다. 그런데 그는 깊이 생각하는 가운데 다음과 같이 차분하게 해결책을 내놓고 진행해 나갔다.

전략1 : 전체 대회를 열기 위한 '전략적 꾸짖음'

"내가 백성의 부르짖음과 이런 말을 듣고 크게 노하였으나 깊이 생각하고 귀족들과 민장들을 꾸짖어 그들에게 이르기를 너희가 각기 형제에게 높은 이자를 취하는도다 하고 대회를 열고"(5:6-7).

느헤미야의 입장에서 듣게 된 백성들의 탄식은 어이가 없는 내용이었다. 당장 공회를 열어 이들을 정죄하고 큰 벌을 내리고 싶은 마음이 그 당시 느헤미야의 솔직한 심정이었을 것이다. 하지만 감정만으로 해결할 수 있는 것이 아니라는 것을 그는 이미 알고 있었다. 그래서 우선 그는 저들에게 지도자인 자신이 얼마나 화가 난 상태인지를 보여주었다. 하지만 동시에 "깊이 생각하고"라는 말이 보여 주듯이 화만 내어서는 아무것도 해결할 수 없다는 것을 알고 있었기 때문에, 일단 저들을 꾸짖으면서 큰 대회를 여는 시도를 하였다. 야단도 치지 않고 대회를 열어 그들을 공격하면, 그들은 심적 준비 없이 야단을 맞게 되어 원한을 품게 되는 결과를 초래하게 될 것이다. 그래서 일단은 그들이 잘못하고 있다는 사실을 그들도 이미 알고 있을 것이므로 간단하게 전초전으로 야단을 친다. 그리고 공식적으로 대회(assembly)를 열어 가능한 많은 사람이 다 참여할 수 있는 장을 마련하였다. 영어로 보면 "I set a great assembly"라고 번역이 되어있다. 그냥 우연하게 만든 자리가 아니라 계획을 갖고 만든 대회였던 것이다. 그는 구체적인 논리를 갖고 저들을 대중 앞에서 책망하였다.

전략2 :
전체 앞에서 그들이 따를 수밖에 없는 논조로 해결책을 제시한다

먼저, "우리는 이방인의 손에 팔린 우리 형제 유다 사람들을 우리의 힘을 다하여 도로 찾았거늘 너희는 너희 형제를 팔고자 하느냐 더구나 우리의 손에 팔리게 하겠느냐"(5:8)라고 책망한다. 즉 우리가 너희들을 이방인들의 노예 생활에서부터 나오게 하려고 얼마나 애를 썼는데, 너희들은 도리어 너희들의 이득을 위해서 같은 민족을 팔고 사면서 다시 노예로 만들었느냐 하는 말로 현실에 맞는, 도저히 대응하기 어려운 논조로 그들에게 야단을 친다.

다음으로, 그는 "나와 내 형제와 종자들도 역시 돈과 양식을 백성에게 꾸어 주었거니와 우리가 그 이자 받기를 그치자"(5:10)라는 해결책을 제시한다. 여기에서 이자라는 단어는 단순 이자가 아니라 고리 즉 높은 이자를 의미한다. 같은 백성들을 향해 이자놀이 하지 말라는 도전을 하고 있는 것이다.

계속해서 "그런즉 너희는 그들에게 오늘이라도 그들의 밭과 포도원과 감람원과 집이며 너희가 꾸어 준 돈이나 양식이나 새 포도주나 기름의 백분의 일을 돌려보내라"(5:11)고 명령을 내렸다. 즉 그들이 고리로 획득한 것의 1/100을 돌려보낼 것을 명령했다.

지금 만백성 앞에서 책망을 받고 있는 이 사람들은 어쩌면 자신들이 갖고 있는 모든 것을 다 빼앗기는 것 아닌가 하는 두려움마저 있었을 것이다. 하지만 지금 느헤미야가 제시하는 요청은 상상외로 그들이 쉽게 응할 수 있는 정도의 제안이었을 것이다. 오히려 쉽게 응할 수 있는 요청이고 명령이었다. 느헤미야의 생각에는 오로지 일반 백성들을 진정으로 돕고자 하는 마음으로만 가득한 것을 볼 수 있는 내용이다. 힘들고 어려운 방식으로, 힘 있는 권력의 실세로서 본인의 감정대로 처리하면 백성에게 실제로 주어지는 이익이 적어질 수밖에 없다는 것을 알고 있었기 때문에, 느헤미야는 못된 유대의 관원들이 즉시 행동으로 옮겨 당장 힘들어하는 일반 백성에게 도움을 주는 방책을 실제적으로 이끌어내고 있는 것이다. '이자? 일단 안 받으면 되지! 백분의 일? 겨우 1%? 까짓거! 생각보다 간단한 제안인데?'라는 마음으로 오히려 감사하면서 받을 만한 제안을 백성들을 위해서 내린 것이었다. 지혜로운 전략이다.

전략3 :
제안으로만 끝나는 것이 아니라 끝까지 확인하는 방법까지 제시한다

"그들이 말하기를 우리가 당신의 말씀대로 행하여 돌려보내고 그들에게서 아무것도 요구하지 아니하리이다 하기로 내가 제사장들을 불러 그들에게 그 말대로 행하겠다고 맹세하게 하고 내가 옷자락을 털며 이르기를 이 말대로 행하지 아니하는 자는 모두 하나님이 또한 이와 같이 그 집과 산업에서 털어 버리실지니 그는 곧 이렇게 털려서 빈손이 될지로다 하매 회중이 다 아멘 하고 여호와를 찬송하고 백성들이 그 말한 대로 행하였느니라"(5:12-13).

그들이 어떤 자들인가? 여호와 하나님을 믿는다고는 해도 그들의 삶 속에는 이기적인 악행들을 아무렇지도 않게 행하던 자들이 아닌가? 이러한 자들이 제일 좋아하는 사람은 나이브한 지도자이다. 눈물을 흘리며 두려워하는 모습을 유지하면서 말씀대로 행하겠다고 하면 함께 눈물을 흘리며 모든 것을 용서하고 품어주면서 그 자리를 떠나 주는 그러한 나이브한 지도자를 말한다. 하지만 느헤미야는 그들이 생각하는 것만큼 단순하고 나이브한 지도자가 아니었다. 그는 그들이 자신의 요청에 따르겠다고 하자 제사장을 불러 그들에게 정식으로 맹세하게 하고, 그대로 행할 것을 맹세시키고, 더 강력하게 "내가 옷자락을 털며 이르기를 이 말대로 행하지 아니하는 자는 모두 하나님이 또한 이와 같이 그 집과 산업에서 털려 버리실지니 그는 곧 이렇게 털려서 빈손이 될지로다 하매"와 같은 무시무시한 방식으로 그들이 이행할 수 있도록 확실하게 매듭을 지어준다. 하나님만 바라보지 않는 지도자로서는 감히 행하기 어려운 방식을 택하여 일을 처리하는 모습이 위대해 보인다.

전략4 :
자기 희생의 방법으로 모두가 따르도록 한다

이렇게 강력한 방법을 동원하여 한편으로는 일반 백성들의 기본적 문제를 해결하여 주고, 다른 한편으로는 악한 자들이 지도자 느헤미야의 말에 토를 달지 못하고 따를 수밖에 없었던 근원에는 느헤미야 자신의 재정적 희생이 있었다. 그는 처음 부임하면서부터 자신만이 아니라 자신과 함께 하는 동역자들 모두의 봉급을 받지 않았다. 그는 "나보다 먼저 있었던 총독들은 백성에게서, 양식과 포도주와 또 은 사십 세겔을 그들에게서 빼앗았고 또한 그들의 종자들도 백성을 압제하였으나 나는 하나님을 경외하므로 이같이 행하지 아니하고 도리어 이 성벽 공사에 힘을 다하며 땅을 사지 아니하였고 내 모든 종자들도 모여서 일을 하였으며"(5:15-16)라고 말했다.

그리고 이 사건을 처리하면서 다시 한번 자신의 희생적 입장을 공고히 하였다. 얼마든지 크게 한몫을 챙길 수 있는 자리에 있었지만, 그는 철저하게 백성의 입장에 서서 동고동락의 길을 선택하는 지도자의 길을 걸었다. 그는 형제들이 아픔을 느낄 때 함께 아픔을 느낄 줄 알고, 그렇게 아픔을 느낄 수 있을 때 그들의 문제를 자기의 문제로 여기게 되었고, 그 문제를 효율적으로 풀어주는 것만이 그들에게 유익함이 돌아갈 것이라는 확신이 보일 때까지 고민하며 나갔던 것이다. 이것이 바로 동고동락의 리더십이 아닐까?

정의의 사도처럼 불의를 향해 분노만 내고 책망만 하고 징계만 내렸더라면, 실제로 백성들에게 돌아가는 이익은 미미했을 것이다. 분노의 표출만으로 동고동락의 길을 갈 수 있는 것이 아니다. 절제된 분노 속에서 끝까지 백성에게 돌아갈 이익을 최우선 과제로 삼으며 마지막에는 본인에게 주어지는 봉급까지 포기할 것을 다짐하면서 중간 지도층의 악행을 선으로 끌어내리는 느헤미야의 위대한 시도는 지금을 사는 많은 지도층의 사람들에게 특히 하나님을 믿는 그리스도인 지도자들에게 귀한 귀감이 된다.

11

열한 번째 지도 원리 LEADERSHIP MANUAL

지도자 : 대(大)를 위해
자신의 희생을 감수하는 리더

"에스라가 모든 백성 위에 서서 그들 목전에 책을 펴니 책을 펼 때에 모든 백성이 일어서니라 에스라가 위대하신 하나님 여호와를 송축하매 모든 백성이 손을 들고 아멘 아멘 하고 응답하고 몸을 굽혀 얼굴을 땅에 대고 여호와께 경배하니라"(8:5-6).

적어도 지도자는 감정에 깊이 몰입하면 곤란하다. 혼자의 감성으로 많은 사람을 책임지려는 시도는 더욱 곤란하다. 지도자가 지나치게 한에 맺혀서 한을 풀려고 덤벼든다든지, 지나치게 감동을 받아 순간적이고 충동적인 판단을 내린다든지, 너무 슬퍼서 중요한 결정의 시간을 놓친다든지 등의 깊은 몰입은 참으로 곤란하다. 지도자는 늘 전체를 보아야 하고, 전체의 유익을 고려하여야 하며, 우선순위에 대한 고민을 하면서 똑바로 가야 하는 길과 돌아가야 하는 길과 피해서 가야 할 길을 판단할 수 있어야 하며, 전체의 이익을 위해서는 손익을 따지지 않고 기꺼이 자기에게 주어진 이익까지 양보하고 포기할 수 있어야 한다.

무너진 성벽이 드디어 재건되었다!

남의 집 담이 무너져 내렸다고 마음대로 들락거리며 못된 짓을 하던 이웃도 이제는 마음 편히 드나들 수 없도록 든든하게 담을 쌓았다.

외부로부터 받아오던 위협을 어느 정도 통제할 상황이 되었으니 이제는 내부를 튼튼하게 할 차례가 되었다. '화기소장(禍起蕭墻)'이라는 중국어 고사성어가 있다. 이 성어가 갖는 의미는 '화는 내부에서부터 온다'이다. 외부의 적도 무서운 것이지만 어떤 면에서 내부의 적은 훨씬 더 치명적일 수 있다. 밖으로부터 오는 적은 마음을 먹고 지키는 노력이라도 할 수 있지만, 내부에 존재하는 적은 잘 보이지 않을 뿐만 아니라 '설마' 하는 마음으로 방심한 가운데 순식간에 화를 당할 수 있게 마련이다.

총리 느헤미야는 이 문제를 간과하지 않았다.

7장 66절 이하를 보면 온 회중의 합계가 42,360명이고, 노비와 말 노새 낙타 등의 수와 이 성벽 증축을 위해 자신의 물질을 헌납한 사람들의 명단을 소개한다. 이 모습은 현재 예루살렘 내의 유대인들의 상황이 어느 정도는 안정되었다는 뜻으로도 보인다.

다급했던 여러 정황이 끝나고, 어느 정도 목표한 일을 완수한 후에 느헤미야가 가장 먼저 서둘러 진행한 일은 '**내적 회복**'이었다. 정치 지도자 느헤미야는 '어째서 이렇게 비참하고 참담한 일들이 일어나야 했을까'에 대한 책임을 어느 누군가에게 돌리고자 하는 시도를 하지 않았다. 책임을 묻고, 따지고 하면서 논쟁을 벌일 시간이 없었다. 이제는 앞을 바라봐야 하는 시점에 서 있음을 그는 냉정하게 인식하고 있었다.

새로운 영적 리더 에스라의 영입
소명받은 전문 영역에 대한 구별(8:1-4)

총리 느헤미야가 이스라엘의 진정한 영성 회복을 위해 지금까지 받아 온 상처에 대한 근본적 치유와 회복을 고민하는 중에 가장 먼저 등장하는 인물이 에스라였다. 아니 느헤미야의 까다로운 선별 과정을 통해 등장하는 인물이 에스라였다고 표현하는 것이 좀 더 맞을 것이다. 왜 본인이 직접 나서지 않고 굳이 에스라라는 학사 제사장을 이 일을 해 낼 수 있는 적격자로 내세웠을까? 질문해 보지 않을 수 없다.

느헤미야가 지금 이 순간까지 살아온 모습을 볼 때 단순한 정치가로서의 역할만을 해 온 것은 아니었다. 정치적 지도자이면서 동시에 영적인 지도자의 역할을 충분히 수행해 왔다. 그는 백성들의 영적인 부분을 언급하면서 "이들은 주께서 일찍이 큰 권능과 강한 손으로 구속하신 주의 종들이요 주의 백성이니이다 주여 구하오니 귀를 기울이사 종의 기도와 주의 이름을 경외하기를 기뻐하는 종들의 기도를 들으시고 오늘 종이 형통하여 이 사람 앞에서 은혜를 입게 하옵소서"(1:10-11)와 같은 목회자의 기도를 올려 드렸던 사람이다. 이러한 기도가 어찌 단순한 정치가의 기도였겠는가? 그의 면면을 살펴볼 때 얼마든지 두 가지의 일을 해낼 수 있는 역량이 충분히 있었던 지도자였다. 하지만 그는 결정적 상황에서 그를 따르는 사람들을 향해 가장 도움을 줄 수 있고 영적 영향력을 행사할 수 있는 자리를 에스라에게 성큼 내어주는 결정을 한다.

8장 1절 이하의 내용을 보면 그는 예루살렘 성벽을 먼저 쌓는 급한 일을 끝낸 후에 왜 예루살렘이 함락되었고, 왜 지금껏 포로 생활의 영향을 받으며 이렇게 비참하게 살고 있는가 하는 근본이 되는 영적 문제를 백성에게 이해시켜주고, 회개를 통한 영적 회복만이 이스라엘의 참된 회복의 길임을 확실하게 제시하기 위해 제사장 에스라를 초대한다.

베드로전서 2장 9절에 "너희는 택하신 족속이요 왕 같은 제사장들이요, 거룩한 나라요, 그의 소유가 된 백성"이라는 선포의 내용이 있다. 물론 이 구절에 대한 해석을 어떻게 하느냐에 따라 오늘날의 사역자에 대한 해석 역시 각각 다를 수 있을 것이다. 필자의 다른 저서《사역자 매뉴얼》에서 이 부분에 대해서는 매우 상세하게 다루었다.[17] 어쨌든 히브리서 4장 16절에서 "그러므로 우리는 긍휼하심을 받고 때를 따라 돕는 은혜를 얻기 위하여 은혜의 보좌 앞에 담대히 나아갈 것이니라"고 말씀하신 것과 더불어 베드로전서 2장 9절을 함께 보아야 하는 것은 확실하다. 하나님의 은혜가 배제된 상

---

17) 임성철,《사역자 매뉴얼》, 39-79.

태에서 "택하신 족속이요 왕 같은 제사장들"이라는 호칭은 원칙적으로 불가능하다.

하나님의 긍휼하심을 따라 예수 그리스도의 보혈을 통해 하나님의 자녀가 되는 권세를 부여받은 자들은 천주교의 신부와 같은 제삼자를 통해야만 하나님에게 나아갈 수 있는 것이 아니라 언제든지 어떠한 상황에서든지 "은혜의 보좌 앞에 담대히" 나아갈 수 있는 특권이 부여되었다. 풀 타임 사역자이든, 아주 평범한 일반 신도이든 상관없이 하나님의 은혜를 덧입어 하나님의 자녀가 된 사람들은 제사장들과 동일하게 하나님의 보좌 앞으로 나아갈 수 있다는 원리 안에서 차별이 없는 것이다. 이러한 관점에서 보면 느헤미야가 굳이 제사장이라는 직분을 가진 에스라를 초청한 모습에 대해 다른 의견을 제시할 수도 있다고 본다.

그럼에도 불구하고 하나님의 맡겨진 여러 일을 수행하는 데에 아무 구별 없이 마음대로, 어떤 훈련이나 준비과정 없이 참여할 수 있는 것은 분명 아니라고 본다. 여기에 '평등'이라는 **덫**이 있다. 하나님 안에서 모든 자녀는 평등하지만 남자와 여자가 구별되고, 나이의 연소함과 연로함이 구별되고, 맡겨진 여러 일이 구별되는 것은 부인할 수 없는 사실이다. 평등에 대한 해석은 매우 중요하다. 부모와 자식이 평등하지만 기능상 같을 수 없고, 선생과 학생이 인격적으로 평등하지만 맡겨진 일의 내용이 구별된다. 전 시간을 목회자로 부름받은 사람과 전 시간을 교회 밖에서 다른 일을 하도록 부름받은 사람의 교회 안에서의 역할은 구별되어야 한다.

재미있는 오해가 있다. 밖에서 의사나 경영인으로 인정받고 있는 사람 중에 교회나 사회나 무슨 큰 차이가 있냐고 주장하면서 교회와 연관된 '사역적 기능의 동등성'을 목사라는 전문 목회자에게 주장하는 모습이다. 거꾸로 교회의 목회자가 병원을 방문해서 이렇게 주장하는 의사에게 목사인 내가 환자를 봐도 되겠냐고 한다면 뭐라고 대답할까? 교회의 목회자가 전문 경영인으로 일하는 기업체에 가서 성경에서 말하는 경영의 원칙을 잘 이해하고 있는 목사인 내가 경영에 참여해도 되겠는가 요청하면 뭐라고 대답할까? 절대로, 결코 허락하지 않을 것이다. 본인에게는 전문 영역과 거기에 따른 기능에 대한 존중을 주장하면서 하나님의 일에 관해서는 늘 예외로 두려는 의도는 무엇일까? 이와 같이 풀 타임으로 교회의 목회를 위해 부름받은 목회자의 전문 영역을 인정해 주지 않으려 한다는 것은 '평등'에 대한 오해에서 기인하는 문제라고 본다. 물론 논쟁의 여지가 충분히 있는 필자의 주장이다. 이와 연관된 지속적 대화는 다른 장에서 마련할 수 있기를 바란다.

어쨌든 이러한 결정을 내려 이제 온전한 리더십을 갖고 마음껏 이스라엘을 통치할 기반을 마련해 놓은 정치인 느헤미야가 또 다른 영향력 있는 영적 지도자 에스라를 전면에 내세워 이스라엘에 꼭 필요한 일을 진행하기 시작하는 모습 가운데서 느헤미야가 견지했던 중요한 리더십의 원리를 볼 수 있다. 영적 지도자의 위치도 겸할 수 있는 역량을 갖고 있었음에도 불구하고, 그는 자신에게 주어진 기능과 다른 누구에게인가 주어진 특별한 기능과 부름의 차이를 인정하고 겸손한 마음으로 따르는 모습을 보여주었다.

7장 66절을 보면 예루살렘 성안에 거주하는 자들의 수가 42,360명이었다. 종들을 다 포함하면 5만 명에 달하는 사람들이 함께 성읍에 거주하기 시작하였다. 어느 정도 안정기에 달할 때 제사장 에스라를 통하여 율법에 대한 가르침을 통한 영적 회복 운동을 전개한다. 자신을 따르는 백성들이 다른 사람의 가르침을 듣고 "몸을 굽혀 얼굴을 땅에 대고 여호와께 경배"하며 하나님의 율법책을 낭독하고 그 뜻을 에스라가 해석하여 백성에게 낭독하여 깨닫게 하니 백성이 율법의 말씀을 듣고 다 울기 시작하는 모습을 느헤미야도 함께 바라보고 더불어 그 속에서 함께 한다. "에스라가 모든 백성

위에 서서 그들 목전에 책을 펴니 책을 펼 때에 모든 백성이 일어서니라 에스라가 위대하신 하나님 여호와를 송축하매 모든 백성이 손을 들고 아멘 아멘 하고 응답하고 몸을 굽혀 얼굴을 땅에 대고 여호와께 경배하니라"(8:5-6).

연약한 죄성을 가진 인간의 마음으로 바라보면 시샘을 낼 상황이 될 수도 있다. 여태껏 나를 따르던 저들이 다른 지도자의 말을 듣고 저렇게 감동을 받아 통곡하는 모습을 바라보며 마음 한구석에 생겨나는 씁쓸함이 어떠한 것이라는 것을 죄성을 가진 우리는 잘 안다. 그럼에도 불구하고 정치 지도자 느헤미야는 학사 에스라의 가르침을 받고 깨달음을 얻는 동포들의 모습을 바라보며 너무 기뻐하며 "너희는 가서 살진 것을 먹고 단 것을 마시되 준비하지 못한 자에게는 나누어 주라 이 날은 우리 주의 성일이니 근심하지 말라 여호와로 인하여 기뻐하는 것이 너희의 힘이니라"(8:10) 하며 외쳤다. 그 말에 "모든 백성이 곧 가서 먹고 마시며 나누어 주고 크게 즐거워하니 이는 그들이 그 읽어 들려 준 말을 밝히 앎이라!"(8:12)고 표현하고 있다.

전문성에 대한 존중과 하늘이 정한 **규칙과 질서**를 존중하는 느헤미야의 원칙이 없었다면, 이러한 감격의 자리가 온 이스라엘에게 주어질 수 있었을까? 그가 평소에 해 왔던 영적 리더의 자리에서 'step down'하고 학사 에스라를 'step up'시키는 희생을 선택하지 않았다면 과연 이러한 영광스러운 순간을 하나님께서 이스라엘에게 허락하셨을까? 참 훌륭한 사람이다. 계속해서 생각해도 이만한 인물을 찾아보기가 쉽지 않다. 느헤미야의 실력이면 얼마든지 제사장 에스라의 자리에 서서 영적 권위를 부여잡고 백성들을 이끌 수 있었다. 부연 설명이 필요 없는 사실이다. 그런데 그는 신앙의 본질에 근거한 이성적 판단으로 사역 전문가와 협력하면서 동시에 자신이 내려놔야 하는 일정 부분에 대한 희생의 길을 선택하고, 전문인의 두 양대 산맥 리더십을 선택하였던 것이다.

그는 "적어도 이 자리는 내가 아니라 에스라라는 제사장의 직분을 가진 자가 하는 것이 맞다"고 판단하였던 것이다. 아마도 조심성 많은 느헤미야로서는 적지 않은 제사장들 중에서도 "여호와의 율법을 연구하여 준행하며 율례와 규례를 이스라엘에게 가르치기로 결심하였었더라"(스 7:10)는 수준의 에스라에 대해 자세히 검증한 후에 이 사람에게 이 일을 맡겨도 되겠다는 결론에 도달했을 것이다. 이 정도 수준의 사람이라면 영적 리더십을 갖고 이스라엘 백성들을 도와 회개 운동을 전개할 수 있을 것이라는 확신을 가졌기 때문에 백성들의 유익을 위해 자신에게 주어진 많은 부분을 에스라에게 양도할 수 있었다고 본다.

이와 대조되는 인물 중 하나가 웃시야라는 왕이다. 웃시야 왕이 힘과 권력을 갖고 있음을 인식하게 된 어느 날, 그는 한 나라의 통치자로서 만족하지 않고 제사장의 임무도 수행할 수 있다고 생각하게 되었다. 그래서 그는 성전으로 가서 향단에 분향하는 일을 하려 했다. 이때 제사장 아사랴가 왕에게 말하기를 "웃시야여 여호와께 분향하는 일은 왕이 할 바가 아니요 오직 분향하기 위하여 구별함을 받은 아론의 자손 제사장들이 할 바니 성소에서 나가소서"(대하 26:18)라고 요청하였다. 하지만 왕은 그러한 권고를 들을 정도로 정상적 상태가 아니었던 것 같다. 결국 그는 하던 일을 계속했고 결국에는 나병에 걸려 죽을 때까지 고립된 삶을 살다 죽었다.

오늘을 사는 하나님의 사람들은 주위에 있는 사람들 한 명 한 명에 대한 이유 있는 존중과 겸손한 배려와 하늘로부터 주어진 권위에 대한 인정을 유지하면서 살 필요가 있다. 그냥 그러한 마음으로 사는 삶 가운데에서 리더십은 발생하는 것이고, 영향력 있는 리더십의 자리에 설 수 있게 되는 것이다. 위대한 지도자 느헤미야에게서 이러한 점을 다시 배워본다.

자신의 손익을 계산하기 보다
하나님 나라의 이익에 초점을 맞추는 지도자

느헤미야의 희생적 결정은 외적 갈등으로 인한 압박을 통해 주어진 것은 아니었다. "이제 당신은 할 일 다 했으니 그만 그 자리에서 내려오시고 다음 단계를 감당할 사람에게 넘겨주시지요."와 같은 요청도 강요도 없었다. 하지만 느헤미야는 하나님과 마주하는 회막(tent of meeting)의 삶을 늘 유지하던 사람이었기 때문에 예루살렘 성벽을 쌓은 후 진행되어야 할 하나님의 계획에 민감하게 반응할 수 있었다. 그래서 그는 오히려 '나도 할 수 있는 일인데?'라는 생각으로 잠시 내적 갈등이 있었을 것으로 추론할 수도 있었겠지만, 그는 자신의 생각을 누르고 다음 일을 제대로 감당할 수 있는 학사 에스라를 찾아 그의 전문성을 십분 살려 이스라엘의 영적 부흥을 함께 노력하는 귀중한 모습을 후대를 사는 우리에게 보여주었다.

이쯤에서 느헤미야에게서 잠시 벗어나 아브라함의 희생에 대해서도 생각해 보려고 한다. 왜냐하면 하나님의 나라를 지도자라는 위치에서 섬긴다고 해서 언제나 자신이 모든 것을 선택할 수 있는 자리에만 서 있기는 어렵기 때문이다. 예루살렘의 성벽 쌓기를 완성한 느헤미야로서는 거의 완벽한 지도자의 권위가 부여된 상태였다. 영적 회복 운동으로 이끌어 가는 중요한 단계에서도 그는 에스라라는 이름을 가진 학사 겸 제사장을 선택할 수도 있었고, 자기가 직접 해낼 수도 있었고, 필요하다면 자신의 권한 하에서 또 다른 어떤 사람을 선택할 수도 있었던 상황이었다. 이러한 조건에서 자기의 영향력을 반감시킬 수도 있는 결정을 내린 것에 느헤미야의 위대함이 있는 것이지만, 오늘을 사는 모든 지도자에게 언제나 이러한 권한을 마음대로 선택할 수 있는 입장만 주어지는 것은 아니다. 오히려 아브라함과 같은 경우가 더 허다하다.

아브라함이 가나안을 향해 떠날 때 데리고 갔던 조카 롯은 삼촌 아브라함의 은혜를 입었던 사람이었다. 일찍 부모를 잃고 고아가 되었지만, 삼촌은 그를 친 아들처럼 대해주었다. 마음으로만이 아니라 모든 물질의 분배에 있어서도 친 아들처럼 사심 없이 대했다. 롯과 함께 하는 종의 수와 그가 소유했던 가축의 수만 보아도 삼촌인 아브라함과 거의 동일했었으니 롯이 받은 은혜가 얼마나 컸었는지 미루어 짐작할 수 있다.

그러던 어느 날 아브라함의 종들과 롯의 종들 사이에 일종의 힘겨루기가 발생했다. 당시 그 부족의 족장은 엄연히 아브라함이었다. 목축의 삶을 살고 있었지만 당시에도 나름대로의 자체 법이 있었을 것이고, 리더로서의 아브라함이 갖고 있던 권한이 분명 있었을 것이다. 하지만 일종의 권력 다툼이 표면화되었다고나 할까? 둘 사이에 긴장이 심각하게 형성되었고, 아브라함이 바라볼 때 더 이상 함께 하는 것보다는 나누어지는 쪽이 피차간에 유익할 것이라는 판단을 하게 되었다. 그때 아브라함의 선택은 "네가 동을 택하면 나는 서를 택하고, 네가 서를 택하면 나는 동을 택하겠다"는 것이었다. 필자인 나는 언제나 이러한 리더의 결정을 하늘이 허락하시는 귀한 덕목으로 받아들인다.

하나님이 선택하여 세우시는 지도자의 '기본 감성'과 '덕목'과 '자질'이 소명 가운데 하늘로부터 주어지는 것임을 가장 잘 설명해주고 있는 표본은 바로 아브라함과 느헤미야의 희생적 선택이다. 무슨 말일까? 필자는 이 책의 앞부분에서 지도자는 지도자로 태어나는 것이라기보다는 지도자로 소명받아 세워지는 것이고, 훈련되어 배출되는 쪽에 더 힘을 주어 주장한 바 있다. 그러나 아무리 외적 모습과 리더의 자격과 능력 분야에 대해 훈련을 받아 리더의 자리에 선다고 하여도 결코 흉내 낼 수 없는 부분은 지도자가 마땅히 견지해야 하는 '기본 감성'과 '덕목'과 '자질'이다. 왜냐하면 이러한 것들은 배양될 수도 있지만 기본적으로 갖추어야 할 내용들이라 보기 때문이다.

아브라함은 하나님으로부터 부름받았을 때 자신이 살아온 땅과 모든 친척을 떠나 하나님이 가라 하는 곳으로 가는 것에 주저함이 없었다. 자신을 배신하고 떠난 롯이었지만 그가 포로로 잡혔다는 소식을 들었을 때 주저함 없이 얼마 안 되는 사병들을 데리고 한 나라를 상대로 목숨을 건 싸움을 치렀다. 소돔 왕이 전리품을 나누겠다고 할 때도 "네 말이 내가 아브람으로 치부하게 하였다 할까 하여 네게 속한 것은 실 한 오라기나 들메끈 한 가닥도 내가 가지지 아니하리라"(창 14:23)는 말로 단호하게 거절하였다. 누구에게 엄격하게 대하고, 누구에게 선을 베풀어야 하는지 그는 알고 있었다. 자신의 이익을 우선적으로 계산하는 사람이 아니라 하나님 나라의 이익에 우선적 관심을 두었기 때문이다. 그의 기본적 감성에는 복잡한 이해관계가 영향을 주지 않았다. 의리라는 덕목을 유지하면서도, 아들까지 제물로 드려야 한다는 하나님의 요청에는 주저함이 없는 모습을 보인다. 지도자인 아브라함과 더불어 목숨을 건 싸움에 함께 나섰던 318명의 사병들 앞에 서 있는 대장 아브라함의 모습 역시 눈앞에 그려지는 리더의 모습이다.

반면에 그렇지 못한 경우의 리더들을 보면 적지 않은 수의 사람들이 자신의 사리사욕을 중시하는 결정을 내림으로 주위의 많은 사람을 하나님으로부터 떠나게 만드는 결과를 내곤 한다. 이러한 자들은 희생적 선택을 해야 할 중요한 순간에 자신의 이익에 부합되는 선택을 해 버린다. 만약 아브라함이 롯에게 요구해야 할 시점에 거꾸로 "내가 동을 택하면 너는 서로 가고, 내가 서를 택하면 너는 동으로 가라"는 선택을 제시했다면 끝 없는 싸움에서 헤어나오지 못했을 것이다. 아무 문제 없이 모든 일을 매끄럽게 잘 해 오다가도 자신의 이익과 관련되는 어느 한 시점에 다다를 때 리더의 본질을 볼 수 있게 된다.

아주 오래전에 나름대로 아메리칸 드림을 이루어낸 한 기업인으로부터 들었던 그의 경험 내용이 떠오른다. 미국을 방문할 때마다 그분과 대화하는 시간을 갖곤 했는데, 가끔 그분 가슴 속에 담긴 여러 경험이나 생각을 나누기도 했다. 하루는 동업자와의 갈등을 어떻게 해결해 나갔는가에 대한 경험담을 들려주셨다. 오래전에 들은 내용이지만 나는 아직도 그 감동을 가슴에 담고 있다. 그리고 그 경험담을 들으면서 이분이 어떻게 이국땅에서 하나님으로부터 사업적 축복을 받을 수 있었는가에 대한 이유를 확인할 수 있었다.

바로 롯에게 모든 것의 선택권을 주었을 때 즉시 가장 좋은 땅을 선택하며 성큼 자기 곁을 떠나간 조카의 뒷모습을 바라보며 배신감과 외로움에 사로잡혀 있던 아브라함에게 나타나 위로와 축복을 약속하셨던 하나님의 동일한 손길이 그 이유였다. 그동안 은혜를 넘치도록 베풀어 주었던 삼촌 아브라함을 등지고 떠나는 롯의 모습을 착잡한 마음으로 바라보던 아브라함에게 나타나셔서 "너는 눈을 들어 너 있는 곳에서 북쪽과 남쪽 그리고 동쪽과 서쪽을 바라보라 보이는 땅을 내가 너와 네 자손에게 주리니 영원히 이르리라 내가 네 자손이 땅의 티끌 같게 하리니 사람이 땅의 티끌을 능히 셀 수 있을진대 네 자손도 세리라 너는 일어나 그 땅을 종과 횡으로 두루 다녀 보라 내가 그것을 네게 주리라"(창 13:14-17)는 넘치는 축복을 위로로 보상해 주셨다.

어찌 보면 별 것 아닌 것처럼 보여질 수 있는 아브라함의 해법이었지만 이 해법 속에는 하나님의 DNA가 탑재된 미사일 같은 힘을 담고 있다. 결코 가볍게 볼 해법이 아니다. 하나님으로부터 부여받은 양보와 희생을 통한 해법, 마치 예수 그리스도를 보내셔서 십자가상에서 온갖 굴욕을 당하게 하심으로 죄에 대한 근본적 해결을 제시하신 하나님의 해결 방식 DNA라고 생각하기 때문에 결코 아무나 흉내 낼 수 있는 해법이라고 과소평가 될 수 있는 것이 아니라는 것이다.

이분이 나이 어린 조카뻘 되는 친척과 오래전에 동업을 시작하게 되었다. 규모가 제법 되는 소매 사업이었다. 박리다매(薄利多賣) 즉 적게 이익을 남기면서 많은 것을 판다는 의미를 가진 판매 정책을 갖고 이 소매 사업을 시작했다. 이미 본인이 하던 일이 있었기 때문에 리스크를 최소화하기 위해 자신이 하던 일은 계속하면서 우선 조카가 이 사업을 주로 운영하는 것으로 진행하게 되었다. 그러는 중에 이 소규모 사업은 서서히 자리가 잡혀가게 되었고, 이분은 이 소규모 소매 사업과 연관된 도매(whole sale) 사업을 시작했다. 처음 시작했던 소매 사업은 자리가 잡혀 많은 매상이 오르기 시작했지만 도매 사업이라 할 수 있는 초기 단계의 도매 사업은 여전히 초기 단계에 머물러 있었다.

이 시점에 아브라함과 롯의 갈등과 유사한 어려움이 둘 사이에 생기기 시작했다. 그 옛날에도 롯 하나만의 생각으로 삼촌과 갈등을 일으킨 것은 아니라고 생각한다. 롯의 아내도 개입이 되었을 것이고, 주위에 있는 여러 사람의 참견성 의견이 개입된 상태에서 롯의 마음이 움직였을 것이라 본다. 자세한 내용을 다 언급할 수는 없지만 어쨌든 아브라함의 경우와 유사하게 이분과 동업을 해 오던 조카가 어느 날부터 변하기 시작했고, 급기야는 모종의 결정을 해야만 하는 시점에 다다랐다.

이때 이분은 아브라함의 귀한 제안을 그에게 했다고 한다. 만일 조카가 현재 잘되고 있는 사업체를 갖겠다 하면 본인은 도매업만 갖고 나갈 것이고, 만일 조카가 도매업을 갖겠다면 본인은 소매업만 하겠다는 제안을 했다고 한다. 결국 그 어린 조카는 현재 잘 진행되고 있는 소매 사업체를 갖기로 하였고, 이분은 도매업을 갖고 헤어지게 되었다. 결국은 그러한 희생적 양보를 선택한 이분의 사업체 위에 하나님의 크신 축복이 넘치도록 임하는 하늘의 위로를 경험하게 되었다. 이러한 축복을 여전히 혼자만 단독으로 누리는 것이 아니라, 전 세계 곳곳에서 수고하는 적지 않은 선교사들과 더불어 교육 사역 등 다양한 선교 사역에 물심양면으로 적극적으로 협력하며 참여하고 있다.

우리는 가끔 큰 단체 안에서만 지도자가 존재한다는 편견을 갖게 되는데 사실 이것은 그릇된 견해이다. 몇몇 친구들과의 만남 속에서도, 가정 안에서도, 성경공부 모임에서도, 기도회로 모이는 소그룹 안에서도, 판잣집같이 아주 작은 소규모 사업체 안에서도, 중소기업 안에서도, 대기업 안에서도, 각 부서 부서 안에서도, 교회 안에서도 리더는 늘 존재하게 되어있다. 그러한 리더 중에는 스스로 리더의 자리에 서려는 리더도 있고, 주위의 요청에 의해 시게 되는 리더도 있다. 어떠한 모습으로 리더의 자리에 있다 하더라도 가장 중요하게 요구되는 것은 형성된 그룹의 유익을 위해 필요하다면 언제라도 희생을 선택할 수 있다는 마음가짐이다. 사람들의 모임이기 때문에 옳고 그름의 문제만이 아니라 유익과 손실에 대한 계산 역시 늘 있게 마련이다.

앞서 언급하였듯이 지금 우리가 사는 이 세상 속에서 리더의 입장에 서 있는 상당수의 사람들은 대중의 이익을 위해 이미 주어진 리더십을 양보하는 느헤미야의 입장보다는 손익을 계산하여 결정해야 하는 아브라함의 입장에 더 많이 서 있다. 대중의 이익을 우선으로 하는 지도자가 대중의 결정적 이익을 위해 내리는 권한의 일정 부분의 포기보다 손익이 결정되는 중요한 상황에서 양보해야 할 것인가 아니면 내가 상대방에게 양보를 종용해야 하는 것인가를 선택해야 하는 입장이 더 많다는 말이다. 어떠한 선택을 해야 할지는 이미 정해진 것이 아닐까?

본질의 냉정한 유지

감성 중심의 리더는 일반적으로 주위에 따르는 사람들이 모이는 성향을 갖기 때문에 다수의 지지를 받을 수 있다는 장점을 잠재적으로 갖고 있지만, 동시에 냉정한 이성적 판단의 결여로 많은 사람을 어려움으로 몰고 갈 수 있다는 위험성 역시 활짝 열려 있다. 물론 감성적 리더라 해서 다 그렇다는 것은 아니다. 당연히 감성적 리더의 장점이 있고, 이성적 리더의 단점이 있다. 감성적 리더는 사람과 사람의 말과 표정이 먼저 가슴에 와 닿는 사람이다. 이성적 리더는 사건과 실체에 대한 분석이 우선적으로 다가오는 사람이다. 둘 다 동시에 균형 있게 주어진다면 가장 완벽하겠지만 사람에 따라 어느 한쪽으로 치우치는 것을 막을 수는 없다. 단지 최대한 밸런스를 유지하려고 애를 쓰는 노력 정도는 기울여야 건강한 리더십을 유지할 수 있다는 말이다.

이스라엘 백성에게는 얼마나 오랜만에 주어진 기회였는가? 힘들고 어려운 시간을 꾸역꾸역 보내면서 지내온 세월 중에 이렇게 여유롭게 하나님의 말씀을 들어보는 감격은 대단했을 것으로 짐작된다. 성경은 "하나님의 율법책을 낭독하고 그 뜻을 해석하여 백성에게 그 낭독하는 것을 다 깨닫게 하니 백성이 율법의 말씀을 듣고 다 우는지라"(8:8, 9)와 같이 하나님의 말씀을 들은 이스라엘 백성이 울기 시작했다고 기록하고 있다. 이번에는 조직적으로 하나님의 말씀을 깨우쳐주는 방법을 사용하였다. 먼저 에스라가 전체 앞에서 설교한 후에 그룹으로 나누어 말씀의 내용을 상세히 가르쳐 주었다. 아마도 에스라와 느헤미야가 사전에 상의하고 진행한 것으로 보이기도 한다. "예수아와 바니와 세레뱌와 야민과 악굽과 사브대와 호디야와 마아세야와 그리다와 아사랴와 요사밧과 하난과 블라야와 레위 사람들은 백성이 제자리에 서 있는 동안 그들에게 율법을 깨닫게 하였는데"라고 7절에서 설명해 주고 있다.

좋은 방법이 동원된 것으로 보인다. 성경에 기록되어 있지는 않지만 저 백성들과 함께 일을 하면서 그들의 상태를 어느 정도 파악한 느헤미야의 건의가 크게 작용된 것은 아닐까 하는 생각도 든다.

이 방법은 효과가 있었다. 오랫동안 처참한 삶을 경험해온 이 백성에게 성벽 건축을 통해 안정감이 주어졌고, 제사장을 통해 하나님의 말씀을 듣게 되었고, 전달된 하나님의 말씀이 구체적으로 해석되어 이해가 되었다. 그 결과는 **통곡**이었다. 그 많은 사람이 말씀으로 인해 울기 시작한 것 자체가 감동으로 모두에게 전달되었을 것이다. 특히 이 부흥 성회를 인도하는 에스라와 느헤미야의 입장에서는 오랫동안 이 감동이 유지되기를 원했을 것이다.

하지만 느헤미야는 냉정했다. "오늘은 너희 하나님 여호와의 성일이니 슬피하지 말며 울지 말라"고 하며 그들을 진정시켰다. "이 날은 우리 주의 성일이니 근심하지 말라 여호와로 인하여 기뻐하는 것이 너희의 힘이니라"고 하면서 감성에만 빠져있지 말고 가서 맛있는 음식을 먹고 없는 자들에게는 서로 나누어주면서 즐기도록 권면해 주고 있다(8:9~10).

필자는 이 내용을 보면서 느헤미야의 감성적이면서도 이성적인 양면의 조화가 눈에 들어왔고 가슴에 와 닿았다. 이때부터 이스라엘은 회복의 길을 원칙에 입각하여 차분히 걸어 나가는 모습을 보인다.

적어도 지도자는 감정에 깊이 몰입하면 곤란하다. 혼자의 감성으로 많은 사람을 책임지려는 시도는 더욱 곤란하다. 지도자가 지나치게 한에 맺혀서 한을 풀려고 덤벼든다든지, 지나치게 감동을 받아 순간적이고 충동적인 판단을 내린다든지, 너무 슬퍼서 중요한 결정의 시간을 놓친다든지 등의 깊은 몰입은 참으로 곤란하다. 지도자는 늘 전체를 보아야 하고, 전체의 유익을 고려하여야 하며, 우선순위에 대한 고민을 하면서 똑바로 가야 하는 길과 돌아가야 하는 길과 피해서 가야 할 길 등을 제대로 판단할 수 있는 냉정함을 유지하여야 한다.

영성 회복이라는 큰 목표에 초점

느헤미야의 냉철한 리더십은 "뭇 백성의 족장들과 제사장들과 레위 사람들"(8:13)로 하여금 객관적인 하나님의 말씀 앞에 설 수 있도록 이끌어 주었다. "여호와의 율법을 연구하여 준행하며 율례와 규례를 이스라엘에게 가르치기로 결심"(스 7:10)한 에스라에게 그들이 찾아와서 하나님의 말씀을 배우기 시작하였다.

앞에서도 잠시 언급하였지만 느헤미야는 많은 제사장 중에서 그냥 아무 제사장이나 데려다가 그들에게 말씀 가르치는 일을 맡기지 않았다. 아마도 현재 이스라엘의 상태를 잘 파악하고 있었던 정치 지도자로서 자신의 지도력에 영향을 받는 한이 있더라도 이 백성에게 가장 도움을 효율적으로 줄 수 있는 제사장을 물색하고 물색하면서 에스라는 학사 제사장을 찾아내었을 것이다. 에스라는 "에스라가 여호와의 율법을 연구하여 준행하며 율례와 규례를 이스라엘에게 가르치기로 결심하였었더라"(스 7:10)는 기록과 같이 삼박자를 갖춘 사람이었다.

먼저는 **여호와의 율법을 연구**하는 사람이었다. 그저 들은 내용을 머리에 간직하고 있는 자가 아니라 늘 공부하고 연구하고 내용에 대해 고민하는 연구자였다. 또한 그는 연구한 내용을 지적으로만 간직한 자가 아니라 **'준행'하려고 노력**하고 애쓰는 사람이었다. 말씀을 연구하는 자들이 적어서 문제가 아니라 연구된 내용을 준행하지 않고 입으로만 지식을 담고 있는 것이 오늘날 기독교의 주된 문제라고 한다면, 에스라는 이 부분을 극복하려고 애를 쓰던 성실하고 참된 연구자였다고 볼 수 있다. 세 번째로 그는 연구한 말씀을 삶 속에서 준행하려고 애를 쓰면서 그 내용을 혼자만 간직한 것이 아니라 다른 자들에게 **가르치려고 결심**하고 행했던 선생이었다.

느헤미야는 이러한 알짜 선생을 찾아 영양가 높은 음식으로 이스라엘 백성을 먹이려는 시도를 하였으며 그 결과로 이스라엘의 리더들이 스스로 에스라에게 가서 하나님의 말씀을 자발적으로 배우려는 행위가 소개된다.

이때부터 그들이 절기를 제대로 지키며 규례를 따라 성회를 열기 시작하였다(느 8:18). 그리고 필요에 따라 금식하며, 여호와의 이름을 송축했으며, 조목조목 말씀에 근거하여 과거를 돌아보며 하나님이 이스라엘을 향하여 베푸신 여러 은혜와 다스림과 통치와 그 중간중간에 그들이 지속적으로 하나님을 배신하고, 불신하며 지은 여러 종류의 죄악을 구체적으로 평가하는 작업을 진행할 수 있었다(9장).

백성들의 이익을 우선적으로 고려하며, 냉정함을 유지하며, 자신의 명예와 자리에 연연하기보다 하나님의 백성들과 하나님의 나라를 최우선으로 구하는 지도자를 만날 수 있다는 것은 복 중의 복이다. 오늘날 세계의 정세를 살펴보고, 한국의 여러 영역을 돌아볼 때 이러한 복을 누리고 있는 나라가 과연 얼마나 될까 질문하지 않을 수 없다. 늘 입술에는 '국민'이라는 단어를 달고 말을 하지만 과연 국민을 진심으로 위하는 느헤미야와 같은 지도자가 얼마나 있을지?

어쨌든 느헤미야의 사심 없는 희생의 자세와 냉정, 냉철, 이성적 논리를 유지하면서 최선의 것을 백성에게 나누어주고자 했던 지도력을 통해 이스라엘 백성은 지금까지의 삶 속에서 찾아보기 힘들었던 과거에 대한 객관적 회고와 반성과 앞으로의 구체적 결심을 하는 놀라운 모습을 유지하기 시작하였다. "하나님의 율법을 따라 우리 주 여호와의 모든 계명과 규례와 율례를 지켜"(10:29) 살겠다는 굳은 결심을 하기 시작했다.

그리고 구체적으로 중요한 직책을 감당할 사람들에게 일들을 분담하는 작업까지 하나하나 진행하는 모습 역시 찾아볼 수 있다(11~12장).

오늘의 한국 교회나 기독교 단체 그리고 더 나아가 한국의 실제적 정치에 참여하는 기독 정치인들 모두에게 느헤미야서를 통하여 하늘로부터 주어지는 귀한 리더십에 대한 기대를 할 수 있기를 심히 원한다.

에필로그
Leadership Manual

예정론을 잘못 이해하면 운명론으로 바뀌는 거대한 실수가 발생한다.

"온 세상은 악한 자 안에 처해 있다"는 요한일서(5:19)의 말씀만 놓고 보면 "포기해야 되는 것 아닌가?" 하는 좌절감을 느낀다. 그러나 이 선포의 내용 바로 앞에 "또 아는 것은 우리는 하나님께 속하고"라는 대전제의 말씀이 우선 주어졌다는 위로의 내용을 눈을 가려버리고 대할 수도 없다.

백성이 바벨론과 앗수르에 포로로 잡혀가고, 남은 자들은 주위의 나라에 의해 온갖 모욕을 당하며 살고 있던 그 시절에도 하나님은 여전히 하나님의 사람들을 통해 그에게 속한 자들을 향해 꾸준하게 깨우침을 주시고, 경고도 하시고, 회복의 기회도 마련하여 주시며 그들을 통치하셨다.

인간의 죄성과 사탄의 역사만 생각하면 한없이 좌절감에 사로잡힐 수밖에 없지만, 한이 없는 은혜와 불가항력적인 은혜를 생각하면 새로운 힘이 은연중 더해진다. 그럼에도 불구하고 정신을 차려야만 하는 이유는 온 세상이 악한 자의 강력한 영향력 아래에 놓여 있다는 사실 때문이다. 이 영향력은 워낙 강력한 것이라서 죄성을 가진 인간은 감히 대항하기도 어려운 것이다. 지금 이 시대를 가만히 살펴보면서 이 무시무시한 어둠의 세력과 세상의 정신세계를 들었다 놓았다 하는 사탄의 역사가 보이지 않는가?

성경에서 보여주는 지도자 중에 소위 오늘날의 표현으로 인기가 짱이었던 사람은 거의 없었다. 사울이 왕으로 있을 때 그의 위치를 흔드는 표현으로 "사울이 죽인 자는 천천이요 다윗은 만만이로다"라고 여인들이 뛰놀며 노래하며 다윗을 추켜세운 적이 있었지만, 결국은 이것으로 인해 다윗을 향한 사울의 무서운 공격이 시작되는 계기가 되었다. 솔로몬도 인기가 있었지만 그 인기의 결과는 남유다와 북이스라엘로 나누어지는 원인이 되었다. 하나님의 말씀을 있는 그대로 전했던 어느 예언자나 선지자가 많은 사람으로부터 인정을 받고 인기를 누렸던가?

아브라함 카이퍼 같은 사람이 정치에 참여하면서 네덜란드를 주께로 돌리고자 애를 썼지만, 그 역시 하나님의 방식으로 도전하였기 때문에 적지 않은 사람들로부터 배척을 당할 수밖에 없었다. 이 세상에 있는 수도 없이 넓은 공간 중에 단 일 인치의 공간조차 하나님의 주권이 미치지 못하는 곳이 없다는 외침을 하면서 네덜란드 전역을 하나님의 주권이 미치는 곳으로 이끌려고 얼마나 애를 썼던가? 도저히 인기를 누릴 수 있는 상황이 될 수 없었다.

"하나님의 말씀이 가라 하면 가고, 하나님의 말씀이 서라 하면 서야 한다는 생각이 기독교 보수이다."라고 나는 자랄 때 목사님에게 들었다. 나는 이 의견에 동조하는 기독교 보수주의자이다. 하지만 요즈음 이런 말을 하면 소위 꼰대라는 비아냥조의 평가를 받는다. 꼰대라는 용어만 갖고도 책 한 권 쓸 정도로 할 말은 많지만 그래도 어쩔 수 없다. 하나님의 말씀이 아니라고 하는데 인기 영합을 위해 아닌 것을 아니라고 말할 수 없다면 하나님이 세운 지도자는 분명 아니다. 청중의 귀를 즐겁게 해주는 말을 하는 지도자가 환영받는 것이 대세라고 하여도 적어도 그리스도를 주님으로 믿고, 하나님의 말씀인 성경을 무오한 말씀으로 믿는 지도자는 그러한 모양새를 취할 수도 없다.

느헤미야는 민족의 아픔을 자연스럽게 이해할 수 있었던 포로시대 후기의 사람이었다. 이방 민족으로서 온갖 어려움을 겪는 중에도 바벨론 제국의 정치 중심 지위에까지 올라갔던 실력 있는 사람이었다. 편안함을 유지할 수 있었던 자리였지만 그는 그 자리를 마다하고 동족의 회복을 위해 험난한 지역으로 가서 험난한 상황에서 예루살렘 성벽을 쌓는 일을 완성하였고, 에스라라는 제대로 된 실력 있는 영적 지도자를 세워 영성 회복까지 진행했던 위대한 평신도 정치 지도자였다. 그는 코미디안도 아니었다. 그래서 웃음으로 백성들을 이끌었던 사람이 아니었다. 그는 백성들이 무엇을 좋아할까를 고민하며 저들의 입맛에 맞추어 정치를 한 사람이 아니었다. 저들에게 진정한 의미의 유익을 위해 무미건조한 방식으로 이끌었다. 참 재미없고, 앞뒤가 꽉 막힌 지도자였다. 그러나 그는 하나님만을 바라보며, 하나님과 대화하며, 하나님의 뜻에 맞추어 모든 일을 진행함으로 궁극적으로 임무를 확실하게 수행한 목표 지향적인 지도자였다. 물론 그의 목표 속에서는 백성의 안위와 행복이 당연히 포함되어 있었다.

많이들 오늘에 대해 말세지말 즉 말세 중에서도 마지막이라는 표현을 쓴다. 하지만 그렇게 말을 하면서도 말세의 현상에 대해서 성경에서 말씀하시는 내용은 자주 잊어버리는 것 같다. 그리고 자꾸 하나님으로부터 멀리 떨어져 나가려는 시도를 반복적으로 하는 것 같다. 이러다 진짜 큰일이 날 것 같은 염려 또한 없지 않다. 이제 우리에게 필요한 지도자는 어떠한 사람이어야 할까? 그리고 크기를 떠나 나 개인에게 주어진 리더로서의 역할에 있어 어떠한 모습을 취해야 할까? 나는 주저 없이 느헤미야의 리더십 모델을 제시한다. 함께 노력하며 당시 느헤미야의 리더십 원리에 맞춘 리더로 설 수 있기를 진심으로 원한다!

지도자 매뉴얼

초판 1쇄 2021. 9. 30.

지은이 | 임성철
펴낸이 | 설규식
펴낸곳 | 도서출판 첨탑
주소 | 서울시 노원구 마들로1길 44 101-204
전화 | 02)313-1781
팩스 | 0504)494-6407
이메일 | ctp781@daum.net
등록 | 제10-2171호 (2001. 6. 19)
책번호 | 099

파본은 교환해 드립니다.
이 출판물은 저작권법으로 보호받는 저작물이므로 무단전제나 무단복제를 할 수 없습니다.

ISBN 978 89-89759-99-7 03230

*책값은 뒤표지에 있습니다.